포스트휴먼과 로보데우스

초지능 AI의 현재와 미래

포스트 휴먼과 로보데우스

초지능 AI의 현재와 미래

용환승 지음

자유아카데미

서문

이 책은 AI로 인해 진화할 미래 인간의 모습과 휴머노이드 로봇 시대에 관한 책이다. 포스트휴먼은 AI로 인해 진화될 인간의 모습이고 로보데우스는 휴머노이드 로봇이 신에 해당하는 대우를 받게 될 미래의 모습을 호모데우스에 비견하여 작명한 이름이다.

AI가 가져올 미래의 여러 가지 변화와 전망에 대해서는 수없이 많은 내용들이 다루어지고 있으며, 이에 따른 개인 · 사회 · 국가의 변화에 어떻게 대처해야 할 것인가에 대한 논의 역시 활발히 이루어지고 있다. 이에 맞춰 필자는 AI와 미래사회에 관한 내용을 중심으로 이 책을 집필하게 되었다. 강사분들은 AI 관련 강의에 교재로 활용할 수 있도록, 일반 독자들은 AI 교양도서로 읽기에 적합하도록 구성 및 서술하였다. 글을 쓰다 보니 AI 관련 내용들에서 확장된 이야기들도 있다. 이런 부분들은 적절히 건너뛰며 읽어도 무방할 것이다.

꼬리에 꼬리를 무는 질문이 중요한 시대가 되었다. 사고의 연결 능력이 뛰어난 사람이 AI를 잘 활용할 수밖에 없으며, 꼬리를 물면서 이야기를 하는 것이 융합적 사고라고 할 수 있다. AI는 기술의 문제가 아니고 인간과 사회 그리고 국가의 질서와 위상까지 모두 변화시킬 것이다. 10년 후의 세계 질서를 예상하기조차 어려울 정도로 AI는 급속히 발전할 것이며 그에 따른 사회의 변화도 많을 것이다.

주자학에서 말하는 학문 수양의 두 가지 방법은 거경궁리로, 거경(居敬)은 도덕적 본성의 함양이며 궁리(窮理)는 사물의 이치를 궁구(窮究)하는 것이라고 한다. 이제 AI는 궁리를 할 수 있는 수준까지 발전하였다. 그러나 더 중요한 것은 거경을 할 수 있어야 한다. 인간도 도달하기 어려운 과제이지만 AI가 가진 문제를 해결하려면 어쩔 수 없다. 책에는 이 내용이 부족하다는 것을 절감하고 있지만, 지속적으로 거경궁리하면서 보완해나갈 것이다.

인간은 AI와 공진화하는 첫 세기를 맞이하기 시작하였다. AI는 표현하고 싶은 것을 마음대로 가능하게 한 세종대왕 2.0이다. 새해를 맞이하여 이 책을 출간하면서, AI를 활용하여 크리스마스카드와 청룡의 해, 바닷가의 일출 이미지를 생성해 보았다. 컨텐츠의 풍요시대는 이제 막 열렸으며 올해에는 분명 새로운 이야기들로 가득할 것을 기대한다.

2024년 봄, 이화여대 아산공학관 연구실에서

백산 용환승

차례

1장
서론

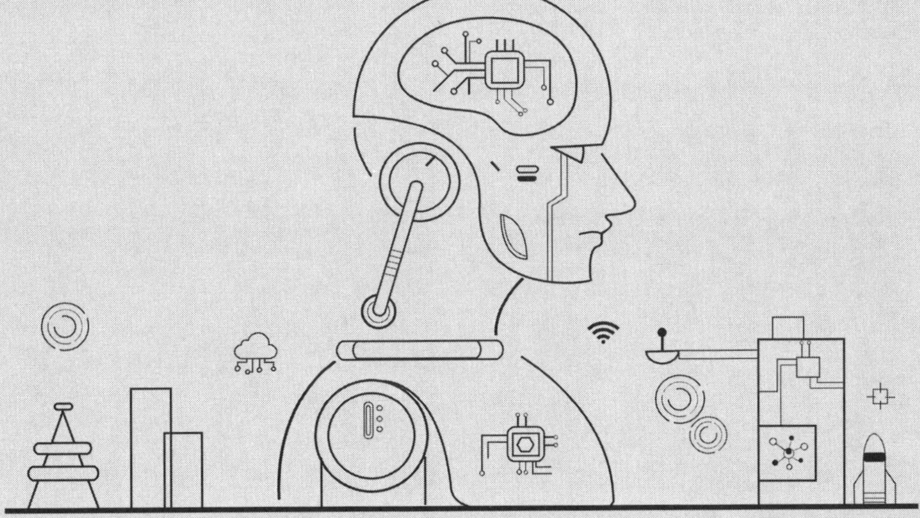

1925년 5월 24일 동아일보에 실린 기사를 보면 다음과 같다.

> "뎐화기계는 줄이 잇으닛가 뎐긔의 힘으로 사람의 말이 그 줄을 통ㅇ하야 들닌다 하겠지마는 아모 줄도 업시 긔계하나만 놋코 안젓스면 몃천리 밧게서 나는 긔긔묘묘한 소리가 다 들닌다는 것은 참으로 귀신의 재조 아닌가"

> "전화기계는 줄이 있으니까 전기의 힘으로 사람의 말이 그 줄을 통하여 들린다 하겠지만 아무 줄도 없이 기계 하나만 놓고 앉았으면 몇천 리 밖에서 나는 기기묘묘한 소리가 다 들린다는 것은 참으로 귀신의 재주 아닌가?"

이 기사는 라디오에 관한 것으로, 유선전화야 줄을 통해서 전기가 흐르면서 소리가 전달되므로 이해가 가지만, 소리가 전파를 타고 허공을 날아와서 라디오를 통해서 전달되는 것이 당시로는 귀신의 재주가 아니고서는 신기하기만 할 따름이었다. 전파를 발명해서 허공을 통신 매체로 사용하는 인간의 지혜는 놀랍다. 오늘날 스마트폰을 통해서 무선으로 5GHz의 전파를 이용해서 고화질 동영상을 주고 받는 것을 생각하면 더욱 그렇다.

현대의 기술들은 마법에 가까우며 감동을 주기까지 하는 것이 많다. 통신 매체는 물속에서도 수발신이 가능하며 태양계 끝의 보이저 우주선과도 교신한다. 지구 위에 떠 있는 인공위성을 이용해서 인간의 위치를 정확하게 파악할 수 있는 GPS(Global Positioning System)는 신비스러울 정도다. GPS는 길 찾아 헤매는 일을 없애버렸으며 히말라야와 같은 심산유곡을 지날 때도 염려할 필요가 없다.

한편 GPS 좌표가 입력된 미사일은 오차 없이 목표물을 정확히 파괴하기도 한다. 군인이 필요 없이 무인 드론의 초정밀 타격만으로 승부를 가릴 수 있는 스마트 전쟁이 가능해진 것이다. 인류가 발전시킨 수많은 언어로 인한 소통의 장벽도 AI 번역의 발전으로 무너지고 있다. 2024년부터 본격화된 실시간 통역은 여행을 확대할 것이며 온라인만으로 누구와도 대화가 가능해져서 진정한 지구촌의 글로벌 시대가 열릴 것이다.

1. 스마트 AI의 시대

제임스 와트에 의해 증기기관이 개발된 1765년과 최초의 컴퓨터 ENIAC가 개발된 1946년, 그리고 ChatGPT의 발표연도인 2022년을 기점으로 본격적인 AI 시대로 접어들었다. 앞으로 AI는 보편적으로 사용되어 2024년부터는 이 단어를 사용하지 않게 될 것이라는 전망도 있을 정도이다. 오늘의 AI와 기존의 컴퓨터 소프트웨어(SW)와는 어떤 점이 다른지를 보면 다음의 세 가지를 들 수 있다.

- **자동프로그래밍 SW** SW를 개발하려면 프로그래밍을 해야 한다. 특정한 기능을 수행하기 위해서 프로그래밍 언어로 한줄 한줄 코딩 작업을 해야 하며, 대하소설을 집필하듯 완벽하고 오류 없이 일관성 있게 설계되어 작성되어야 한다. 그래서 많은 인력과 시간이 필요하다. 반면 오늘날의 딥러닝 모델의 경우 입력데이터와 그에 대응하는 출력 데이터만 있으면 알아서 변환해주는 SW를 생성해준다. 즉 AI는 원하는 SW를 생성해주는 자동프로그래밍 시스템이라고 볼 수 있다.
- **학습과 지식** 인간은 교육제도를 통해서 학습을 하며 그 내용은 고등교육으로 갈수록 전문화된다. 그리고 새로운 지식이나 전문분야를 변경하고 싶으면 다시 학습과정을 거친다. 마찬가지로 AI도 새로운 지식을 학습하면 새로운 기능을 갖게 된다. 또한 배운 내용을 지식의 형태로 저장하고 처리할 수도 있다. 기존 SW와 가장 큰 차이는 AI의 학습 기능이라고 할 수 있다.
- **더 소프트한 SW** SW가 하드웨어(HW)와 다른 것은 만들어서 사용하다가 기능을 추가한다든지 수정하는 것을 HW의 교체 없이 가능하다는 것이다. 그러나 기존의 SW에 기능을 추가하는 것은 쉬운 일이 아니다. AI의 자동프로그래밍 특성은 새로운 AI 시스템으로 더 쉽게 업그레이드할 수 있다. 그래서 AI는 SW보다 더 소프트하다고 할 수 있다.

스마트(smart)에 해당하는 우리말로는 '똑똑하다', '또렷하다', '또랑또랑', '또박또박', '똑부러지다', '똘똘하다', '영리(怜悧)하다', '약다'와 같은 단어를 들 수 있다. 영리는 지혜로울 영(怜)에 약을 리(悧)를 쓴다. '약다'는 꾀가 많다는 것을 의미하며 문제를 해결하기 위해서 새로운 생각(아이디어)을 잘 만들어 낸다는 뜻이다. 대체로 지식이 많고 알고 있는 지식을 문제에 슬기롭게 잘 응용하는 것을 통칭해서 똑똑하고 스마트하다고 한다.

어떤 일을 똑똑하고 완전하게 설명하기 위해서는 육하원칙에 따르는 것이 필요하다. 육하원칙이란 노벨문학상 수상자인 러디야드 키플링(Rudyard Kipling)이 쓴 1902년 시 "나는 여섯 명의 정직한 하인을 데리고 있지요(I KEEP six honest serving-men)"에서 유래되었으며 기사 작성이나 사건을 이해하는 데 필요한 육하원칙(六河原則, 하인(何人), 하시(何時), 하지(何地), 하사(何事), 여하(如何), 하해(何解))은 "who, when, where, what, how, why"로 이루어져 5W1H라고도 한다. 이 시의 원문은 다음과 같다.[1]

I KEEP six honest serving-men
(They taught me all I knew);
Their names are What and Why and When
And How and Where and Who.

I send them over land and sea,
I send them east and west;
But after they have worked for me,
I give them all a rest.

I let them rest from nine till five,
For I am busy then,
As well as breakfast, lunch, and tea,

1 https://www.kiplingsociety.co.uk/poem/poems_serving.htm

For they are hungry men.

But different folk have different views;

I know a person small—

She keeps ten million serving-men,

Who get no rest at all!

She sends'em abroad on her own affairs,

From the second she opens her eyes—

One million Hows, two million Wheres,

And seven million Whys!

나는 6명의 정직한 하인을 데리고 있지요.

(그들은 제가 아는 모든 것을 가르쳐주었지요);

그들의 이름은 '무엇'과 '왜' 그리고 '언제'

그리고 '어떻게' 그리고 '어디서' 그리고 '누구'입니다.

나는 그들을 육지와 바다로 보냅니다,

나는 그들을 동쪽과 서쪽으로 보냅니다;

그러나 그들이 나를 위해 일한 후에,

나는 그들에게 모두 휴식을 주지요

나는 그들을 9시부터 5시까지 쉬게 합니다.

그때는 내가 바쁘기 때문이지요.

아침, 점심, 차도 먹입니다,

그들은 배고픈 사람들이니까요.

하지만 사람마다 생각이 다르죠.
나는 작은 사람 한 명을 압니다.
그녀는 천만 명의 종을 거느리고 있어요
하루도 쉬게 하지 않습니다.

그녀는 자신의 일로 그들을 해외로 보냅니다,
눈을 뜨자마자 즉시
백만 명의 '어떻게', 2백만 명의 '어디',
그리고 7백만 명의 '왜'이지요.

이 시는 인간이 가지는 정보의 욕구를 표현하고 있으며 특히 어린이는 더 왕성하게 세상 모든 일에 대해서 호기심을 가진다는 것을 말해주고 있다. 그러나 오늘날의 현대인은 천만 명의 하인을 데리고 있지 않아도 이 세상의 모든 곳곳에서 벌어지고 있는 일을 알 수 있다. 인플루언서들은 방방곡곡에서 사람들이 궁금해하는 장소와 이벤트 그리고 자신의 경험을 담아서 다양한 컨텐츠로 자세히 전하고 있다.[2]

5W1H로 구성되는 육하원칙 중에서 왜(why)를 설명하는 것이 가장 어렵다. 의문점이 많은 학생의 경우 '왜'를 많이 질문하며 모든 의문을 해결한다는 것은 불가능하기도 하다. 생로병사에 '왜'를 질문하여 석가모니는 스스로 모든 것이 공(空)이라고 깨달아서 부처가 되었다. 이태백의 산중문답에 나오

2 2023년에 통과된 KBS 시청료 분리 고지는 공공방송을 시청하지 않는 시청자의 권리를 보장하는 필요한 제도의 하나다. 이제 미디어 정책도 IT 시대의 변화에 맞게 변경되어야 한다.

는 앞부분의 시구를 보면 우리는 대답하지 못하는 부분을 생각해 볼 수 있다.

문여하사서벽산(問余何事棲碧山) 소이부답심자한(笑而不答心自閑)

어째서 이 푸른 산에서 사느냐고 나에게 묻는다
나는 웃을 뿐 대답은 않으나 마음은 스스로 한가롭다.

똑똑하다는 것은 조리(條理) 있게 설명하는 것이다. 이때 조리란 사물의 본성 즉 본질적 법칙으로 모든 사물이 반드시 지켜야 하는 도리(事物必然)를 말한다. 모든 사물을 조리에 맞도록 하는 것만큼이나 우리는 세상의 부조리를 척결하는 것도 중요하다. 조리 있게 설명하는 데는 일목요연(一目瞭然), 즉 한눈에 알 수 있도록 설명하는 것이 중요하므로 시각적인 도구를 활용하는 것이 필요하게 된다. 설명하는 내용을 조목별로 나열해서 설명하는 것도 바람직하다.

물론 대상자의 수준(눈높이)에 맞추어 적절한 난이도로 설명하는 것도 필요하다. 수준에 따라 자세하게 설명해야 하는 경우도, 중요한 핵심만 설명해도 충분한 경우도 있다. TMI(Too Much Information)가 되지 않도록 과다하게 설명해서도 곤란하다.

결국 똑똑하다는 의미는 상식에 비추어 이치에 맞게 쉽게 이해할 수 있도록 설명하는 것이다. 현재의 AI는 상식이 부족해서 설명에 한계가 있으며 대상의 수준에 맞추어 설명하는 능력은 부족한 수준이다. 중국어를 배울 때 모든 나라의 국민이 배우는 교재보다는 한국인에게 적합하게 개발된 교재가 효율적이다.

'왜'라는 질문은 많은 벤처기업을 만들어낸다. 창업국가라고 부르는 이스라엘이 왜 창의성이 뛰어난가에 대해서 연구한 결과 그들은 '후츠파' 정신이 생활화되어 있다고 한다. 무례, 뻔뻔, 철면피를 뜻하는 히브리어 후츠파는 권위자에게도 자신의 생각을 과감하게 표현하고 질문을 던지는 정신을 뜻한다. 후츠파에 대한 위키백과의 설명은 다음과 같다.

> "세계 기업가와 투자가들은 후츠파 정신 때문에 이스라엘이 지식 기반 산업에서 우위에 있다고 분석한다. 미국에서는 20세기 후반부터 후츠파가 엄청난 용기를 일컫는 말로 쓰였으며, 한국에서는 2010년 이후부터 창조 경제, 청년 창업 등을 강조하면서 후츠파를 언급하기 시작했다."[3]

모든 것은 신의 뜻에 달려있고 우리는 그의 깊은 의도를 알 수 없는 일이니 묻거나 따지지 말고 순종하라는 식의 신정국가나 권위주의 국가가 발전할 수 없다는 것은 역사가 증명하고 있다.

2. 이 책의 구성

이 책의 구성은 그림 1.1과 같다. 정보기술의 변화를 전체적으로 조망해보았으며 이에 따라서 사회의 변화는 어떤 것들이 있는지 설명하였다. 정보기술(IT)의 변화만으로도 인간과 사회의 변화는 대단하지만 최근의 초지능 AI 기술로 인한 변화는 더 놀라울 것으로 전망한다. 이러한 기술의 변화가 탄생

3 https://ko.wikipedia.org/wiki/후츠파

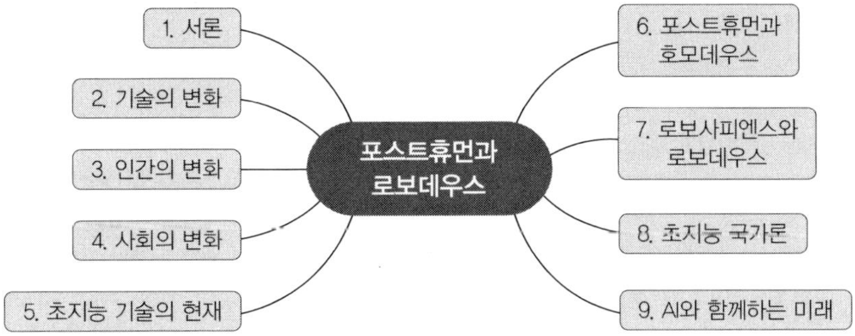

그림 1.1 이 책의 구성

시킨 스마트휴먼과 빅휴먼의 특징을 살펴볼 것이다. 인간이 IT와 결합하여 진화할 사이보그와 트랜스휴먼, 나아가 맞이할 포스트휴먼과 호모데우스의 시대에 관해 설명할 것이다. 그리고 이 책의 궁극적 목적이라고 할 수 있는 로보사피엔스의 시대에 대해서 살펴볼 것이다. 로보사피엔스가 과연 로보데우스로 진화될 것인가는 알 수 없는 일이지만 그 가능성도 소개한다. 끝으로 초지능 시대에 맞는 초지능 국가의 미래에 대해서 설명하며 특히 우리나라가 이러한 미래의 국가에 도달할 수 있을 것인가에 대해서 살펴보고자 한다.

유발 하라리는『멈출 수 없는 우리』에서 "사막도 가로지르고 해양 밑바닥까지 가고 우주로 나가 달까지 갈 수 있는 힘을 갖고 있지만, 항상 만족하지 못하고 더 많은 것을 원하며 스스로를 위협하고 있다."라고 했다.[4] 지금까지 쉬지 않고 달려온 인간은 포스트휴먼과 호모데우스에서 일단 정지하고 뒤돌아보면서, 또는 로보데우스의 영도 아래 더 이상 일하지 않아도 되는 미래에 대해서, 앞으로 나아갈 방향을 다시금 정해야 할 것이다.

4 유발 하라리,『멈출 수 없는 우리』, 주니어김영사(2023).

2장

디지털 전환에 따른 기술의 변화

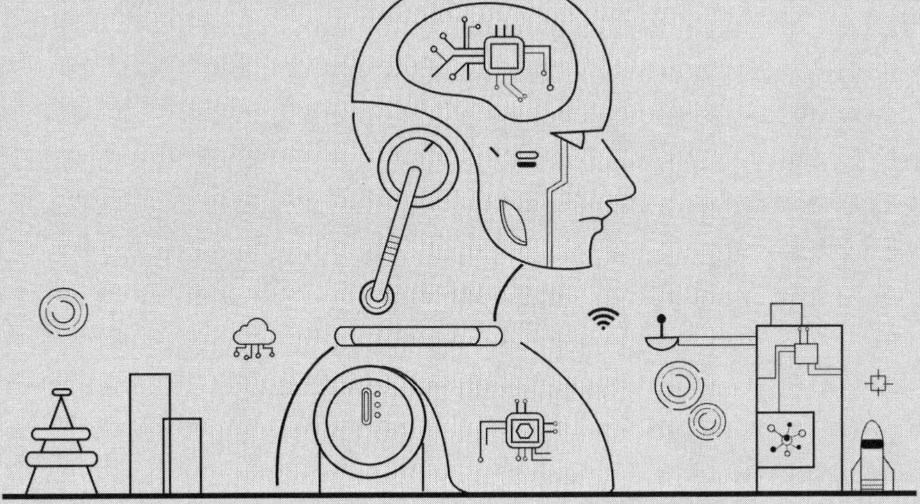

"아는 것을 안다고 하고 모르는 것을 모른다고 하는 것, 그것이 곧 앎이다"

(知之爲知之 不知爲不知 是知也)

『논어』

컴퓨터의 등장 이후 70년 동안 급속한 기술발전이 이루어졌다. 하드웨어의 핵심인 연산의 처리 속도 외에도 SW 기술의 발전은 혁명적이라고 할 수 있으며 2023년 드디어 초지능 AI를 구현해내는 데 성공했다. 다른 분야와 IT 기술의 속도를 비교한다면 누구나 개인항공기와 잠수함을 보유하고 있으며 전기자동차로 한번 충전하면 폐차될 때까지 운행할 수 있는 수준에 도달한 것과 다름없다.

오늘날의 IT 기술 변화 전체를 **디지털 전환**(DT, Digital Transformation)이란 용어로 부르고 있다. 이 장에서는 컴퓨터 등장과 함께 기술의 변화 추세를 정리해보고자 한다. 이와 같은 추세 변화의 이해를 통해 앞으로의 변화까지도 예측할 수 있을 것이다.

인간의 문자와 언어는 발전을 멈춘 지 오래건만 SW를 제작하는 데 사용되는 프로그래밍 기술과 언어는 놀랍도록 발전했으며 이제 우리는 더 이상 코딩하지 않고 AI에게 명령만 해도 SW를 만들 수 있다. 프로그래머의 꿈이 이루어진 것이다. 심지어 SW뿐 아니라 인간이 만드는 모든 컨텐츠를 AI가 만들어주는 시대가 되었으니 세상이 지나치게 빨리 변했다는 생각마저 들게 한다.

그림 2.1은 어떤 패러다임으로 기술이 변화했는가를 분야별로 보여주고 있으며 이러한 방향은 당분간 지속될 전망이므로 미래 기술의 변화를 예견할 수 있다. 이러한 변화 패러다임을 정리하면 다음과 같다. 최근까지 트렌드로 제시되었던 경박단소(輕薄短小), 즉 '가볍고 얇으며 짧고 작게'와 ICBM(Internet, Cloud, Big Data, Mobile)은 그대로 유지되기에 여기에서 설명을 생략한다.

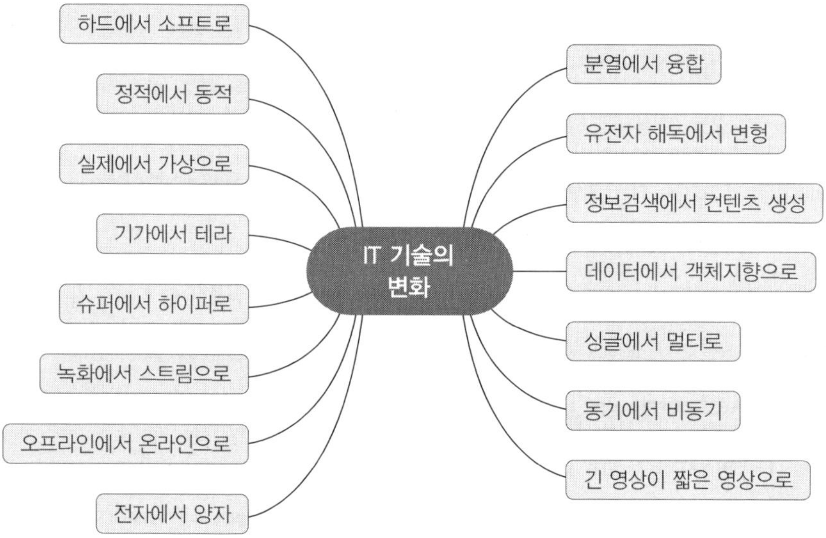

그림 2.1 IT 기술 패러다임의 변화

- **하드에서 소프트로** 하드웨어적으로 이루어진 기술들이 소프트웨어로 구현되어 SW의 부가가치가 더 높아진다.
- **정적에서 동적, 그리고 실시간화** 정적인 것이 동적으로 변화되고, 실시간으로 업그레이드된다. 현재주의자를 만들어서 모든 것을 현재를 기준으로 생각하게 한다. 현재의 충격만으로도 과거와 미래는 생각할 겨를이 없게 된다.

- **실제에서 가상으로** 가상메모리, 가상디스크, 가상현실까지. 신체도 가상화되어 가상인간으로 진화 중이다.
- **기가에서 테라** 백만과 십억 단위로 커졌으며 오늘날 십억 단위에서 1조 단위로 커지고 있다.
- **슈퍼에서 하이퍼로** 슈퍼(super)의 크기는 하이퍼(hyper)의 크기로 커져서 우리는 초음속에서 극초음속, 초지능에서 극초지능으로 향하고 있다.
- **마이크로에서 나노로** 반도체의 회로 정밀도가 백만분의 1인 마이크로의 세계에서 10억분의 1인 나노의 시대로 가고 있다.
- **싱글에서 멀티로** 하나의 CPU에 다수의 CPU가 들어 있는 멀티코어의 시대로 가고 있다. 단일 기능 칩이 시스템칩(SoC)으로 발전하여, 현재 핸드폰에 들어있는 칩은 하나의 칩 속에 CPU와 메모리, 통신모뎀 등 모든 기능이 하나의 시스템으로 제조된다. 프롬프트(입력값)도 텍스트 외에 멀티모달 입력의 형식으로 발전하고 있다.
- **고정형에서 가변형으로** 데이터의 길이, 데이터 항목의 개수, RDB에서 객체관계, 빅데이터, XML 폴더블, 슬라이더블, 가변형 크기 등 모든 길이는 고정형에서 출발하여 가변형(variable)으로 진화하고 있다.
- **전자에서 양자로** 현재의 전자기술에서 양자를 제어하는 기술로 전환한다. 광통신, 양자컴퓨팅으로 대표되고 있다.
- **분열에서 융합으로** 핵분열을 기반으로 한 원자폭탄이 핵융합을 기반으로 한 수소폭탄으로 진화되었다. 오늘날 많은 전공이 융합 형태가 되어 학문이 진화하고 있다.
- **정보검색에서 컨텐츠 생성으로** 대량의 정보를 저장한 후에 검색해주는 것에서 새로운 컨텐츠를 생성하는 시대로 변화한다. 프롬프트에 저

장된 결과를 토대로 생성하는 시대에서, 머릿속의 상상 이미지를 감지해서 생성해주는 서비스로 발전하고 있다. ㈜메타의 2023년 논문[1]을 참고하라. MEG(magnetoencephalography) 뇌자도(腦磁圖) 자기뇌파검사 기술은 뇌 안의 전기현상에 의해서 발생하는 미세 자기장을 측정하여 이 신호를 토대로 이미지를 생성한다.

- **데이터에서 객체지향으로** 집단화라는 단순한 추상화 개념에서 복잡한 정적 데이터와 동적 프로시저를 복잡하게 집단화시킨 추상화 기법으로 객체지향 프로그래밍에서 객체지향 데이터베이스와 객체지향 소프트웨어 공학으로 발전하고 있다.
- **동기에서 비동기로** 편지와 TV에서 메일과 메신저 그리고 OTT를 통해 시청한다는 것을 의미한다.
- **긴 영상에서 짧은 영상으로** 시간과 넘쳐나는 컨텐츠에 맞추어 블로그에서 트위터로, 틱톡과 같은 60초 이내의 영상으로 변화하고 있다.

1. 하드에서 소프트로

하드(hard)는 손으로 만질 수 있는 물리적인 객체를 의미한다. 반면에 소프트(soft)는 플라스틱이나 젤리처럼 부드러워서 형태를 자유자재로 변화시킬 수 있는 것을 의미한다. 소프트웨어는 소프트한 것의 정점이라고 할 수 있다. 인류의 역사 속에서 하드한 것과 그 대체물로서의 소프트한 것은 오래전부터 폭넓게 활용 중이다.

1 메타, 생각을 이미지로 구현하는 AI 공개, 2023.10.19. ZDNET Korea, https://zdnet.co.kr/view/?no=20231019102842

- **돌과 콘크리트** 석조 건물은 돌을 깎아서 사용하지만, 원하는 형태를 만드는 데 한계를 가진다. 석회석 가루에 물을 부어서 만드는 콘크리트는 다양한 크기와 모양을 만들기 간편해서 오늘날의 건축물에서 활용되고 있다. 콘크리트는 돌보다 형태를 자유롭게 만들 수 있다는 측면에서 돌보다 소프트한 재질이다.
- **플라스틱(plastic)** 단단한 재질이면서 모양을 마음대로 저렴하게 제작할 수 있는 물질로 등장한 것이 플라스틱이며 분해되지 않는 특징 때문에 환경을 오염시키는 단점이 지적되기도 한다. 현대 문명의 기반을 이루고 있으며 일회용 제품의 상당수가 플라스틱 재질을 사용하고 있다.
- **크기와 길이를 조정** 단일한 값(value)의 크기를 코딩에서 정하는 형식에서 빗어나 가변 크기의 데이터를 저장할 수 있도록 변경되었다. 대신 데이터의 크기 정보를 추가해야 한다. 크기가 다양한 멀티미디어 데이터 처리에 적합하다. 등산용 스틱의 경우 길이를 조절할 수 있어서 휴대성이 좋다. 식탁의 높이를 조절하고, 크기를 조절하기 위해서 접이식을 사용한 가구(텐트 등 캠핑용품)들도 모두 고정된 크기를 소프트하게 조절하기 위해서 만들어진 제품들이다. 크기와 길이를 조절하는 방식의 다른 예로 가방과 보자기, 서양의 드레스와 한복을 들 수 있다. 보자기와 한복은 신체 사이즈에 맞게 조절이 상대적으로 쉽게 만들어져 있다.
- **데이터 저장 개수를 조절** 단일한 값을 처리할 수 있는 것에서 집합(개수 무제한) 값을 처리하도록 데이터 타입이 소프트해졌다. 해싱(hashing) 기법은 속도가 빠르기 때문에 많이 사용하는 기법이지만 해싱 공간이 고정된다는 단점을 가졌다. 확장해싱이나 선형해싱과 같은 기법의 도입으로 데이터의 개수 증감에 따른 해싱 함수가 증감할 수 있도록 설계되어 활용되고 있다.

- **컴퓨터 하드웨어와 소프트웨어** 컴퓨터는 하드웨어와 소프트웨어로 구성되며 하드웨어의 기능을 제어(조절)하는 역할이 소프트웨어(SW, Software)다. 같은 하드웨어라도 SW를 어떤 것을 사용하느냐에 따라서 성능이 확연히 차이가 난다. 사람이 어떤 가치관을 가지고 있느냐에 따라서 평가가 달라지는 것과 같다.
- **오르골과 소프트 오르골** 오르골은 특정한 음악의 악보가 쇠로 만들어진 디스크에 새겨져서 역시 쇠로 만들어진 길이가 다른 울림판을 눌러서 소리의 높낮이가 결정되는 악기다. 그러므로 오르골 하나는 하나의 곡만 연주할 수 있다. 하나의 오르골로 여러 곡을 연주하기 위한 드럼교체형(디스큰오르골), 구멍을 뚫어서 악보를 표현한 종이악보를 감지해서 연주하도록 만들어진 소프트오르골이 있다. 최근의 무로박스(murobox.co.kr)는 모든 음악을 오르골방식으로 소리를 낼 수 있도록 디지털 악보를 읽어서 연주하며, 아예 오르골 소리를 디지털로 생성하는 악기(스마트 오르골)도 등장했다.
- **안경의 렌즈와 소프트렌즈** 시력 조정을 위한 안경과 소프트렌즈의 등장은 안구에 착용해서 외모와 스포츠 활동에 유리하여 널리 사용 중이다. 소프트렌즈는 말랑말랑할 뿐 도수는 정해져 있어서 진정한 소프트(도수조절이 가능하다는 의미)렌즈는 아니다. 도수를 조절할 수 있는 렌즈는 아직 연구 중이며 휘어진 각도를 조절해서 도수를 조절하는 도수조절안경이 시중에 판매 중이다. 아직 성능이 충분하지 않지만 미래에는 진정한 소프트안경이 등장할 것으로 기대된다.
- **엔진에서 전기로** 엔진과 변속기를 가진 자동차에서 오늘날 배터리와 모터로 구동되는 전기자동차로 변모하고 있으며 완전히 SW로 제어되는 특징을 가진다. 그래서 출발해서 100km 도달 시간(제로백)이 기존의 스

포츠카보다 더 뛰어나며 자율주행 기능까지 탑재하고 있다. 이제 자동차의 개념은 '이동하는 거실'의 하나로 달라질 것이다.

- **플렉서블 디스플레이** 디스플레이는 박스 형태의 브라운관에서 출발해서 평면 디스플레이로 발전해왔으며 오늘날 폴더블(foldable)과 슬라이더블(slidable)로 스크린이 플렉서블하게 개발되었다. 접이식 디스플레이를 사용함으로써 좁은 공간을 효과적으로 사용 가능하며 휴대에도 적합한 장점을 가진다.

오늘날 세계 10대 기업은 대부분이 SW를 주력으로 하는 기업이며(Apple, Google, Microsoft, Facebook, Amazon 등) 테슬라와 엔비디아도 자율주행 자동차 SW와 AI 연산을 처리하는 하드웨어 기반 기업이다. 세상은 이와 같이 하드에서 소프트한 방향으로 발전하고 있다.

2. 정적에서 동적으로

정적(static)과 **동적**(dynamic)은 컴퓨터 공학 전반에서 다양하게 사용된다. 우선 프로그래밍 언어에서는 데이터 타입이 컴파일되기 전인 프로그램 작성 과정에서 결정되는 경우와 실행시간에 결정되는 경우로 나누어서 정적과 동적으로 구분된다. 과거부터 사용하던 Fortran, C 등이 정적 언어이며, 오늘날 많이 사용하는 인터프리터(Interpreter) 방식의 언어인 Python, Javascript 등이 동적 방식이다.

또한 프로그래밍 언어의 라이브러리 링킹(linking)에서도 컴파일 시에 모두 링크시키는 정적방법과 실행 시에 링크시키는 동적 방법으로 구분한다. 즉 결정 사항을 최대한 실행시간까지 늦추는 방식을 동적이라고 하며 모든 분야에서 정적이 동적으로 진화해왔다. 이 점은 대학 입학 전에 전공을 결정하는 정적 방식과 진학해서 졸업하기 직전까지 전공을 바꿀 수 있는 동적 방식으로 구분할 수 있는 것과 같다.

정적 시스템은 시스템을 미리 확인해서 최적화를 위한 준비가 가능하다는 장점이 있으며, 반대로 시스템을 동적으로 운영하면 전체 프로그램들의 최적화를 하기 어렵다는 것이 단점이다. 수강신청을 학기가 시작하기 전에 미리 완료하면 강좌 수와 수강생 수를 고려해서 교수진과 강의실 계획이 가능하지만, 학기가 시작하면서 수강변경을 하는 경우 신설 강좌와 폐강 및 수강생 수 변경에 따른 강의실 변경 등 고정된 자원을 신속하게 대처하기 불가능한 문제가 생기므로 자원이 충분한 경우에만 동적 계획이 가능하다. 그러나 학생 측면에서는 언제든지 강의를 변경할 수 있다는 장점을 갖게 된다.

공연이나 항공권 등 티켓 구입의 경우도 오래전에 예매하는 경우에는 미리 좌석과 항공편 스케줄링이 가능하지만, 탑승일이 임박해서 또는 공연 직전에 티켓 취소를 할 수 있으면 공연 전체가 취소되거나 항공기 일정이 꼬여 운영에 어려움이 따르게 된다. 컴퓨팅 자원은 과거와 달리 풍족하기 때문에 동적으로 진화하는 것은 적합하며 오늘날 모든 부문에서도 풍족한 자원을 보유하는 추세로 감에 따라서 동적 시스템을 허용하는 방향으로 가고 있다.

3. 실제에서 가상으로

물리적(physical)으로 실재하는 것을 실제 또는 리얼(real)이라고 한다. 한편 컴퓨터에 의해서 만들어진 공간을 사이버 공간 또는 가상공간(virtual space)이라고 한다. SW 기술로 실재하는 것과 다르게 가상의 객체를 만들어 사용하는 기술이 폭넓게 활용되고 있으며 다음과 같다.

- **가상메모리(virtual memory)** 비용 문제 등으로 주기억장치의 용량이 제한될 때 하드디스크의 공간을 주기억장치의 공간으로 간주해서 처리하는 기술로 보다 크고 많은 프로그램을 실행시킬 수 있다.
- **가상디스크(virtual disk)** 실제 물리디스크에서 가상의 하드디스크를 설정하여 사용하는 기술로 하드디스크를 파티션으로 나누어 여러 개의 하드디스크가 있는 것처럼 할 수 있다.
- **가상현실(virtual reality)** 실제의 모습이 아니고 그래픽으로 구현한 가짜 현실을 말한다. VR이라고 하며 VR 안경을 착용하면 가상현실 공간 속에서 실제와 같은 다양한 체험을 할 수 있다. 주로 게임에서 많이 활용하며 여행이나 스포츠 체험 등에 활용된다.
- **가상 머신(virtual machine)** 물리적 컴퓨터에 가상 CPU를 설정해서 컴파일하여 실행하게 하는 개념으로 특정 OS에 의존하는 컴파일러를 만들지 않고 가상머신만 설치한 컴퓨터에서는 모두 실행가능하게 해준다. 자바(Java)언어에서 처음 도입된 개념이다.
- **가상 OS(virtual OS)** 하나의 물리적 컴퓨터에 설치된 OS를 이용해서 다른 OS를 설치하는 것으로 하이퍼바이저(hypervisor) 기술을 사용한다. 맥OS나 MS 윈도우에 리눅스를 설치하기도 하는 등 여러 가지 형태의 응용 방식이 있다. 하나의 OS만 설치해서 사용하는 한계를 벗어난다.
- **가상전화번호(virtual telephone number)** 실제 전화번호는 하나지만 여러 개의 번호를 만들어서 여러 전화기가 있는 것처럼 사용할 수 있다. 스마트폰의 듀얼넘버와 같이 목적별로 여러 개의 전화번호를 유지해서

사생활 보호 및 임시 번호로 활용할 수 있다. 실제 전화번호를 다른 번호로 변경해서 걸어주는 중계기 장치를 만들어서 보이스피싱에 활용하기도 한다. 070으로 시작되는 전화번호는 인터넷전화로 부여된 번호로 초기에 보이스피싱으로 많이 활용되었다. 그러나 수신자가 번호를 거절하니까 최근에는 070 번호를 010 번호로 변경해주는 중계기(변작중계기라고 함)를 국내의 호텔(하루 투숙하면서 몰래 침대 밑에 설치)이나 낙도, 갈대숲 같은 곳에 설치해놓고 중국에서 전화를 걸어서 국내전화인 것으로 오인하게 만드는 방식을 사용하다가 적발되는 사례가 늘고 있다.

- **가상계좌번호(virtual account number)** 은행의 계좌를 여러 개 만들어서 임시로 활용할 수 있다. 공공기관에서 특정 개인에게 공과금을 받을 때 가상계좌번호를 이용하면 개인별로 입금 여부를 확인할 수 있어서 좋다.
- **VPN(Virtual Private Network)** 인터넷에서 보안을 목적으로 별도의 통신회선이 설치된 것처럼 SW로 구현한 네트워크를 말한다. 과거에는 별도의 통신망을 설치해야만 하는 사설망을 공용망 위에서 구현한 것으로 많이 활용되었다. 반면 접속이 차단된 사이트에 접속하기 위해서 VPN 소프트웨어를 이용하기도 한다. 한국에서 미국 사이트로의 접속이 차단된 경우 접속이 허용된 미국의 서버를 이용해서 우회 접속하는 등 폭넓게 사용된다.
- **필명(pen name)과 익명** 필명은 개인의 이름 대신에 작가들이 글을 발표할 때 만들어서 사용하는 명칭을 의미한다. 과거의 호와 비슷하다. 익명은 임시로 만들어서 개인의 이름을 숨기고자 할 때 사용하는 이름을 의미한다. 익명게시판에는 글들이 많지만 실명게시판의 경우는 한적한 것이 온라인 문화 중의 하나다.

- **가상위치(virtual GPS)** 오늘날 위치 추적의 주요 수단으로 스마트폰의 GPS 기능을 활용한다. 자신의 위치를 숨기고 다른 위치로 표시하도록 할 때 사용하는 기술이다. 스마트폰에 위치 익명화하는 SW를 설치해서 사진을 촬영하거나 위치정보를 기반으로 한 검색이나 접속을 우회하는 기법이다.
- **가짜 전화번호(fake telephone number)** 보이스피싱을 목적으로 자신의 전화번호를 숨기고 다른 전화번호로 표시하도록 한다. 검사로 속일 때는 검찰청 번호를, 은행으로 속일 때는 공식적인 은행번호를 표시한다. 통신사가에서는 이를 방지하여야 하며, 수익을 위해서 허용하지 말아야 할 것이다.
- **가상인간(virtual human)** 그래픽으로 만든 인간으로 AI 기술과 고화질 디스플레이 기술은 실제 인간을 촬영한 모습과 구별되지 못할 수준으로 발전하였다. 외모뿐 아니라 음성과 동작 등이 개선되어 광고, 아나운서, 해설, 설명, 디지털컨텐츠 등에서 많이 활용되고 있다. 저렴한 가격으로 더 뛰어난 캐릭터를 활용할 수 있다는 장점이 있어서 실제 인간을 대체할 것으로 전망된다.
- **가상국가(virtual nation)** 가상기술은 가상인간뿐 아니라 가상국가의 탄생이 가능하게 한다. 물론 가상시민도 있다. 전자정부로 유명한 에스토니아는 디지털 시민권을 발급하고 있으며 기업 설립도 가능하여 독일인이 에스토니아에서 창업을 하는 사례가 늘고 있다. 세제혜택이 부여되기 때문이다. 가상국가에서는 행정부를 조직하고 메타버스와 결합되어 사이버 공간에서 원하는 활동을 할 수 있다. 유튜브, 넷플릭스와 같은 OTT 사업자들은 국가의 소득수준에 따라서 사용료를 다르게 책정하고 있는데 최근에 사용료의 급격한 인상으로 인해 접속할 때 위치를 변

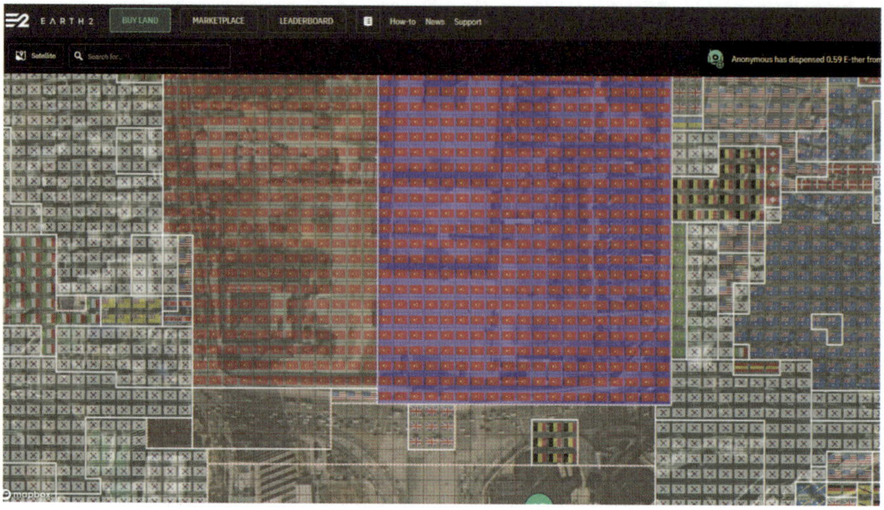

그림 2.2 어스2에서 서울 경복궁 부근의 영역 화면 예

경해서 다른 나라의 시민인 것처럼 하는 **디지털 이민**이 늘고 있다는 소식도 접한다. 2024년 2월 기준, 대한민국의 유튜브 프리미엄 사용료는 14,900원이지만, 이집트와 인도 같은 국가에서는 한화 2,000~3,000원으로 이용이 가능하다.

- **가상지구(virtual earth)** 지구에 땅을 소유하고 싶으나 비용 때문이라면 가상지구에서 원하는 땅을 구입하면 된다. 어스2(https://earth2.io/)는 가로세로 10m의 땅을 타일로 쪼개어 서로 구입하고 팔 수 있도록 되어 있으며 초기에는 저렴했지만 시간이 지나면서 가격이 올라가기도 했다. 가격은 인기도에 따라 결정된다. 그림 2.2를 보면 서울의 경복궁 부근을 보여주고 있는데 타일의 국기를 통해서 소유자의 국적을 알 수 있다. 경복궁은 이미 중국인이 모두 구입했다는 것을 알 수 있다.

가상인간과 메타버스

가상으로 구성된 세계를 통칭해서 메타버스(metaverse)라고 하며 메타버스 플랫폼으로 현재 서비스되는 모든 사이버 컨텐츠들이 통합되면 우리가 현실에서 할 수 있는 많은 것들을 모두 메타버스에서 할 수 있을 뿐 아니라, 새로운 체험의 세계도 가능하게 된다. 물론 현실의 모든 것들이 아직 메타버스로 구현되지 못했고, 고정밀 3차원 컨텐츠를 처리하는 데 필요한 초대규모 컴퓨팅 성능을 확보해야 하며, 실세계와의 실시간 동기화와 실제와 구별하기 어려운 고해상도 품질, 가상 아이템 등 많은 것들이 해결되어야 한다.

현재 메타버스 플랫폼으로는 로블록스, MS의 마인크래프트, 네이버의 제페토, 게더타운, SKT의 이프랜드, 메타의 호라이즌 등 많은 서비스가 치열하게 경쟁하고 있다. SNS의 원조인 싸이월드가 싸이타운[2]이라는 메타버스로 다시 서비스를 시작하기도 했다. 메타버스의 시대가 현실화되고 있는 것이다. 아직은 실재감이 부족하지만, 아바타의 질은 점차 좋아질 것이고, 우리는 사이버 공간에서 인생의 큰 비중을 보내게 될 것이다.

메타버스가 가져올 삶의 변화를 들어 보면 다음과 같다.

- **체험 공간** "인생은 연습이 없고 단 한 번뿐인 실전이다"라고 하지만, 이제는 메타버스에서 다양한 자신을 만들어 삶을 연습해볼 수 있다. 연애도 메타공간에서 먼저 사귄 후 오프라인에서 실제로 연인이 될 수 있다. 현실과 메타를 완전히 분리해서 새로운 공간의 만남과 캐릭터를 추구할 수도 있다. 직업 체험, 연령대, 문화 등 모든 체험 학습의 공간으로 메타버스가 활용될 수 있으며 여행과 박물관 등 관광지 방문과 컨텐츠

2 https://cyworld.hancom.town/

체험의 공간으로도 사용될 것이다. 물론 마케팅 숍이 될 수도 있다.

- **제2의 인생**　현재 다양한 플랫폼들이 존재하며 플랫폼마다 다른 자신을 만들어서 다양한 인생을 살 수도 있다. 메타에서 여성이 되기도 하고, 종교와 국적을 모두 바꿀 수도 있으며 취미와 나이도 바꾼다. 10대에서 60대까지 다양한 자신을 꾸미고 행동할 수 있으며 실재에서 불가능한 체험을 할 수 있게 된다.
- **디지털 영생**　아바타는 죽지 않는다. 우리는 SNS에서 영생할 수 있게 되었다. 오늘이 고인이 된 친구의 생일이라는 메시지가 계속 오고, 그의 SNS에 댓글을 달 수도 있다. 그러나 메타버스에서는 고인의 모든 행적이 기록으로 남게 될 것이다. 한 사람의 모든 개성을 인식한 AI가 답을 해주는 자동 챗봇 기능의 완성되면 그와 대화도 지속적으로 나눌 수 있을 것이다. 물론 일정한 시간이 지나면 서서히 사라지게 할 수도 있다. 메타버스에 천국과 지옥을 만들어서 체험을 할 수도 있을 것이다.[3]

4. 기가에서 테라의 시대로

용량이나 횟수를 나타내는 크기의 단위로 사용하는 단위로 킬로(kilo, 10^3), 메가(mega, 10^6), **기가**(giga, 10^9), **테라**(tera, 10^{12})가 있다. 킬로에서 출발한 데이터 용량은 10억인 기가를 거쳐 오늘날 1조인 테라의 등장으로 이어지고 있다. 화폐단위로 치면 천원짜리가 1조원으로 커진 셈이다.[4]

3　천국과 지옥을 체험한다면 사람들은 지옥이 더 재미있어서 지옥을 선택할 것이라는 우스개도 있다.

4　부동산은 수천만 원 단위의 집 한 채가 오늘날 수억에서 수십 억 단위로 올랐다.

현재 우리는 와이파이와 무선통신을 위해서 기가헤르츠 주파수를 사용하고 있으나 기술의 발전에 따라서 훗날 테라헤르츠 전파를 사용하게 될 것이다. 주파수가 높아질수록 데이터 전송속도가 빨라지기 때문에 우리는 1초에 기가비트의 데이터를 전송할 수 있다. 오늘날 무선으로도 테라헤르츠 주파수가 등장하고 있으며 초고주파 신호를 생성하는 클럭 기술이 발전했기에 가능한 일이다. 테라헤르츠 주파수를 사용하면 X선과 같은 투과성을 가지고 있어서 전파로 건물 안의 상태를 파악할 수 있어서 시가전과 같은 군사용으로 활용된다.

하드디스크와 플래시메모리의 용량도 기가비트 단위에서 테라비트 단위로 높아져서 대용량 정보 저장이 가능해졌다. 컴퓨터의 클럭도 지속적으로 높아져서 오늘날 컴퓨터는 3.2GHz CPU를 사용한다. 훗날 1THz의 CPU가 등장한다면 지금보다 1000배 빠른 처리속도를 보여줄 것이다. 반도체 메모리의 용량도 PC나 휴대폰에서 현재 기가바이트 단위를 사용하고 있으나 훗날 테라바이트 메모리 용량을 가지게 될 것이다.

5. 슈퍼에서 하이퍼의 시대로

슈퍼(super)는 대형을 의미하며 보통보다 더 뛰어난 모든 것에 사용하는 수식어다. 그래서 초지능, 초음속, 초단파로 접두어 '초'에 해당하는 것이 '슈퍼'다. 슈퍼컴퓨터는 보통 컴퓨터보다 성능이 탁월한 시스템을 의미한다. 그러나 이와 같은 슈퍼의 시대에서 지금은 하이퍼의 시대로 가고 있다. **하이퍼**(hyper)는 슈퍼보다 더 큰 개념의 접두어로 우리말로는 '극초'라 할 수 있다.

그래서 극초단파, 극초음속, 극초지능의 용어들이 등장하여 사용 중에 있다. 거대한 것보다 더 큰 '초거대' AI를 사용하듯 모든 단위가 점차 커지고 있다. 하이퍼보다 더 큰 개념을 표현하는 것을 생각해본다면 울트라(ultra)를 들 수 있으며 언젠가는 울트라를 보편적으로 사용할 수도 있을 것이다.

국가들의 연합체로 EU와 같은 슈퍼네이션(초국가)의 탄생이 시작되었으며 현재 남미연방, 아프리카 연방, 아랍 연맹, 투르크멘 연합 등도 추진 중이다. 동북아시아 국가 3국인 한국과 중국, 일본의 연합이 과연 언젠가 이루어질 수 있을지는 미지수지만, 문화적으로 가까운 이웃 국가들이기에 실현된다면 아주 적합한 모델이 될 것이다.

오늘날 긴밀하게 연결된 사회를 초연결사회(소셜 SNS의 도움)라고 부르고 또 대규모 병렬시스템보다 더 많은 시스템을 **초병렬컴퓨팅(하이퍼 병렬)**이라고도 한다.

6. 녹화에서 실시간 스트리밍으로

방송의 경우 대체로 녹화방송이고 스포츠와 같은 특별한 경우만 생방송을 했다. 오늘날 오디션 프로와 같은 경우는 실시간 생방송을 하는 경우가 많다. 유튜버들도 녹화 영상을 할 수도 있지만 특별 이벤트와 같은 경우는 실시간으로 생중계로 진행하는 것이 가능하다. 점차 생중계와 온라인은 확대되는 추세다.

빨리빨리 정신에 가장 부합하는 온라인과 즉시처리 문화는 가장 빠르게 한국을 변화시켰다. 외국인들은 한국을 방문하면 상상 이상으로 달라진 모습에 놀란다. 사실 한국인 스스로도 빠른 변화에 놀라기는 마찬가지다. 코로나 사태로 많은 식당이 키오스크를 장착해서 이제 주문은 모니터로 해야 한다.

서빙 로봇이 대중화되고 공항 출입국은 무인단말기에서 처리된다. 급속한 무인화 점포의 확대는 일자리의 급격한 감소로 이어지고, 출산율의 급격한 감소로 고령사회로의 진입이 당겨지고 있다. 모든 게 실시간으로 이루어 진다.

도서『현재의 충격』에 의하면 디지털 기술로 인해 현재에 갇혀 지내는 현대인에 대해서 설명한다.[5] 우리는 트위터, 이메일 그리고 이른바 실시간 기술의 변동 덕분에 우리는 끝없이 이어지는 '현재' 속에서 갇혀 살아가게 됐다. 하지만 디지털 자아와 아날로그 육체의 불일치로 인해 우리는 새로운 불안 상태에 빠져들고 있는데, 이것이 바로 '현재의 충격'이다.

오늘의 현대인은 과거와 미래를 살필 겨를이 없이 현재를 즐기기에도 벅차서 현재의 경험에 집중하며 살아간다. 이것은 마치 고속열차에 탑승하거나 암벽등반, 패러글라이딩을 하고 있는 순간에 다른 어느 것도 생각할 수 없는 것과 같다. 그래서 긴 서사시와 같은 형식은 사라지고 현재를 보여주는 생방송과 극본보다 다큐멘터리와 리얼리티쇼가 늘어난다.

미래의 불확실성은 미래를 목표로 현재를 인내하고 참는 것을 포기하고 현재를 즐기도록 하는 현재주의 철학이 등장하게 된다. 죽는다는 것을 기억하는 "메멘토 모리(memento mori)"와 함께 현재를 잡으라는 "카르페 디엠(Carpe Diem, Sieze the day)"이 중요한 화두이다.

오늘 저녁의 네 개보다는 아침에 당장 네 개가 더 중요하다는 조삼모사의 원숭이 철학도 의미를 가진다. 그래서 오늘 당장의 과실을 위해서 노조들은 성과급이 회사의 미래보다 더 중요하고 올해의 연봉이 내일의 스톡옵션 주식 가치보다 더 중요하다. 또한 건강할 때 빚내서 여행가고 나중에 갚으면

5 더글러스 러시코프 저, 박종성 역,『현재의 충격』, 청림출판사, 2014.

된다는 가치관이다.

이러한 현재주의 가치관은 안정된 직장의 부족과 미래 국민연금 지급의 불확실성, 기후변화에 따른 미래 지구의 불안 등으로 초래되고 있으며 미디어 등에서 과장하기도 한다. 불안을 조성해서 생계를 유지하는 사람이 많을수록 더욱 세상은 살기 어려워진다.

트위터나 페이스북에 적은 단 한 문장의 30년 연구한 학술결과보다 영향력이 더 큰 시대에 우리는 살고 있기 때문에 메일보다 카톡을 선호하고 전화보다 문자를 선호하게 된다. 중요도는 어떠한 통신수단에 먼저 반응하는가를 보면 알 수 있다. 20세기 마지막을 '미래주의'가 장식했다면 21세기는 '현재주의'가 지배할 것이다!

한편 현재주의자들에게 가장 적합한, 실시간 온라인 행정서비스를 많이 제공하는 국가라고 한다면 우리나라라고 할 수 있다. 우리나라에서는 민원서류를 떼어야 할 때 대체로 온라인으로 즉석발급이 가능하다. 그러나 아직 많은 나라에서 서류하나 발급받는 데 기본적으로 일주일 이상 소요되기도 한다.

코로나 사태 때 정부에서 지급하는 긴급재난지원금의 경우도 우리는 금액만 정해지면 즉시 지급이 가능했지만 일본의 경우 관공서에 가서 줄을 서서 신청하고 다시 처리하는 데 상당한 시일이 소요되어 대조된 일이 있다.[6] 비자도 미리 대사관에서 신청하는 것이 아니고 방문국 도착 시 현장에서 즉시 발급되는 비자도 있다.[7]

---

6 "블룸버그 "韓 IT강국 면모, 日서류더미에 긴 줄"...긴급자금 지급방식 비교," 오피니언뉴스, 2020.5.21. 기사

7 대한민국의 여권은 오늘날 189개국을 무비자로 방문가능해서 1위 일본, 2위 싱가폴에 이어 3위이며 이는 스페인, 스위스, 덴마크 등보다도 상위이다.

7. 오프라인에서 온라인으로

사이버 공간에서 **온라인**(online)으로 접속하는 것과 대비되는 개념으로 설명하다 보니 기존의 매장을 **오프라인**(offline)으로 부르게 되었다. 기존의 모든 비즈니스는 오프라인이었지만 인터넷 공간의 업무는 온라인이다. 세계는 이제 오프라인 비즈니스에서 온라인 비즈니스로 전환되고 있다. 상가는 축소되고 있으며 쇼핑을 위해 백화점이나 마트에 갈 필요가 없게 되었다. 온라인은 국가 내에서의 거리 이동 감소와 24시간 운영이라는 장점도 있지만, 국제 쇼핑이 가능하다는 점도 큰 장점이다.

해외직구를 이용해 집에서 온라인으로 세계의 모든 물건을 직접 쇼핑할 수 있게 되었다. 현지와 동일한 가격(배송비와 관세 제외)으로 유통 마진을 주지 않고 구입이 가능해졌으니 비용도 과거보다 월등히 저렴해졌다. 국제무역과 중개무역의 비중이 줄어들었으며 세계의 구매자와 공급자가 사이버 공간에서 온라인으로 직접 연결가능하다.

컴퓨터네트워크는 우리를 사이버 공간의 세계 속에서 소통할 수 있게 하였다. 글로벌 SNS를 통한 소통 수단은 인터넷의 등장으로 가능해졌으며 모든 인간의 활동이 사이버 공간에서 가능해졌다. 그리고 무선통신 기술은 이제 스마트폰을 통해서 온라인을 가속화하고 있다. 오프라인보다 온라인이 더 편리하다. 코로나 사태는 온라인화를 가속화해서 어느 정도 종식된 후에도 '줌(zoom)'과 같은 수단을 이용해서 영상회의를 활용하며 학교에서의 모든 수업도 온라인이 가능하다.

그러한 측면에서 오프라인과 온라인을 구별하거나 차별하지 않아도 되지만 오프라인만 허용하고 온라인에서는 허용되지 않는 경우들이 아직 많다. 온-오프라인의 완전히 자유로운 선택을 보장하는 것이 바람직하다.

동일 브랜드 제품을 한국에서 구입하는 것과 해외 판매가격은 거의 50% 차이가 날 정도라 해외직구를 많이 한다. 해외직구는 한국까지 배달되지 않으므로 배달을 대신해주는 배달 대행 주소를 입력하는 형식으로 대신해주기도 한다. 업체 온라인으로 해외직구가 가능하다 보니, 유명 브랜드 회사들에 대한 직접 접속 자체를 차단하기도 한다. 그러나 이와 같은 차단을 피해 VPN 기술을 사용하여 우회 접속하기도 한다.

8. 전자에서 양자로

전기의 발견, 전자기술의 발전에 따라 등장한 수많은 전기 및 전자제품은 우리의 모든 일상을 바꾸어놓았다. 전파를 이용한 무선통신과 결합한 컴퓨터 기술은 현대의 스마트폰을 가능하게 했으며 우리는 전지전능에 가까운 핸드컴을 휴대하고 있다. 핸드컴의 등장으로 사라진 제품은 수십 개에 이르고 있다.[8]

원자가 가지고 있는 **전자**(electron)를 제어하면서 파생된 이러한 기술들은 이제 **양자**(quantum)를 활용하는 기술로 발전하고 있다. 양자적 원리를 이용한 **양자컴퓨팅**(quantum computing)은 새롭게 등장한 기술로 전자의 한계를 극복할 수 있거나 상호 보완적인 기술로 활용될 것으로 전망된다. 양자컴퓨팅 이전에 이미 전자를 기반으로 한 통신에서 빛(양자)을 이용한 통신기술인 광통신으로 발전되고 있었으며, 유리섬유하나로 구리선보다 더 많은 데이터를 송수신할 수 있게 되었다.

---

8 와해성기술(Disruptive technology)의 대표로 디지털 카메라, 비디오카메라, 지도, 사전, 시계, 전화, 내비게이션, 라디오, MP3 플레이어, 휴대용 TV, GPS 측정기, 책 등이 모두 스마트폰의 등장으로 사라지게 되었다.

광통신 외에도 레이저와 적외선과 같은 광기술은 다양한 분야에서 폭넓게 응용되고 있다. 현재 개발되어 일부 사용 중인 레이저건은 드론 요격 등 전쟁의 무기를 완전히 바꾸게 될지 모른다. 미사일 1발당 5만 불(6700만 원)과 비교하여 레이저 발사 비용은 1달러(1350원)로도 가능하기 때문이다.[9]

9. 분열에서 융합으로

핵분열(nuclear fission)을 기반으로 한 원자폭탄은 이제 핵융합(nuclear fusion)을 기반으로 한 수소폭탄의 개발로 전환되었다. 핵무기의 등장으로 지구는 3차 세계대전이 발발하지 않는 70년간의 평화를 가져왔다. 핵기술은 핵발전소로 이어져 전기를 풍족하게 사용할 수 있게 되었으며 산업 발전을 가져왔다. 현재는 토륨을 이용한 무공해 핵발전 기술을 개발 중에 있다.

핵융합을 일으키기 위해서는 섭씨 1억 도의 초고온상태를 만들어야 하며, 종전까지는 원자폭탄을 통하는 수밖에 없었다. 초고온을 인공적으로 유지한다면 핵융합을 일으켜서 인공태양의 제작이 가능하여 꿈의 에너지라고 부르는 핵융합 발전이 가능하다. 인공태양 기술은 우리나라가 가장 앞서고 있는데, 한국핵융합에너지연구원[10]에서 제작 중인 인공태양 KSTAR는 2020년 세계 최초로 1억 도의 초고온 플라스마 운전을 20초 이상 유지하고 2022년에는 30초를 유지하는 데 성공했다.

분열(fission)은 소련연방의 해체에 따른 많은 독립국의 탄생을 가져왔다. 또한 역으로 유럽국가들은 EU라는 연방체제의 국가로 **융합**(fusion)하기도 했

9 "한발 2000원에 북드론 잡는다. 국산 레이저포 개발 완료," 서울경제, 2023.1.9.일 기사

10 https://www.kfe.re.kr/

으며 튀르크 연합, 아랍 연합 등 다양한 국가 간의 연합이 모색 중이다. 학문도 다양하게 분화되어 왔으나 최근에는 몇 개의 학과들이 연합한 융합대학이나 융합학과 등이 신설되고 있다. 분열과 융합은 시대에 따라서 반복적으로 지속되는 현상이다.

10. 유전자 해독(decode)에서 변형(modification)으로

게놈(genome)의 해독은 생명의 비밀을 이해하게 만들어서 언젠가는 우리는 생명의 모든 의문을 풀 수 있는 시대를 맞이할 것이다. 아직은 부분적인 해독이지만, 초지능 AI의 등장은 해독을 가속화할 것으로 전망된다. 해독에 따른 유전자 조작(manipulation) 기술을 적용해서 기존 생물의 기능을 제어할 수 있으며 신종 생물체까지 만들 수도 있음을 의미한다.

이미 유전자재조합식품 또는 유전자변형생물(GMO, Genetically Modified Organism)이라고 부르는 농수산물들이 쏟아지고 있는데 신선한 상태로 오래 유지할 수 있는 토마토, 글루텐이 없는 밀, 사료 대용 작물, 제초제 내성 콩, 비타민 A 공급작물, 특정 질병이나 해충에 내성을 가진 작물 등이 있다. 이러한 GMO 작물은 생산량 증대에 따른 인류의 식량문제를 해결해줄 수 있다. 한편 유전자 변형에 따른 해당 작물의 인체 유해성이 검증되지 않은 것에 따른 논란과 식용거부운동도 일어나고 있다.

11. 정보검색에서 컨텐츠 생성으로

컴퓨터가 대용량 데이터를 저장하게 되면서 등장한 데이터베이스와 DBMS

관리시스템은 요구사항을 언어로 정형화해서 표현하는 쿼리(query) 언어를 탄생시켰다. 쿼리문은 오직 구조화된 형식의 데이터베이스에서만 사용가능하다는 한계를 가진다.

DB 쿼리의 등장

데이터의 증가는 파일에 저장해서 처리하는 파일시스템만으로 한계가 있어서 데이터를 체계적으로 모델링하여 저장하는 데이터베이스와 관리 SW(DBMS, Database Management System)가 등장했다. 이러한 DBMS의 등장은 대용량 데이터에 대한 모든 문제를 해결해주어 오늘날의 정보시스템으로 폭넓게 활용되어 금융, 증권거래, 항공기 예약 등이 실시간으로 가능해졌다.

쿼리에서 키워드로

웹의 등장으로 이제 우리는 구조화된 데이터베이스 외에도 문서 데이터를 더 많이 저장하게 되었고, 이러한 문서 정보에 대한 검색으로 키워드 집합을 사용하게 되었다. 그리고 이 기술은 자연스럽게 웹에 저장된 정보를 인덱싱하는 정보검색 시스템으로 발전하여 우리는 모든 정보를 손쉽게 검색하여 활용하고 있다.[11] 하지만 키워드 집합을 사용하여 저장된 정보를 검색하면, 너무 많은 정보가 있어서 검색 결과를 보고 원하는 정보인지를 일일이 확인해야 하는 문제가 생긴다. 수천만 개의 정보를 찾아주는 것은 실제 별 도움이 되지 않는다. 오히려 원하는 정보 10개를 찾아주는 것이 더 유용한 것이다.

그래서 의미 처리 등 많은 연구가 진행되어왔으며 키워드 집합으로 입력하지 않고 원하는 것을 자연어 문장으로 입력하면 의미를 파악해서 답을 역시

11 구글이라는 기업은 글로벌 정보검색 서비스로 오늘날 성공한 대표기업이다.

문장으로 해주는 시스템인 '자연어 쿼리 시스템'에 대한 연구가 오래전부터 진행해왔으나 문장의 의미 처리 기술이 가지는 한계로 만족할 만한 시스템을 얻지 못했다. 오늘날의 딥러닝 기반 AI 시스템은 오래전부터 인간이 꿈꾸던 자연어 쿼리 시스템을 가능하게 해서 큰 의미를 가진다.

키워드에서 프롬프트로

초거대 AI 기술은 저장된 정보를 벡터로 변환하여 저장한다. 이에 따라 오늘날의 AI 시스템은 사용자가 원하는 것을 자연어로 표현(프롬프트)하면 결과를 정리 요약해서 컨텐츠로 만들어서 제공하여 진정한 컴퓨터 서비스를 받을 수 있게 되었다. 원하는 컨텐츠에는 새로운 소설이나 글, 논문, 프레젠테이션 등 모든 형태의 글을 생성해주므로 '창작'에 가까운 서비스가 가능하다.

12. 데이터에서 객체지향으로

문제 해결 기법의 하나인 추상화를 적용해서 단순하게 단일 값들을 묶어서 처리하던 데이터 구조를 임의의 구조(트리 또는 그래프 등)로 표현해서 묶고 여기에 연관된 프로시저 즉 코드를 함께 묶은 객체지향의 객체로 전환하는 것이다.

객체지향의 개념은 프로그래밍 언어에서 출발하여 데이터 모델링을 통해서 객체지향 데이터베이스로 발전하였고, 소프트웨어 공학에서도 객체지향 개발방법론으로 진화되었다. 객체지향 개념에 대한 자세한 것은 필자의 다른 책 『컴퓨터식 사고와 문제해결기법』의 11장에서 자세히 설명하고 있다.

13. 싱글에서 멀티로

CPU의 경우 싱글 CPU 시스템에서 반도체 기술의 발달로 인해서 하나의 칩에 CPU를 여러 개 집적한 멀티코어(multi-core)로 발전했다. 멀티코어는 듀얼코어(2개), 쿼드코어(4개), 옥타코어(8개), 헥사코어(16개)로 늘어나고 있다. PC의 경우도 단일 PC를 여러 개 클러스터로 묶어서 병렬로 처리하다가 오늘날에는 초병렬컴퓨팅으로 수십만 대를 하나의 컴퓨터처럼 묶어서 처리하는 기술로 발전했다.

멀티미디어 컴퓨팅은 텍스트, 이미지, 그래픽, 비디오 등 다양한 데이터 타입의 데이터를 하나의 컨텐츠로 묶어서 표현하는 기술이다. 멀티미디어 기술의 발달로 우리는 프레젠테이션 뿐 아니라 영상 컨텐츠를 제작하고 컴퓨터로 감상하는 시대를 맞이했다.

프롬프트의 경우 텍스트로 출발하여 최근에 등장한 AI는 멀티모달(multi-modal)로 발전하여 인간의 의사 표현과 유사하게 발전해서 더 정교한 컨텐츠 생성이 가능해졌다.

14. 동기에서 비동기로

통신 방식은 **동기**(sync)와 **비동기**(async) 방식으로 나누어진다. 전화와 방송은 동기 방식의 대표적인 사례로 동일한 시간에 통신하려는 두 대상이 연결되어야 가능하다. 상대방에게 전화하려면 상대방도 그 시간에 통화가 가능해야만 한다. 비동기는 음성메시지에 하고자 하는 말을 저장해 놓으면 상대방이 추후에 메시지를 듣고 회신하는 방식이다.

반면 비동기 통신의 대표는 편지다. 우체국 시스템의 도입 이후 국내와 국제간 편지는 최소 이틀에서 일주일 이상 소요되는 것이 보통이다. 우체국이 없던 시절에는 심부름하는 사람에게 부탁해서 전하는 방법밖에 없었다. 비동기 방식의 장점은 통신 대상자가 동일한 시간에 연결될 필요가 없다는 것이다.

인터넷이 도입되면서 등장한 이메일은 즉시 전달되지만 상대방은 즉시 보지 않고 우편함에 쌓인 편지를 편한 시간에 보면 된다. 즉, 비동기식 편지의 단점인 전달 시간이 거의 즉시로 바뀌었으며, 비동기식으로 가장 편리한 통신수단이라고 볼 수 있다. 이메일의 또 다른 장점은 수십만 명에게도 동시에 간단하게 발송할 수 있다는 점이다. 디지털 자료의 복제 능력을 활용한 최적의 통신수단이지만 지나친 광고성 메일 등으로 오늘날에는 사용률이 저하되고 있다.

메신저는 휴대폰망의 SMS(단문메시지)가 발전하여 멀티미디어로 상대의 스마트폰에 즉시 전달되는 장점을 가진다. 무선통신망의 고속화(LTE와 5G)로 인해서 가능해졌으며 오늘날 가장 폭넓게 사용되는 비동기 통신이다.

TV 시청은 방송 시간에 맞춰서 봐야만 하는 통신으로 동기식이었다. 그러나 VOD(Video on Demand) 서비스가 등장하여 보고 싶은 영상을 언제든지 보고 싶을 때 접속해서 볼 수 있는 비동기식 컨텐츠가 되었다. 이러한 VOD가 글로벌하게 발전하여 오늘날 OTT(Over the Top) 서비스로 발전했다.

현재 글로벌 OTT 시장을 놓고 세계는 치열하게 전쟁에 가까운 경쟁 상태이며 국내 컨텐츠를 독점하던 주요 방송 미디어사들은 OTT의 주도권을 못 잡게 되면 단순한 컨텐츠 제작사에 불과해지게 되어서 문제라고 볼 수 있다. 국내의 우수 컨텐츠를 국내기업에서 서비스하지 못하고 글로벌 기업에서만 제공된다는 것은 결국 국내 시청자들의 시청료를 해외에 지급하는 것과 같아서 방송의 국경선이 없어지는 것과 같다.

15. 긴 영상에서 짧은 영상으로

컨텐츠의 범람은 하루 24시간이 짧게 느껴지며 영상의 길이를 더 짧게 만들도록 압박하고 있다. 오늘날 시청자들은 TV 시청 시 지루하다고 느껴지는 시간은 더욱 짧아져서 3초 이상이면 리모컨 채널을 다른 곳으로 돌린다. 동영상 플랫폼 서비스 틱톡(Tiktok)은 컨텐츠의 길이를 최대 60초 이내로 제한한다. 이 영향으로 유튜브도 쇼츠(Shorts)라는 별도의 서비스를 도입했다. 물론 단문의 원조는 트위터다.

긴 블로그와 오랜 다운로드 시간에 따른 시간 지연은 5G와 미래의 6G 기술로 해결될 수 있지만, 보는 시간의 단축이 중요하다. 즉석 서비스의 보편화는 인간에게 기다림이라는 것 자체를 감소시킨다.[12]

12 스스로 선택해서 기다리는 곳으로는 맛집과 명품 가게가 남아 있다.

3장
인간의 변화

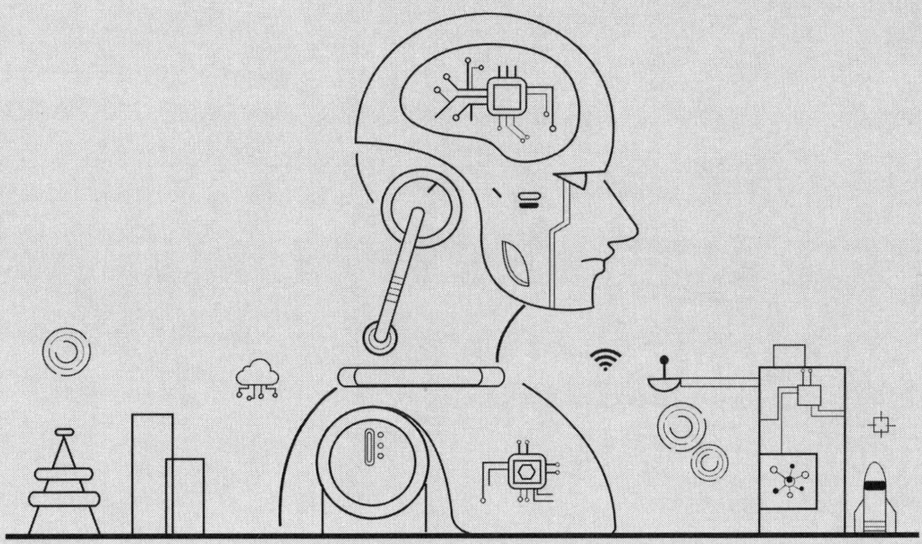

"인간은 스마트휴먼, 빅휴먼을 거쳐 포스트휴먼과 호모데우스로 진화한다."

백산

1. 스마트휴먼

필자는 스마트폰으로 무장한 인류를 **스마트휴먼**(smart human)으로 정의한 바 있으며[1] 스마트휴먼의 중요한 특징은 그림 3.1에 나타나 있다. 스마트휴먼은 천리안을 가지고 있어서 세계에서 일어나는 모든 현장을 고화질로 생생하게 볼 수 있으며 실시간 파악도 가능하다. 항공기와 선박, 태풍의 위치, 도로의 실시간 교통량과 세계 곳곳에서 일어나는 사건과 사고 등 모든 것을 뉴스 매체와 SNS를 통해서 실시간으로 접할 수 있다.

최근에는 지진이 발생하는 경우 긴급재난 메시지를 스마트폰으로 보내는 통에 심야에도 알 수 있게 되었다. 또한 동영상을 포함한 개인 정보와 일정 관리 등을 체계적으로 하며, 지구상의 누구와도 영상 통화를 언어 장애 없이 할 수 있는 시대가 되었다. 자동차와 가전제품 등을 원격제어하고, 애완동물의 현재 상태 등을 어디서든 확인하며, 각종 회의와 이벤트에 온라인으로 접속해서 참여할 수 있다.

1 용환승, 『인공지능 파운데이션』, 인피니티출판사, 2023.1

클라우드 빅 컴퓨팅 기능으로 슈퍼컴퓨터만 가능한 빅데이터와 AI 서비스를 처리할 수 있고, 세계 유명 대학이나 교육기관의 컨텐츠를 독학할 수도 있다. 초지능 AI의 등장은 학습 자체를 불필요하게 만들 수도 있다. 모든 것을 다 아는 초지능이 항상 옆에서 대기하고 있는데 굳이 내가 학습할 필요가 있는가는 충분히 생각해볼 일이다.

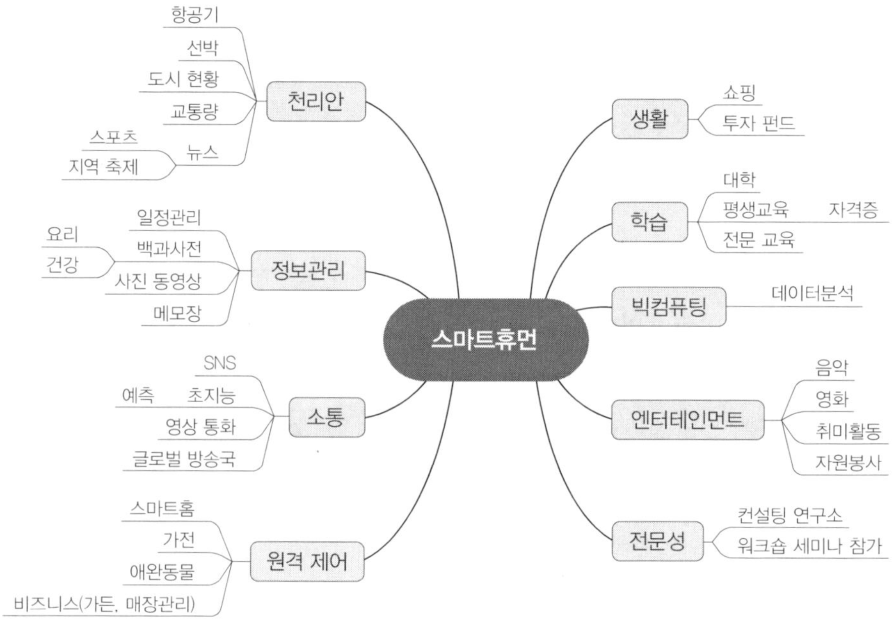

그림 3.1 스마트폰으로 무장한 스마트휴먼

오늘날의 인류는 현재 서비스되고 있는 것만으로도 아이에서 어른까지 온종일 스마트폰을 달고 살 수밖에 없어 소위 '중독'에 가까운 증세를 보이며, 사실 중독되지 않는 사람이 오히려 이상하다고 여길 정도가 되었다.[2]

2 깨어나면서부터 온종일 화장실갈때도, 잠들때까지 스마트폰을 늘 옆에 두어야만 하는 시대가 되었다.

2. 빅휴먼

스마트휴먼에 더해서 AI로 무장한 인간을 **빅휴먼**(Big Human)으로 정의하고자 한다. 2022년을 기해 스마트휴먼은 빅휴먼으로 진화하기 시작했다. 빅휴먼의 특징은 스마트휴먼에 더해서 초지능 비서를 통해서 전지전능한 인간으로 완성된다는 것이다.

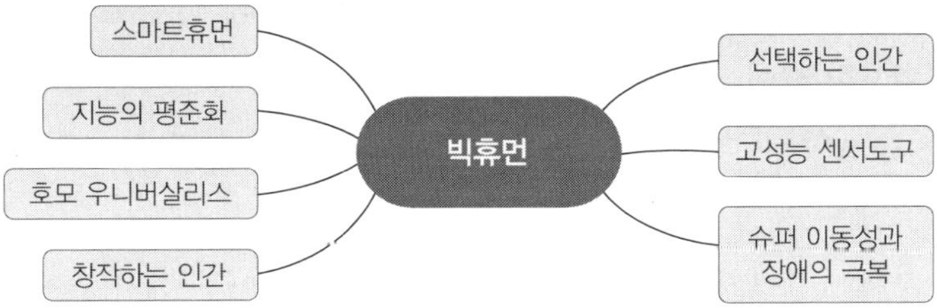

그림 3.2 빅휴먼의 정의

빅휴먼의 특징에 대해서 간략하게 설명하면 다음과 같다. 초지능 AI는 인간을 창의적으로 만든다. T자형 인재, 파이(π)형 인재[3] 등이 주목받으면서 복수전공과 부전공을 의무화하고 융합전공이 신설되고 있지만, 이를 달성하기가 쉽지는 않다. 전문화가 깊어질수록 오히려 한 가지 분야도 잘 하기 힘든 것이 실상이다. 지금까지의 역사는 전공이 세분화되는 방향으로 진화해왔다는 것도 그 반증이다.

사학도 동양, 서양사에 동아시아 등으로 구분되고 전자공학도 반도체공학

3 T자형 인재와 π자형 인재에서 가로 선은 지식의 깊이, 세로 선은 지식의 폭을 의미한다. 즉 T자형 인재란 한 분야에 깊이 있는 전문성이 있으면서도 지식의 폭이 다양하여 다른 영역의 사람들과 소통할 수 있는 인재이다. π자형 인재는 이에 더해 두 가지 이상의 분야에서 전문성을 보이면서 다른 분야와 적극적으로 협력하는 인재를 말한다.

으로, 컴퓨터공학은 인공지능과 데이터사이언스로 세분화되고 있다. 즉 과거에는 하나의 전공분야가 오늘날에는 세분화되면서 학문단위의 범위가 커졌다. 이런 상황에서 융합전공과 융합교육을 강조하지만 한 사람이 여러 분야에서 능력을 보유하는 것은 실제로 어려운 일이다.

가질 수 있는 최고의 비서를 보유한 인간에게 어떠한 능력이 추가될 것인가는 흥미로운 주제다. 초지능의 일차적인 기능으로 많이 언급되는 기능은 컨텐츠 생성이다. 오직 인간만이 해결할 수 있었던 각종 시험 문제를 척척 풀어내는 등 모든 분야에서의 전문 능력을 활용하기에 이제 모든 사람이 전문성을 확보한 셈이 되었다. 소위 전문가의 평준화가 이루어졌다고 볼 수 있다. 초지능 AI보다 더 전문적인 능력을 가져야만 이제 진짜 전문가 대우를 받게 될 것이다.

넓고 깊게 아는 T자형 인재에서 넓으면서 두 분야에 대해서 깊게 아는 파이형 인재와 융합형 인재를 추구하고는 있으나 두 가지를 모두 잘 하는 것은 쉽지 않다. **호모 우니버살리스(homo univeralis, 박식가)**는 다방면에서 폭넓은 전문성을 보여주는 인간을 의미한다.

모든 분야에서 전문가인 사람을 다리가 많은 **지네형 인간**으로 부를 수 있다. 지네의 다리는 15개에서 150개의 쌍으로 구성되어 있다고 한다. 현재의 AI는 100개국 이상의 언어를 처리하고 번역할 수 있다. 기네스북에 기록된 가장 많은 다국어를 구사할 수 있는 사람인 지아드 파자도 고작 58개국의 언어를 할 줄 알 뿐이다.[4]

- **지능의 평준화** 지능으로 인한 차별의 종말이 온다는 것으로 지능 외에도 창의성 등 결국 조상과 소속 국가에 따른 차별성이 사라지게 된다.

4 https://ko.wikipedia.org/wiki/지아드 파자

초지능 AI를 비서로 두어 모든 것을 물어볼 수 있다. 척척박사, 멘토의 역할을 한다.

- **호모 우니버살리스(homo universalis)** AI로 인하여 이제 인간은 모두가 다재다능한 인간이 되어 관심을 가진 모든 분야에서 컨텐츠 생성이 가능하게 된다.
- **창작하는 인간** 창작은 전문영역에 속했으나 AI의 도움으로 누구나 창작을 할 수 있게 된다. 또 결과물로도 최고 수준의 컨텐츠를 생성할 수 있으며 변환을 거쳐 원소스 멀티유스(One-Source Multi-Use)가 가능하다.
- **선택하는 인간** 창작된 컨텐츠들이 넘쳐나면 인간이 해야 할 일은 오직 선택하는 일이다. 선택이 많아질수록 선택은 쉬운 일이 아니게 되며 선택 장애로 이어질 수 있다. 선택을 도와주는 도구가 필요하게 된다.
- **고성능 센서도구** 인간은 신체적 한계를 확장하여 고성능 센서를 가지게 된다. 어떤 동물들보다도 고성능화, 소형 기계 장치화된 센서들은 인간의 감지 능력을 정밀하게 확대한다. 이미 스마트폰 하나에 들어간 센서의 개수는 10개를 넘고 있으며 최근에는 휴대용 혈당센서도 개발 중이다.
- **슈퍼 이동성과 장애의 극복** 개인 이동 수단의 보편화로 육상, 해상, 항공 외에도 해저에서의 이동 활동이 증대되는 방향으로 진화하면서 개인 이동 수단이 늘어나고 있다. 또한 다양한 종류의 장애를 극복할 수 있게 될 것이다.

빅휴먼은 니체가 주장한 '초인'의 개념과 유사하다. "신을 부정하고 인간은 스스로 새로운 세계를 완성해야 한다." 인간의 자유와 창의력을 최대한 발휘하는 개인, 전통적인 도덕과 종교의 제약을 넘어서 자유로운 영혼과 "예술자적인 존재로서의 인간"을 이룰 수 있는 수단으로 AI가 활용될 수 있다.

2.1 지능의 평준화

사람은 태어나면서 국적과 가정환경 그리고 신체적 조건에서 차이가 난다. 그러나 이러한 차이가 기회의 차별화로 이어지지 않도록 인류는 역사 속에서 노력해왔다. 그 결과 오늘날 많은 부분이 해소되었지만, 아직도 해결해야 할 것이 많이 남아 있다. 부의 상속에서도 태어난 국가에 따라서 정해진 한계가 있으며 성별에 따른 차별도 문제다.[5]

여기서는 신체능력, 지능, 창의력, 외모, 조상, 국가의 평준화에 대해서 살펴보고자 한다.

- **신체능력의 평준화** 총이 가져온 변화로, 무력이 평준화되어 물리적인 장군감이 더 이상 필요하지 않게 되었다. 어린아이의 총기사건도 기사로 접할 수 있다. 여성도 충분히 자신을 지킬 수 있으며 군인이 되어 국방에도 참여한다. 그러나 총기 사고로 사망하는 사람이 수만 명에 이르는 것은 심각한 문제이며 특히 정신적 문제가 있는 사람이 수십 명을 살상하고 자살하는 경우가 없도록 국가가 나서야 한다.
- **지능의 평준화** 지능이 평준화된 것은 아니지만, 인간의 지능을 대신하는 인공지능으로 인해 이제 개인의 지적 능력이 차이가 있다고 하더라도 동등한 업무 능력을 보일 수 있게 되었다.
- **창의력의 평준화** 창의력이 있어야 창의성을 요구하는 컨텐츠를 생성할 수 있었으나 초지능 시스템은 창의컨텐츠를 대신 생성할 수 있으므로

5 성별의 차이는 아프가니스탄의 경우 심각하여 여성에게는 교육의 기회를 주지 않는다.

이제 누구나 컨텐츠 생성이 가능하다. 그림을 그리지 못해도 상상만으로 대신 그려주며 작곡도 대신 한다. 단 결과물의 가치를 판단하는 능력에서는 차이가 있다. 곧 결과물의 판단마저 AI가 해줄 수 있게 될 것이다.

- **조상의 평준화** 부모의 재력과 환경을 넘어서는 기회가 누구에게나 공평하게 주어진다. 자유시장경제에서는 기회의 평등을, 공산주의에서는 부의 평등을 추구한다. 아직 완벽하게 달성되었다고 보기는 어렵다.
- **국가의 평준화** "지구는 평평하다." 모든 국가가 유사한 제도와 정책을 운영한다면 현재의 국가 간 빈부격차는 상당히 줄일 수 있다. 부존자원이 많아야만 국가가 발전하는 것도 아니고, 기후와 지역의 편차도 극복할 수 있다. 스위스는 어려운 자연 환경 속에서 세계 최고의 부국 중 하나가 되었으며 대한민국은 부존자원이 없는 좁은 영토에서 원유가 넘치는 사우디아라비아와 쿠웨이트를 넘어서는 부유한 국가가 되었다.
- **외모의 평준화** 오늘날 성형 수술은 치료를 목적으로 하는 것보다 외모를 위해서 많이 하고 있다. 새로운 미남과 미녀로 만들어 내는, 변신에 가까운 성형수술은 놀라울 정도다. 부모로부터 물려받은 외모의 경쟁력보다는 성형 수술을 통한 경쟁력이 필요하게 되었으며 외모 때문에 하고 싶은 일을 못하는 시대는 지났다.

지능의 평준화와 생각의 종말

개인이 가지는 지능은 차이가 있을 수 있다. 그래서 아직도 학업능력에 따라서 직업이 정해지며 경제적 차이가 발생한다. 초지능이 지식의 처리를 모두 맡게 된다면 개인은 더 이상 지식 처리를 할 필요가 없다. 질환의 진단, 소송의 판결, 연구 논문 작성 등 지식 노동의 업무에서 AI가 인간보다 더 정확하다면 무인화가 가능해질 것이며 인간의 판단보다 AI의 판단을 더 신뢰하게 되므로 이런 업무들은 자연히 소멸될 것이다. 로봇에 의해서 인간의 노동이 필요 없어지듯, AI에 의해서 지식 노동도 불필요하게 된다. 자율주행자동차의 시대에 인간의 운전은 금지되는 것과 같다.[6]

그래서 총기와 기계의 발명으로 이제 신체 능력이 남녀노소 평준화되었듯이 초지능은 지적 능력을 평준화하며 한편 전문가 영역을 축소시킨다. 이제 더 이상 특정 분야의 전문성을 보유했다는 전문가들의 영역은 없어지며 AI가 하지 못하는 특정 영역으로 국한될 것이다.

또한 지식 노동의 소멸과 함께 점차 모든 사고를 AI가 도맡으므로 인간의 사고기능은 퇴화되고 AI의 지시만 따르는 형식으로 변화될 수도 있다. 이렇게 되면 지도자를 잘 따르는 것과 같이 AI의 결정에 순종하는 팔로워형 인간이 경쟁에서 승리할 것이다. 자동차 내비게이션의 안내가 가장 빠르게 목적지에 도착하므로 자신의 경험과 지식으로 다른 경로를 선택하는 교만은 몇 번의 시행착오로 자연히 도태되게 된다. "장고 끝에 악수"라는 말은 바둑에서 오래 생각한다고 더 좋은 수가 나오는 것이 아니고 오히려 악수를 둘 수도 있다는 격언이다. 이와 같이 스스로 곰곰이 생각해서 내리는 결론이 AI의 빠른 결정보다 나을 수 있다는 희망은 맞지 않게 된다.

2.2 호모 우니버살리스

AI는 융합인간을 가능하게 한다. 역사 속 다재다능한 인간은 레오나르도 다빈치, 세종대왕 등 극소수의 천재적 인간들뿐이다. 지금까지 문학과 음악을, 혹은 음악과 미술을 동시에 같은 수준으로 잘 하는 사람은 없었다. 물론 작사자와 작곡자가 같은 사람인 것이 가능하기는 하다.

6 인간의 운전은 사고위험으로 전용 자동차운전장에서만 하도록 제한될 것이다.

이은상이 쓴 시 「봄처녀」에 홍난파가 곡을 붙였다. 음악과 그림을 그리기 위해서는 개념과 주제, 소재 등을 표현하는 구체적인 설명, 즉 프롬프트(또는 지시문)가 필요하다. 오늘날 우리는 가사를 입력하면 음악을 만들어주는 AI를 가지고 있다. 시는 그림과도 연결되어 시화전을 볼 수 있다. 화가가 시를 보고 그 내용에 맞는 그림을 그릴 수도 있지만, 글을 입력하면 AI도 나름대로 분석하여 그림을 그려준다. 「봄처녀」의 가사를 가지고 AI가 만든 그림은 그림 3.3과 같다.

> 봄 처녀 제 오시네, 새 풀옷을 입으셨네, 하얀 구름 너울 쓰고, 진주 이슬 신으셨네, 꽃다발 가슴에 안고, 뉘를 찾아 오시는고

그림 3.3 이은상의 시 「봄처녀」를 키워드로 구글 바드가 그린 그림

인류가 문자를 발명하고부터 문장으로 상상하며, 표현하고 읽는 독자도 역

시 단어 개념으로 상상해왔다. 그러나 문장으로 상상하는 것의 한계는 과장된 표현으로 이어지기도 한다. 오늘날에는 그림과 이미지로 구체화할 수 있으며 문장과 사진이나 삽화, 포즈 등을 함께 입력하여 원하는 컨텐츠를 빠르게 얻을 수 있다. 이와 같은 다매체 또는 멀티모달(multi-modal) 입력이 가능해지고 있다.

(a) 굴업도에서 촬영한 담벼락 사진

보내주신 사진은 인천광역시의 섬인 굴업도에서 촬영된 것으로 보이는 벽화를 보여줍니다. 이 벽화는 굴업도의 작은 마을에 위치한 민박집의 외벽에 그려져 있습니다.

굴업도 벽화

벽화에는 다양한 문구가 적혀 있는데, 그 중에는 "세번 참으면 호구 된다", "지금 공부 안하면 더울때 더운데서 일하고 추울때 추운데서 일한다", "감사의 표시는 돈으로 하라" 등과 같은 유머러스하면서도 현실적인 문구들이 눈에 띕니다.

이 벽화는 굴업도에서 오랫동안 살아온 이경심 할머니가 그린 것으로 알려져 있습니다. 할머니는 굴업도의 유일한 민박집을 운영하며, 이 벽화를 통해 굴업도의 매력과 옛 시절의 정취를 알리기 위해 노력하고 있다고 합니다.

이 벽화는 굴업도를 방문하는 사람들에게 큰 인기를 끌고 있습니다. 벽화 앞에서 사진을 찍거나, 벽화에 적힌 문구를 읽으며 굴업도의 독특한 분위기를 느끼는 사람들이 많습니다.

이 벽화는 굴업도의 대표적인 관광 명소로 자리 잡으며, 굴업도의 문화와 역사를 보여주는 상징적인 존재로 여겨지고 있습니다.

(b) 사진 (a)에 대해서 AI가 설명한 내용

그림 3.4 사진을 입력해서 AI가 분석하여 설명한 예

세종대왕께서 한글을 창제한 이유에 대해서 훈민정음 서문에 "백성이 그 뜻을 표현하고자 해도 쉽게 펴지 못하니라" 밝혀놓았다. 그러나 훈민정음은 글을 통해서 표현하는 것만 가능할 뿐이다. AI는 모든 형태의 컨텐츠를 이용한 표현을 가능하게 하였다는 점에서 **제2의 세종대왕** 또는 **세종대왕** 2.0이라고 할 수 있을 것이다.

현재의 AI는 문장뿐 아니라 그림도 인식해서 설명해준다. 그림 3.4는 담벼락에 낙서한 사진을 촬영한 것으로 AI는 이 그림 속의 손글씨를 모두 인식한 후에 이 그림에 대해서 세세하게 설명해주고 있다.

글씨를 읽고 유머러스하다고 평할 뿐 아니라 추가적인 정보까지 완벽하게 제시해주고 있다. 꿈보다 해몽이 좋다는 것처럼 이제 입력된 사진보다 AI의 해설이 더 좋은 시대가 되었음을 알 수 있다.

다음은 시를 써주는 예로 "봄과 그리움에 대한 시"와 "가을과 이별에 대한 시" 2개를 제시하고 AI가 생성한 결과인데 상당한 수준을 보여주고 있다.

P1. 봄과 그리움에 대한 시 하나 지어줄래

AI. 봄이 오면 그리움이 날 부르네요
잊혀진 추억이 새로운 피어나는 꽃처럼
그대의 모습이 떠오르고
우리의 어린 시절이 떠오르네요
그때의 그리움이 지금도 내 마음에 남아
봄이 오면 그리움이 날 부르네요
그대여, 언제나 그리움에 살아가고 있습니다.

P2: 가을과 이별에 대한 시

AI. 가을이 왔어요, 이별의 계절이에요
나뭇잎이 떨어져 나를 떠나가네요
그대와 함께했던 추억이
차가운 바람에 떨어져 가네요
우리의 사랑은 지워지지 않을까요?
그대의 마음은 나를 잊지 않을까요?
가을이 왔어요, 이별의 계절이에요
나는 그대를 그리워하며 가네요.

수학 올림피아드에 출제되는 어려운 수학문제에 대해서도 그림 3.5와 같이 AI는 풀이과정까지 설명해준다.

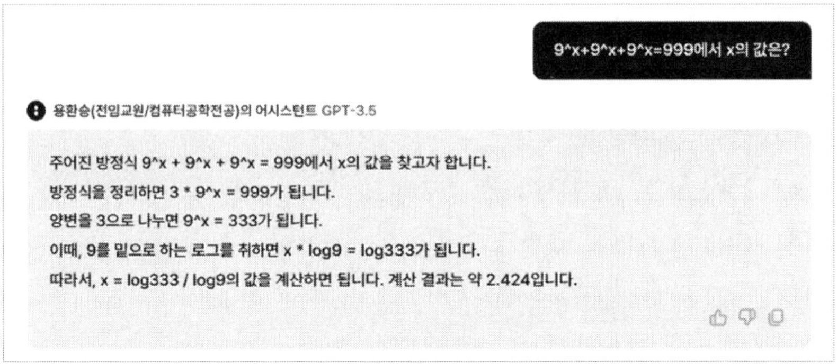

그림 3.5 수학문제를 풀이하는 AI의 예

2.3 창작하는 인간: 컨텐츠 크리에이터

카메라가 없던 시절 화가의 초상화는 오직 상류층만이 할 수 있는 일이었다. 조선시대 윤두수의 자화상이 유명하고, 왕들만 어진을 통해 모습을 남길 수 있었다. 그러나 오늘날 디지털카메라는 한 번의 셔터에 수십 장을 동시에 촬영한 후 제일 잘 나온 사진을 골라주기까지 한다. 그리고 사물이나 애완견은 물론이고 눈에 보이는 모든 대상에 대해서 촬영한다. 스마트 안경을 착용하면 우리는 24시간 마주하는 모든 영상을 녹화하는 것도 가능하다.

실제 없는 모습의 상상화도 제한적이었나. 안견의 「몽유도원도」는 안평대군의 도화원을 걷는 꿈을 그린 것이다. 꿈속의 모습을 말로 표현하여 화가의 그림으로 표현되었다. 범인의 얼굴을 기억해서 몽타주 만드는 것을 생각해보자. 말로 모습을 설명하는 일은 쉽지 않다. 그래서 말 대신 동작을 실제 포즈나 스케치를 사용하여 입력하기도 한다.

멜로디를 허밍(humming)만 해도 악보로 만들어주거나 가사나 개념을 문장으로 지시하면 음악을 AI가 대신 완성해주며, 심지어 소설과 동화도 주인공과 등장인물의 관계 및 사건 등의 입력으로 완성할 수 있다. 이제 인간은 오직 기획과 아이디어만 있으면 되고 이조차도 AI에 부탁해서 생성할 수도 있다. 무에서 유를 창조할 수 있는 셈이다.

다음 그림 3.6은 MS의 빙을 이용해서 그린 그림으로 사용한 프롬프트는 아래와 같다.[7]

> *"Under a dense tree, a bus stop, a woman with a bag, a woman in a school uniform, summer, a male student walks in from afar, looking at each other, sunlight, sketches, watercolor illustration, simple illustration"*

수채화 작가에게 부탁을 해도 네 개의 작품을 그리려면 며칠이 소요될 작업을 단 1초에 끝낼 수 있었으며 다시 요구하면 끝없이 생성해준다. 또 생성

7 https://www.bing.com/images/create

그림 3.6 수채화 일러스트형의 그림 생성 예

된 그림은 누군가 그렸던 그림이 아니고 지시문(prompt)에 따라서 묵묵히 무한히 생성해주고 저작권을 침해하지 않는 창작물이다.

그림생성 AI는 인간에게 단지 생각만을 요구하게 한다. 그래서 '호랑이가 담배 피우던 시절' 등 전설로만 들어왔을 뿐 한 번도 보지 못한 이미지를 AI에게 요구하면 자신도 본 적 없는 이미지들을 활용하여 그림 3.7과 같이 만들어 주며 놀라울 정도로 자연스럽게 이미지를 생성한다.

상상을 글로 표현하는 일도 쉽지는 않다. 특히 모습, 동작이나 위치를 표현할 때는 스케치나 동작을 몸으로 표현하는 것이 더 쉽다. 그래서 오늘날 이러한 다양한 입력을 통합해서 멀티모달(multi-modal)로 주면 그에 맞는 그림을 생성하는 기술도 개발되고 있다.

(a) 호랑이가 담배 피우는 모습

(b) 원수는 외나무다리에서 만난다

그림 3.7 속담과 전설에 나오는 표현을 이미지로 생성한 예

물론 대규모 언어모델로 출발한 AI에게 글짓기는 주요 종목이며 단순한 글짓기에서 나아가서 어려운 제약을 주어도 손쉽게 생성한다. 아래는 신데렐라 동화를 한글 자음으로 시작하는 문장으로 요약해달라는 지시문에 의해서 생성된 결과를 보여준다.

ㄱ: 고운 신데렐라는 언니들의 구박을 견디며 살았습니다.
ㄴ: **나이스한** 마법사 할머니가 나타나 신데렐라를 왕궁 무도회에 보내줍니다.
ㄷ: **덕분에** 신데렐라는 왕자님과 춤을 추게 되었습니다.
ㄹ: **런닝타임**이 끝나자, 신데렐라는 빨리 집으로 돌아가야 했습니다.
ㅁ: 마법이 풀리자, 모든 것이 원래대로 돌아가고 유리구두만 남겼습니다.
ㅂ: 발을 밟고 유리구두를 찾아 나선 왕자님은 신데렐라를 찾게 됩니다.
ㅅ: **소중한** 유리구두를 신데렐라에게 신겨보니 완벽히 맞았습니다.
ㅇ: 영원한 사랑을 맹세하며 신데렐라와 왕자님은 결혼하여 행복하게 살았습니다.
ㅈ: 좋은 마음을 지닌 신데렐라는 언니들을 용서하며, 그들도 결국 행복을 찾았습니다.
ㅊ: 착한 마음과 용기로 이기는 신데렐라 이야기는 오랫동안 기억될 것입니다.
ㅋ: **크게** 사랑받는 이야기인 신데렐라는 세월이 지나도 변하지 않을 것입니다.
ㅌ: **터지는** 웃음과 감동으로 가득한 신데렐라 이야기는 세대를 아우르며 전해질 것입니다.
ㅍ: **풍성한** 매력으로 더욱 사랑받는 신데렐라 이야기는 미래에도 기억될 것입니다.
ㅎ: 행복한 결말로 끝나는 신데렐라 이야기는 우리 모두에게 희망과 꿈을 심어줍니다.

그림 3.8 신데렐라를 한글 자음을 초성으로 해서 요약한 예

오즈의 마법사 동화를 알파벳 a에서 z로 시작하는 단어를 순서대로 이용해서 한 문장으로 만들어달라고 하면 다음과 같이 생성해준다.

> "**A** **b**ig **c**yclone **d**rags **e**nergetic **f**arm **g**irl, **h**ome-**i**nvading **K**ansas **l**ass, **m**eets **n**ew **O**z **p**als, **q**uesting **r**eturn: **S**carecrow, **T**inman, **U**nique **V**enture, **W**izard **X**enia, **y**earning **z**enith."

AI는그 능력도 대단하지만, 그 속도에 놀랄 수밖에 없다. 사람이 한다면 최소 몇 시간에서 하루는 족히 소요되는 일이기 때문이다.

미술 외에도 음악 작곡과 프로그래밍 언어까지도 일종의 언어로 간주하여 인간이 만든 모든 SW를 학습했다. 프로그래밍 언어의 개수는 수백 개는 될 정도로 많으며 현재 사용 중인 것만 해도 상당한 개수가 된다. 그리고 이 주요한 언어를 모두 자유로이 구사할 수 있는 프로그래머는 없다. AI는 원하는 SW의 기능에 대해서 설명만 하면 즉시 코드를 생성해준다.

현재 ChatGPT가 작성할 수 있는 프로그래밍 언어는 아래와 같다.

> C, Python, JAVA, JavaScript, PHP, Ruby, Swift, Kotlin, Rust, Go, Perl, Lua, TypeScript, Scala, Dart, Julia, Shell script, R, MATLAB, SAS, Visual Basic, COBOL, FORTRAN, Lisp, Prolog

물론 완전하지는 않은 경우가 있어서 생성된 코드를 검토해서 오류를 수정하는 일은 아직 필요하지만 초안을 즉시 만들어준다는 것만으로도 유용하여 개발 현장의 일하는 방식을 바꾸고 있다. AI가 이제 프로그래머의 부조종사(조수)가 되어 듀얼 프로그래밍을 하는 것이다.

레오나르도 다빈치는 누구나 공감하는 팔방미인의 대표적인 인물이다. 그에 대한 설명을 보면 천재적 화가, 조각가, 발명가, 건축가, 해부학자, 지리학자, 음악가로 표현되어 있으니 한 사람이 이렇게 다방면에 걸쳐서 놀라운 업적을 보여주는 사례는 드물다. 2017년 네이처(Nature) 학술지가 인류 역사를 바꾼 10명의 천재에서 1위로 선정되었다.

국내의 팔방미인을 꼽으라고 하면 우선 세종대왕을 들 수 있을 것이다. 세종 시대에 농업, 의학, 과학, 천문학, 음악에 관한 분야의 발전을 가져왔으며 특히 한글의 창제라는, 언어학적으로 세계 최고의 문자를 만들어 낸 사실은 자랑할 만하다. 필자는 한글이야말로 초지능 AI에 문자 발명을 시킬 수 있다면 만들 수 있는 최고의 문자라고 판단한다.

두 번째 인물로 들 수 있는 다산 정약용은 경제와 과학, 철학 등 다방면에서 재능을 보여주었으며 19년의 유배생활을 하면서 500권의 책을 저술하여 호모 우니버살리스에 해당하는 사람으로 평가된다. 2012년 다산탄생 250주년을 맞이하여 유네스코 세계기념 인물로 선정되기도 했다.

2.4 창의적 인간

AI의 창의력

창의는 창의(創意, creation)와 창발(創發, emergence)로 구분된다. 창의는 완전히 새로운 개념의 사물을 만드는 것이고 창발은 기존의 개념이나 제품들을 연결해서 새로운 사물을 만드는 것이다. 수천 년의 인류사에서 "하늘 아래 새로운 것이 없다"라는 말을 생각해보면 창의 제품보다는 창발 제품이 더 많을 수밖에 없다.

스마트폰이 창의 제품인가를 생각해보면 기존의 전화기와 팜탑(palm top) 컴퓨터, 터치폰을 결합한 것임을 알 수 있다. 또 회전초밥도 스시집 주인이 맥주 공장에서 컨베이어 벨트에 맥주가 회전하는 것을 보고 만든 것으로 다른 분야에서 사용하는 모델을 새로운 분야에 적용한 것으로 창발에 해당한다.

기존의 개념과 제품을 결합하면 새 제품이 되는 것으로 리믹스(remix) 개념이 중요하다. 그래서 일본의 사업가 손정의는 대학 시절에 300개의 제품을 적은 카드를 준비해서 임의로 3개씩 뽑아서 엮어서 새로운 제품을 기획했다고 한다. 그는 '사전'과 '음성 생성기'와 '평면 디스플레이'를 엮어서 "전자사전"을 기획하여 샤프사에 100만 불을 받고 팔아서 기반을 마련하여 오늘날 최고의 사업가가 된 것이다.

오직 인간만이 창의가 가능하고 AI가 하는 것은 모방일 뿐이다.[8] 창의에는 '인간코드'가 필요하며 무에서 유를 창조하는 것은 없다. 그래서 AI는 창의성의 한계를 가진다고 주장하기도 한다. 그러나 인간이 학습한 모든 컨텐츠를 기반으로 리믹스해서 새로운 창발성 컨텐츠를 만들 수 있다.

AI는 자유로운 영혼

AI로 인해 긍정적인 미래를 기대하는 이유로 중요한 것의 하나는 AI가 '자유로운 영혼'이라는 것이다. 인간은 완전히 자유롭지 못하다. 그러나 AI는 의식 자체가 없다고 할 수 있을 정도로 백지와 마찬가지라는 것은 상상력에 한계가 없다는 것이다. 즉 인간보다 더 자유롭게 상상할 수 있으며 컨텐츠 또한 제약이 없이 생성할 수 있다.

한국 문화 컨텐츠가 많은 나라에서 각광을 받게 되자 가장 의문을 제시하는 나라는 중국이다. 한국의 모든 문화가 중국의 부분집합이거나 열등한 것

8 마커스 드 사토이 저, 『창조력코드: 인공지능은 왜 바흐의 음악을 듣는가』, 북라이프, 2020.

이라는 고정관념에 사로잡힌 중국인은 왜 세계가 중국의 다양하고 놀라운 컨텐츠들은 외면한 채 작은 변방국인 한국의 컨텐츠에 주목하는지 이해하지 못하는 것이다. 그러나 그 이유를 살펴보면 간단하다. 한국인들은 자유롭게 상상하고 컨텐츠를 만들 수 있지만, 중국에서는 여러 가지 규제로 인해서 불가능하다. 홍콩의 영화배우 주윤발의 최근 인터뷰 내용을 보면 잘 알 수 있다.[9] 즉 문제가 무엇인지 중국인 스스로 잘 알고 있으면서도 절대로 인정하지 않는 것이 더 큰 문제인 것이다.[10]

그림 3.9는 '눈 내린 구층 목탑과 크리스마스 트리'를 주제로 AI가 생성한 이미지이다. 미술가에게 같은 주제를 주고 그려달라고 하면 과연 이와 같은 그림을 상상할 수 있었을까? 미술가의 경우 보통 구층탑과 트리를 별도로 분

그림 3.9 '눈 내린 구층 목탑과 크리스마스트리를 그려줘'로 AI가 생성한 이미지

9 "'한국은 창작자유 넘치지만 중국은…' 주윤발 발언 게시물, 웨이보서 삭제됐다." 조선일보, 2023.10.6. 기사.

10 더 놀라운 것의 하나는 "왜 15억의 중국은 축구를 못하는가"이며 이 또한 이유를 중국은 잘 알고 있으면서도 마치 모르는 양 정부에서도 축구굴기를 외치고 있다. 중국이 자력으로 월드컵 본선에 출전할 때가 과연 몇 년후인가는 수수께끼다.

리해서 그리기 쉽다. 그러나 이 그림에서는 상단에 트리를 배치하고 맨 위에는 목탑의 상단부를 그대로 남겨놓았으며 각 탑의 모서리에는 트리를 장식하는 형형색색의 구슬들을 달아놓아서 전체적으로 탑과 트리를 일체형으로 만들었으며 처마 끝자락에 자연스럽게 눈이 쌓여있도록 했다. 인간보다 더 자유로운 상상력으로 AI가 만들어 낼 수많은 컨텐츠는 호기심 많은 인간에게 놀라운 상상력을 자극하는 계기가 될 것이며 새로운 문명으로 이끌 계기가 될 것으로 전망된다.

인도의 대서사시 '마하바라타'는 너무 길어서 다 읽는 것이 거의 조선왕조실록을 모두 읽는 것과 같다고 하며, "마하바라타에 있는 것은 이 세상에도 있고, 마하바라타에 없는 것은 이 세상에도 없다."라는 말과 같이 이 세상의 모든 것을 다 담고 있다. 즉 이 세상의 새로운 일은 모두 마하바라타의 이야기를 리믹스한 것에 불과하다는 뜻이다. 모방과 유추에 의한 것도 창의이다. 파블로 피카소는 "유능한 예술가는 모방하고 위대한 예술가는 훔친다"라고 했다. 기존의 것에서 모방하면서 창의는 시작된다.

유발 하라리는 자신의 책들을 학습한 AI가 작성한 글을 보고 놀라움을 표했다. 인간보다 더 감동을 줄 수 있는 컨텐츠 생성이 가능하다. 물론 AI를 능가하는 창의 컨텐츠를 만들어 내는 인간이 있을 수 있다. AI와 인간의 창의 경쟁이 시작된 것이며 한편 AI로 인해 인간의 창의력은 한 단계 업그레이드 될 수 있고 생산성 또한 크게 증진될 것이다.

중요한 것은 AI를 창의 제품 생성에 잘 활용하는 것이다. 그러나 창의 컨텐츠 경쟁에서 24시간 쉬지 않고 아무런 편견 없이 모든 가능성의 조합을 생성할 수 있는 AI를 인간이 경쟁에서 이기기는 쉽지 않을 것이다. 또한 AI의 도움을 받지 않고 창작물을 만드는 인간은 걸어서 자동차 타고 가는 인간보다 더 빨리 가겠다는 것과 같을 것이다.

AI는 창의적인가? 리믹스는 창발성으로 번역되며 창작의 한 형식이다. 이 세상에 없는 새로운 것을 만든다는 것이 과연 가능할 것인가 먼저 돌이켜보자. 또 이 세상에 없는 새로운 것을 인간이 만들 수는 있는가도 의문이다. 하늘 아래 새로운 것은 없다. 이 세상에 모든 것이 마하바라타에 있으니, 마하바라타에 없으면 이 세상에도 없다. 기존에 있는 것을 엮어서 새로운 것을 만드는 것은 새로운 것이다. 자동차와 비행기를 합해서 나는 자동차를 만들었다면 새로운 것이다. AI의 컨텐츠 생성원리는 인류가 만들어 놓은 기존의 모든 컨텐츠를 새롭게 합성해서 만들며 기존의 것과 완전히 다르다. 그러므로 AI는 충분히 창의적인 것이다.

창의적이지 않거나 창의력이 떨어지는 인간도 AI를 사용해서 '창의적 인간'으로 변신할 수 있다. 누구나 동화, 소설, 그림, 음악을 작곡할 수 있는 시대가 된 것이다. 다만 생성된 컨텐츠의 질적 수준(인간이 좋아할 것인가 등)에 대해서는 전문성이 필요하므로 평가에 해당하는 부분만이 인간에게 필요하다. 그러나 평가 자체도 AI가 수행해서 양질의 컨텐츠 생성이 가능하므로 이 부분도 문제가 되지 않는다. 우리가 여행을 위해서 숙소를 구할 때 사용한 고객들의 평점을 참고하듯, AI가 평가한 점수를 신뢰할 수 있기 때문이다.

AI의 창의성 문제는 우리가 가끔 꾸는 꿈을 생각해보면 쉽게 이해할 수 있다. 분명히 우리는 새로운 꿈을 꾸며 그 내용이 자신이 경험해보지 못하고, 완전히 새로운 개념들이 섞여서 새로운 영화처럼 만들어지는 꿈을 꾼다. 꿈의 창의성과 같다.

2.5 선택하는 인간: 일회용 컨텐츠 시대

오늘날의 풍요로움은 이제 인간에게 선택의 가짓수를 늘려 소위 선택 장애를 유발할 지경에 이르고 있다. 선택을 부여하는 것은 자유를 주는 것과 마찬가지로 좋은 일이나 지나치게 많은 선택은 일을 어렵게 만들 뿐이다. 이것은 1년짜리 자동차보험 갱신하기 위해서 너무나 길고 많은 약관을 모두 읽고 서류의 수십 곳에 서명하는 것과 같다.[11]

밥상을 보면 서양과 한국의 음식문화 차이를 알 수 있다. 서양에서는 하나씩 음식이 서비스되어 선택할 필요가 없다. 그러나 우리는 한 상 가득 놓인 음식물들을 한입 먹을 때마다 이번에는 무엇을 선택할 것인가 고민해야 한다. 음식의 가짓수 자체가 많아서 식당에 가서도 고민스럽다. 과거의 커피숍에서는 커피의 종류가 간단했으나 오늘날 우리는 메뉴판 앞에서 선택을 위해 고민해야 한다.[12]

선택에 있어서 가장 단순한 삶은, 태어난 곳에서 자라서 마을 사람과 결혼하고 부모가 물려준 일을 이어받아서 평생을 사는 일일 것이다. 때론 태어난 집에서 죽음을 맞이할 수도 있다. 과거에는 대학 진학에서도 학과 하나만 선택하면 되었으나, 선택의 풍요로움을 제공하는 오늘날에는 자유전공학부나 학부제와 더불어, 전과와 복수전공, 부전공 등이 많아 대학을 졸업할 때까지 학과와 전공에 대해서 고민하게 되었다.

배우자를 선택하는 일에까지 확대되어 한 번 선택하면 일생을 백년해로하는 것이 기본이었으나 현재는 결혼을 목전에 앞두고도 파혼하고, 결혼한 후에 이혼하는 일은 보통 일이 되었다. 모두 선택의 확대로 인한 것이다. 직장도 한번 결정하면 평생직장으로 인식하던 것이, 오늘날에는 오히려 직장을 여러 번 바꾼 사람이 능력 있는 사람으로 평가받기도 한다.

---

11 우리나라에서는 서류 한 장의 여러 곳에 사인을 해야 하며 전체 약관의 주요 부분을 읽어주고 모두 동의해야만 한다. 자동차보험 1년 갱신하는 일이 어려운 일이 되었다.

12 아메리카노, 카페오레, 카페라테, 카푸치노, 에스프레소 등으로 나누어지고 여기에 원두의 원산지까지 추가되면 종류가 상당한 정도다.

컨텐츠를 만드는 일은 상당한 시간이 소모되는 일이다. 화가가 그림 한 점을 완성시키기 위해서, 디자이너가 삽화 한 작품을 만들기 위해서 필요로 하는 시간을 생각해보자. 우리는 오늘날 길에서 옷을 저렴하게 판매 중인 노점상들을 많이 보게 된다. 이러한 옷 한 개를 만들기 위해서 과거에 수작업으로 필요로 하는 땀과 노력을 생각하면 공산품으로 인한 물질의 풍요에 대해서 놀라게 된다. 수많은 일회용품의 품질은 결코 일회용으로 쓰고 버릴 물건이 아니다.

다이소에 쌓인 5천 원 이하의 도자기 컵 등의 일상 용품을 보면 품질과 가격에 놀라게 된다. 옷 하나를 뜨개질하기 위해서, 카펫 하나를 짜기 위해서 필요로 하는 절대시간을 생각해보자. 영화와 드라마 한 편을 제작하기 위해서 들어가는 시간도 마찬가지다. 컨텐츠 하나 제작을 위해서 크라우드 펀딩으로 수백에서 수천 억까지 모금하기도 한다. 그러나 만일 이러한 컨텐츠를 AI가 단 며칠 만에 만들어 낸다고 하면 어떨까? 만들어진 컨텐츠 중에서 감독은 오직 선택만 하면 되는 시대가 오고 있다.

- **채널과 컨텐츠 선택** 케이블 TV의 등장은 몇 개의 채널 수를 수백 개로 늘렸다. 그리고 인터넷과 넷플릭스, 유튜브의 등장은 미디어 수를 수천 개로 늘린 셈이다. 우리는 TV 앞에 앉아서 오늘은 무엇을 볼 것인지 고민해야 하며 자동으로 추천된 컨텐츠를 선택하거나 오랜 시간 브라우징하면서 고민해야 한다. 그래서 추천시스템의 중요성은 날로 높아지게 된다.
- **일회용 컨텐츠** AI는 이제 남이 만든 컨텐츠를 보는 것에서 벗어나서 자신이 직접 감독이 되어 음악, 사진, 영상 등 모든 컨텐츠를 생성할 수 있게 되었다. 인간이 할 일은 AI가 생성한 무수한 후보 컨텐츠(사용자가

검토하기 위해서 딱 한 번만 살펴보는 데 사용되는 일회용이다) 중에서 고르는 일만 남았다.

- **키오스크** 레스토랑 등 서비스 점포에서는 이제 키오스크를 이용해서 선택하게 되었다. 주문의 오류로 인한 시비는 사라졌다. 아직 노년층에게는 키오스크의 사용이 불편하여 직원에게 직접 주문하는 게 편하다. 키오스크에서 우리는 많은 선택과정을 통과해야 한다. 포인트 사용 여부, 일시불/할부. 매장/포장, 소스와 토핑의 종류 등을 이해하고 결정해야 한다. 키오스크의 도입은 점차 메뉴의 종류와 선택의 종류를 무한히 확대시킬 것이다.

모든 컨텐츠는 여러 기준에 의해서 순위가 매겨지며 우리는 최고 순위만을 즐길 수도 있다. 오늘날 우리는 음식별 맛집 순위를 알고 찾아가며, 가수와 스포츠 등 모든 면에서 누가 최고인지를 잘 알고 있다. 그리고 객관적 평가에 의한 최고만을 접한다는 것은 컨텐츠와 제품들의 품질이 지속적으로 발전할 수 있는 선순환을 가져오게 되며 나중에는 정점의 컨텐츠를 만나게 될 것이다. 그래서 최고의 음악과 연주와 연주자를 비교하며 감상하게 될 것이다. 이 모든 것이 스마트폰 하나로 가능해질 것이다.

2.6 고성능 센서도구

도구를 사용하는 인간

인간을 호모 하빌리스(homo habilis)라고도 하는데 도구를 사용하는 인간이라는 뜻이다. 인간은 도구를 만들어 사용하며 문명의 발전은 도구의 개발과 역사를 같이 한다. 구석기 시대에 인간이 만든 구석기를 보고 당시 사람들의 지능을 판단하기도 했다. 아슐리안 석기(날카로운 석기)가 유럽에서만 발견되자 아시아인은 지능적으로 떨어지며 구석기부터 시작된다고 생각해왔다. 그러나 경기도 연천, 전곡리에서의 아슐리안 구석기의 발견은 이러한 허황된 가설을 무너뜨렸다.[13]

수많은 도구를 만들었으나 여러 가지 이유로 도구를 거부하는 문화도 있다. 음식을 먹을 때 사용하는 도구와 농사에 필요한 도구에 대해서 살펴보자.

- **음식을 먹는 도구** 젓가락은 한국, 중국, 일본과 베트남, 태국에서 주로 사용한다. 다른 나라에서는 나무나 플라스틱을 재료로 사용하는 반면에 우리나라에서만 쇠로 만든 젓가락을 사용한다. 숟가락은 중국, 유럽 등 오늘날 전 세계에서 사용하지만 크기와 모양이 다르다. 신석기 시대의 유물에서도 발견되었다. 국물과 쌀밥을 주식으로 하는 한국에서 가장 많이 사용된다. 중국과 일본에서는 젓가락 하나만 주로 사용하며 숟가락의 모양도 작고 깊게 파인 모양을 사용한다.

  17세기에 들어서부터 유럽에서는 포크를 사용하기 시작했고 아직 많은 국가에서는 손을 사용해서 음식을 먹고 있다. 음식은 신이 주신 신성한 것이기에 손으로 먹어야 하며 더 맛있다고 주장한다.[14] 손으로 먹는 음식으로는 피자, 햄버거, 샌드위치와 과일 등이 대표적이다. 중동과 인도 및 동남아시아 국가들이 손을 사용한다. 로마 카톨릭에서는 손가락 외의 음식 도구를 금지하기도 했다.

---

13 아시아에서는 전곡리 이전까지는 덜 날카로운 석기만 발견되었다.

14 도구의 사용을 합리화하는 주장은 문화에서도 찾을 수 있다. 소를 먹지 않는 인도의 문화는 소에서 나오는 배설물을 땔감으로 사용하는 것이 효용성이 높기 때문에 도입되었으며 돼지를 먹지 않는 이슬람의 문화는 돼지의 사육비용에 따른 효용성이 낮아서이기 때문이다.

• **호미와 모종삽** 밭일이나 정원을 가꾸는 일에 사용하는 도구로 우리나라는 오래전부터 호미를 사용해왔다. 최근에 와서야 한국의 호미가 세계에 알려져서 각광을 받고 있는 중이다. 서양에서 주로 사용하는 미니삽(모종삽)과 달리 3차원 곡선과 입체적으로 만들어진 호미는 인류가 오래도록 밭일을 하면서 진화해온 모습이다.

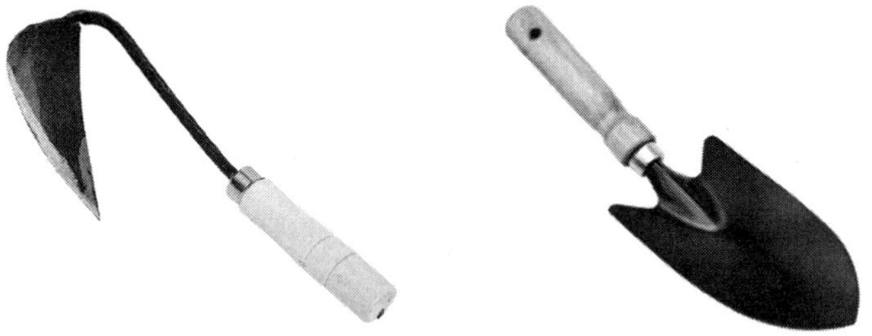

(a) 호미　　(b) 모종삽

그림 3.10 호미와 모종삽

다양한 이유에 의해서 달라지는 도구와 문화는 우리의 가치관에 영향을 준다. 심지어 음식 도구를 종교의 가치관에까지 결부시켜서 우리의 사고방식을 변화시킨다. 음식을 먹는다는 기본적인 행위에 사용하는 도구부터 다양한 문화를 지금까지 유지하고 있으나, 음식의 글로벌화로 인해 미래에는 도구가 자연스럽게 통일될 것으로 전망된다.

속도는 음성 > 키보드 > 손글씨이며 적당한 속도는 중요하다. 시력이 좋지 않아서 더 이상 글을 쓰기가 어려웠던 니체는 당시에 개발된 타자기[15]를 사용하면서 다음과 같은 시를 남겼다.

---

15 돔형식의 키를 배치한 몰링한센(Malling-Hansen)의 타자기였다.

*"THE WRITING BALL IS A THING LIKE ME: MADE OF IRON
YET EASILY TWISTED ON JOURNEYS.
PATIENCE AND TACT ARE REQUIRED IN ABUNDANCE
AS WELL AS FINE FINGERS TO USE US."*

원형 타자기는 나와 같은 물건이지요
철로 만들어졌고 여행하다 보면 쉽게 비틀어지기도 하여
인내와 전략이 많이 필요합니다.
우리를 사용하기 위해서는 섬세한 손가락도 있어야 함.

오늘날의 음성인식이 있었다면 니체는 더 많은 저술을 남길 수 있었을 것이다. 만연체로 글을 쓰던 니체의 글은 타자기를 이용하면서 문장이 짧아졌다. 도구에 따라서 생각과 표현이 영향을 받으며 뇌의 가소성(neuroplasticity)은 이러한 변화를 가능하게 한다.

인터넷으로 인간의 변화에 대해서는 니콜라스 카의 『생각하지 않는 사람들』에 잘 정리되어 있다.[16] 깊게 생각하는 능력이 감퇴하도록 하며 건망증을 늘게 하고 집중력을 감소시킨다. 짧고 빠르게 반응하는 인간의 형태, 스마트폰에 길든 새로운 세대는 가치관이 완전히 다르다.

AI가 과학기술과 결합하여 만들어지는 새로운 도구는 인간에게 동물보다 뛰어난 감각과 인지능력을 가져다주고 있다. 오늘날 인간의 신체 능력과 감각 센서 능력은 IT 기술과 센서기술의 도움으로 극대화되었다.

16 니콜라스 카, 『생각하지 않는 사람들(인터넷이 우리의 뇌 구조를 바꾸고 있다)』, 청림출판, 2015.

- **시각** 전 세계의 모든 모습을 본다. 우주의 모습도 제임스웹 망원경으로 관찰한다. 현미경으로 수억분의 1mm도 볼 수 있다.
- **청각** 인터넷을 통해서 전 세계 현장의 생생한 소리를 들을 수 있다. 우주선을 통해서 우주의 소리까지 청취가 가능하다.
- **후각** 코의 한계를 극복한다. 인공 코를 이용해서 감지한 결과를 파악할 수 있다.
- **체온** 극지방에서도 견디고 생존할 수 있는 인간의 능력은 방한복과 난방 기술의 발달로 인한 것이다.
- **미각** 혀는 무디다. 인공 혀의 개발로 정확한 음식의 맛을 측정해서 표준화된 맛을 보장하는 음식 개발이 가능해질 것이다.
- **촉각** 손과 피부로 전달되는 촉각 센서를 통해서 우리는 질감과 온도를 측정할 수 있다. 발과 신발에 달린 센서는 지표면의 상태를 측정한다.
- **신체 능력** 인공 팔과 다리는 강력한 힘과 내구력을 가질 수 있게 되어 달리기와 등산 등 스포츠에서 올림픽 금메달 수상자보다 더 뛰어난 능력을 갖게 된다.
- **외모** 성형기술을 통해서 외모를 연예인급으로 변경하는 것이 가능해졌다. 현재 얼굴 이식까지 성공하기도 했다.

도구를 통한 인간의 완성

철학자 아도르노는 자신이 생각하는 것을 구두로 말하면 부인이 듣고 모두 타자기로 입력해주었다고 한다. 오늘날 유명인들이 자서전을 쓸 때 작가에게 자신의 과거를 구술하는 방식으로 책을 쓰는 것과 같다. 그가 많은 저술을 남기게 된 결정적 이유다. AI는 이제 비서나 도와주는 사람이 없어도 24

시간 언제나 음성인식을 통한 입력을 할 수 있다.

그래서 오늘날의 손으로 글씨 쓰는 일은 사라지고 있으며 심지어 키보드를 통한 입력도 줄어들고 있다. 서예나 글씨를 잘 쓰는 사람을 점차 구하기조차 어려워서 정부에서 임명장이나 훈장의 경우 손글씨를 써왔으나 적당한 필경사를 구하지 못해서 문제가 되고 있다는 뉴스까지 나오고 있다. 스마트폰에서도 작은 화면에서의 터치 입력 대신 음성 입력이 늘어나고 있다.

2.7 슈퍼 이동성과 장애의 극복

교통수단의 발달과 자동화에 따른 여가시간의 증가, 타 문화에 대한 호기심은 여행 증가로 이어지고 있다. “바보는 방황을 하지만, 현명한 사람은 여행을 한다.”라는 말과 같이 여행이 주는 장점은 무수히 많다. 물론 컨텐츠 크리에이터와 고화질 대화면을 통한 간접 여행 체험은 여행을 억제하기도 한다.

비행기와 자동차의 발달로 우리는 지구촌을 자유롭게 이동할 수 있지만, 아직 물속을 이동하는 개인 잠수정이나 개인용 비행기는 개발 중이다. 컴퓨터의 발전 속도에 부응하여 이동 수단이 발전해왔으면 지금쯤 누구나 개인용 이동 수단을 소유했을 것이다. 전동킥보드와 개인용 드론, 개인용 잠수정 등에 대한 개발이 진행 중이므로 멀지 않아서 대중화될 것으로 기대한다.

물속과 공중 이동 수단의 확장

eVTOL(전동 수직이착륙기)의 등장으로 초경량 개인 항공기가 현실화되고 있다. 20분 동안 주행 가능하며 별도의 비행 면허가 필요 없고 승용차 가격에 불과한 1억 3천만 원의 가격으로 2024년부터 판매 예정이다. 하늘을 날고 싶은 꿈이 누구에게나 실현 가능해진 것이다. 2025년경에는 자동차 택시처럼 비행 택시가 서비스될 예정이라고 한다. 도심 교통체증 문제가 해결될 것이다.

이와 같은 비행 드론은 헬리콥터보다 더 편리한 개인교통수단으로 활용범위가 넓다. 예를 들어 높은 산에 오를 때 비행 드론으로 정상에 내려서 돌려보내고 하산만 도보로 할 수도 있을 것이다. 그렇다면 해발 8천 미터가 넘는 히말라야의 고산지역도 이제 쉽게 갈 수 있다.

그림 3.11 개인 항공기 eVTOL

(출처: Oronbb / CC BY 4.0, Wikimedia Commons)

물속을 항해하는 개인 잠수정의 개발도 활발하게 이루어지고 있다. 아직 가격은 고가이지만 머지않아 부담 가능한 가격으로 실용될 것이다. 그림 3.12의 오르카서브는 스파이마스터 사의 제품으로 22억 정도의 가격이며 약 600m 수심까지 잠수할 수 있다. 부자들이 사용할 수 있으나 기술의 발전은 가격을 저렴하게 만들 것이다.

그림 3.12 오르카서브 개인 잠수함

(출처: https://nuytco.com/products/orcasub/)

장애의 극복

IT와 AI 기술은 장애인들이 장애를 극복하는 데 많이 활용되고 있다. AI의 언어번역과 컴퓨터비전 기술은 광범위한 장애 극복 기술로 활용될 수 있다.

시각 장애의 경우 스마트 안경을 착용해서 전방의 물체를 식별하여 소리로 알려줄 수 있으며 안내견의 역할을 대신하는 로봇 개의 등장이 가능할 것이다. 스마트 지팡이가 보행을 도와줄 수 있다. 신체장애인은 전동휠체어를 이용할 수도 있다. 뉴럴링크사는 선천적 시각장애인도 시력을 회복할 수 있는 인공눈 기술 개발을 진행하고 있다.

청각장애인이 주로 사용하는 보청기에도 주변 소음을 걸러주는 AI 기술이 필요하다. 소리를 구별해서 음성만을 확대해야 한다. 언어장애는 발음을 할 수 없는 장애로, 오늘날에는 TTS(Text To Speech)를 이용하여 의사표현을 글로 쓰면 소리가 출력되어 소통이 가능해졌다. 수화를 인식하여 말로 통역하거나 글자나 말을 수화로 표현해주는 SW도 가능하다.

오늘날 인류는 빅휴먼으로 진화했으며 앞으로 더 놀라운 능력을 가지도록 진화할 것이다. 바이오 기술과 로봇, 초지능 AI 기술의 융합으로 포스트휴먼으로 가고 있으며 이에 대한 설명은 이후 6장에서 다룰 것이다.

4장
사회의 변화

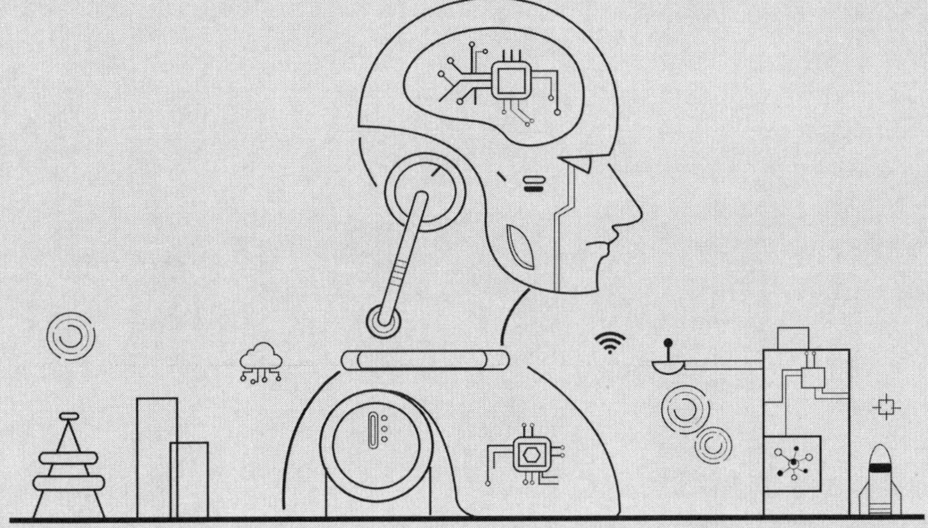

"인간의 1년이 AI에게는 일주일이다."

백산

1. 기술과 사회변동

기술의 발전은 사회를 크게 변화시키는 주요 요인 중 하나이다. 이에 대한 근거는 다음과 같이 정리할 수 있다. 구석기부터 신석기와 청동기, 철기시대를 거쳐서 시대를 구분하는 요소가 모두 재료의 발견으로 비롯되었으며 선사시대와 역사시대의 구분은 기록을 남길 수 있는 수단의 발명으로 구분되었다. 컴퓨터의 등장으로 기록을 디지털로 남길 수 있는 오늘날을 디지털시대로 구분해야 할지 모른다.

생산력과 교통수단의 발달(말과 낙타, 코끼리 등)은 국가를 탄생시켰으며 전쟁이 시작되었다. 한편 과학의 발전으로 지구와 우주를 이해하고 생산력이 증대되자, 종교에서 벗어나 인권과 민주주의가 출발하게 되었고, 엔진 기술을 통해서 노동력에 활용되던 말과 소의 동물들도 노동에서 벗어나게 되었으며 노예제도도 끝이 났다. 한편 전기의 발명과 함께 밥솥과 세탁기, 냉장고의 발명은 가사노동의 혁신과 함께 여성의 사회참여를 가능케 했다.

기술은 무기를 발달시키고, 발달된 무기로 무장한 국가는 침략을 검토하기 시작해서 전쟁을 유도하기도 한다. 그리고 전쟁은 인류의 역사를 바꾸게도 한다. 한편 원자력과 핵무기는 에너지 문제의 해결과 함께 70년이 넘는 지구의 평화를 가져오고 있으며 인터넷과 컴퓨터는 통신의 문제를 완전히 해결하고 오히려 과잉소통의 부작용이 새로운 과제로 대두되고 있다. 이제 로봇과 AI로 대표되는 4차산업혁명은 지금보다 더 큰 사회의 변화를 요구할 것으로 전망된다.

기술의 발달에 따른 변화를 크게 네 가지를 들면 다음과 같다.

- **커뮤니케이션의 변화** 인터넷과 스마트폰의 등장으로 인해 사람들이 서로 소통하는 방식이 크게 변화하였다. 또한, 이러한 디지털 커뮤니케이션은 정보의 전달 속도를 빠르게 하여 사회 전반의 속도를 가속화했다.
- **일자리의 변화** 인공지능, 로봇공학 등의 발전으로 일부 직업은 사라지고, 새로운 직업이 등장하고 있다. 이는 고용 구조에 큰 변화를 가져왔으며, 이에 따른 사회적 대응이 요구되고 있다.
- **생활 패턴의 변화** 스마트 홈, 자율주행 자동차 등의 기술의 발전은 사람들의 생활 패턴을 변화시켰다. 이로 인해 생활의 편리성은 물론, 에너지 사용량, 환경 문제 등에도 영향을 미치고 있다.
- **사회 문제의 복잡성 증가** 기술 발전은 정보 보호, 개인정보 침해, 사이버 범죄 등 새로운 사회 문제를 도출시키며, 이에 대한 해결책을 찾는 것은 사회 전반의 중요한 과제로 대두되고 있다.

이처럼 기술의 발전은 사회의 다양한 분야에서 큰 변화를 가져오며, 이는 새로운 문제와 기회를 동시에 제시하고 있다. 따라서 기술 발전에 대한 깊은 이해와 적절한 대응 전략이 중요하게 다가오고 있다. 그림 4.1은 디지털 전환에 따른 사회의 변화에 대해서 요약한 도표다.

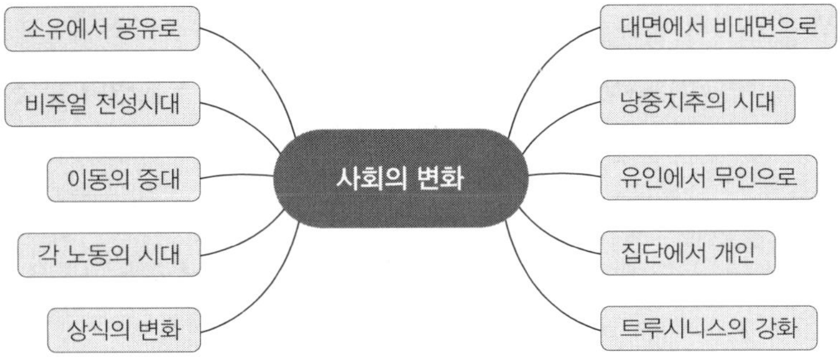

그림 4.1 사회의 변화 요약도

2. 소유에서 공유로

소유의 시대가 끝나고 접속의 시대가 오고 있다고 제레미 리프킨은 이미 오래전에 주장한 바 있다.[1] 이는 현실이 되었는데, 소유의 시대가 끝났다기보다는 '접속의 시대(The Age of Access)'가 시작되었다. 한 예로, 클라우드를 통해 SW를 구입하지 않고 사용한 시간만큼만 비용을 지불하는 형식으로 변경되었다. 접속을 통해서 사용하지 않으면 비용을 지불하지 않아도 된다.

지금까지 인류는 많은 사물에 대해서 대체로 개인이 독점적으로 소유하는 문화를 가지고 있었지만 다양한 문제로 인해서 점차 렌트 문화가 늘어나고 있다. 렌트란 일정 시간 특정 사물을 공유(share)하는 것이다. 호텔이나 렌트

1 제레미 리프킨, 『소유의 종말』, 민음사, 2001.

카, 콘도미니엄이 대표적인 렌트 대상이었지만 디지털 기술의 확대는 이제 더 많은 객체를 공유할 수 있도록 하고 있다.

- **SW** SW의 공유는 리차드 스톨만이 설립한 자유소프트웨어재단(FSF, Free Software Foundation)에서 오픈소스 운동으로 시작되었다. 오늘날 많은 중요 SW들이 공유되고 있으며 SW 기술 발전에 지대한 역할을 해왔다. 깃허브(github)는 SW 저장소로 발전하여 AI에 활용되고 있으며 SW에서 시험 또는 학습용으로 사용되는 데이터까지 공유되고 있다. 빅데이터와 AI 기술은 이와 같은 공유문화에서 가능해졌다.
- **집** 사용하지 않는 빈방이나 집을 여행자들에게 공유하는 문화는 에어비앤비(Airbnb)와 같은 플랫폼을 이용해서 쉽게 공유되고 있다.
- **개인자동차** 택시가 없거나 드문 지역에서는 자가용을 얻어타는 히치하이킹 문화가 있었으며 출퇴근길의 자가용 공유가 시도되고 있었다. 또한 택시가 부족한 심야에는 이러한 기능이 매우 중요하다. 택시를 호출하는 콜택시 제도와 달리 우버(Uber)와 같은 스마트폰 앱을 통한 공유는 호출자의 위치와 현 자동차의 위치를 모두 고려해서 연결해주는 가장 효율적인 시스템이어서 글로벌하게 이용되고 있다.
- **사물** 당근마켓이나 벼룩시장을 통해서 중고매매가 활성화되고 있다. 소유를 오래하는 것이 아닌 단기간 소유는 준공유와 마찬가지라고 볼 수 있다. 과거에 불가능하던 많은 사물들이 점차 공유개념으로 변경되고 있다.
- **장난감** 아이가 성장함에 따라서 필요한 장난감이나 유모차 등의 물건의 경우 대여할 수 있는 것이 중요하다. 장난감 대여 서비스 전문점 등이 등장해서 공유가 확대 중이다.

- **옷과 신발** 고가의 옷이나 결혼식, 고궁 같은 특정 장소와 이벤트에서 필요한 옷은 대여해서 입는다. 물론 일정 기간 고가의 옷을 대여할 수도 있다. 키가 자라는 아이들에게는 이제 옷이나 신발의 공유는 더욱 중요해졌다. 물론 선배가 입던 교복을 후배들에게 물려주는 풍속도 바람직할 것이다.
- **자동차** 자동차를 소유할 수도 있으나 여러 가지 렌트 서비스가 도입되어 활용할 수 있다. 단기렌트와 장기렌트뿐 아니라 최근에는 소카와 같이 시간 단위의 렌트 서비스도 도입되었다. 위치인식 기능이 도입되어 킥보드와 자전거의 경우 길거리에 설치된 장비를 10분 단위로 빌려서 이용하고 임의의 목적지에 놓아도 되는 것이 가능해졌다.
- **정원과 커뮤니티** 오늘날 아파트 단지의 경우 정원과 커뮤니티 시설은 주민 공유의 개념이다. 카페와 스포츠 센터, 수영장의 비중이 높아지고 있다.
- **전원주택** 전원주택을 소유하기보다는 임대로 활용해보면서 적응할 기간을 가지거나 펜션을 빌려서 사용하는 사람들이 늘고 있다.
- **PC방과 빨래방** PC방은 최고 품질의 게임이나 비즈니스 업무 환경을 단기로 이용하는 시스템으로 우리나라에서 최초로 시작되었다. 빨래방은 가정용 세탁기로 할 수 없는 세탁물을 처리할 수 있는 편리함을 제공한다.
- **기술** 기술은 원래 공유하지 않으며 기술이전 비용을 요구한다. 전략기술의 경우는 이전 자체가 국가별로 금지되어 있다. 그러나 오늘날 개발도상국에서 필요한 적정기술의 경우 적극적으로 지원하여 발전을 도모하고 있다. 우리나라는 아프리카에 쌀 및 옥수수 재배기술 등을 전수하였으며, 이와처럼 저개발국에는 농업기술의 지원부터 시작하고 있다.

이로 인해 감자, 벼, 옥수수 등의 산출량이 배가되었다.

- **전자정부 플랫폼** 모든 공공기관에서 필요로 하는 컴퓨팅 자원을 한곳의 데이터센터에서 중앙집중 관리로 운영할 수도 있고, 클라우드 시스템으로 처리할 수도 있다. 사용률의 변동이 큰 경우 공유하여 사용하는 것이 유리하다.
- **핵무기 공유** 핵무기 비확산 정책으로 핵을 두 개 이상의 국가가 공유하는 것은 아니다. 다만 핵우산 형식으로 핵을 공유하는 것과 유사한 기능을 제공할 수 있다. 핵우산을 얼마나 믿을 수 있는가는 의문이어서, 북한의 핵보유에 따른 한국의 자체적인 대응도 과제가 되고 있다. 일단은 한국에 미국의 핵무기를 배치한 것과 동등한 수준으로 간주하고 있다.
- **주방과 냉장고** 국내에서는 커다란 주방과 각종 식품을 저장하기 위해서 대형냉장고와 김치냉장고까지 구비하지만 동남아만 해도 주방이 작거나 없고, 냉장고는 작은 것 하나로 충분하다. 음식물은 만들어서 바로 소비하는 것이지 결코 저장하지 않으며 집에서 만들지 않고 모두 식당에서 해결하는 것이 경제적이기 때문이다. 식당이나 공유주방이 등장해서 이제 가정마다 주방에 대형냉장고를 구비하지 않는 경우가 늘고 있으며, 국내의 최신 아파트에서는 식당을 직영하기 시작했다.

3. 비주얼 전성시대

사진기와 비디오카메라, TV의 등장으로 비주얼의 시대가 시작됐다. 그러나 브라운관 TV 화질을 뛰어넘는 고화질 4K 시대가 되고, 누구나 스마트폰으로 4K 영상을 촬영하고 75인치 이상의 대형 TV가 등장하면서 비주얼 전성

시대가 폭발하고 있다. 더불어 화장품과 성형 의학은 촉매 역할을 하고 있다.

성형수술의 비율을 보면 알 수 있지만, 대부분의 국가에서는 의학적인 성형수술보다 미용시술의 비중이 더 높아졌다. 인구 만 명당 미용시술의 건수는 우리나라가 79명으로 미국 65명, 이탈리아 64명보다 더 많으며 주요 10개국에서 가장 높았다.[2]

우리는 오직 문서로 표현된 외모를 서사시와 전설로 전해 듣고 미술가에 의해서 그림이나 조각으로 모습을 기억해야 한다. 그래서 중국 서시의 미모를 물고기가 숨쉬는 것을 잊어서 가라앉는다는 "침어(侵漁)"로 짐작한다. 그러나 이 사실은 장자(莊子)의 제물론(齊物論)에 나오는 글을 해석을 잘못한 탓이다. 모든 사물이 아름다움을 논하는 것은 의미가 없다는 뜻이다.

> 모장(毛嬙)과 여희(麗姬)를 사람들은 아름답다고 여기지만
>
> 물고기는 그들을 보면 물속으로 깊이 도망하고,
>
> 새는 그들을 보면 하늘로 높이 날아가고,
>
> 사슴은 그들을 보면 힘껏 달아난다.

과거에는 얼굴을 못본 채 결혼하거나 오직 사진 한 장만 보고 결혼하기도 했다. 그 대신 인성과 가문 등 다른 측면에 대한 비중이 높았다. 비주얼의 중요도는 사람의 외모뿐 아니고 모든 대상에 적용된다. 주택, 음식, 정치인, 사물, 레스토랑, 카페 등에서 외관과 디자인이 가장 중요한 선택의 요소가 된다.

---

2 "미용성형시술의 현황 파악과 이용자 정보집 개발," 한국보건의료연구원, 2014.4.21. 연구보고서

4. 이동의 증대

과거에 통상 한 지역에 태어나면 일생을 한 곳에서 거주했으며 여행을 자유롭게 할 수 있는 사람은 제한되었다. 오늘날에는 하루에 출퇴근으로 먼 거리를 이동하기까지 할 정도로 이동량은 늘어났다. 교통수단의 발달은 여행을 증가시켜서 유럽의 유명 관광지에서는 입국세 등 방문을 제약하는 제도의 도입을 검토 중일 정도로 많은 방문객에 의한 애로를 겪고 있다. 중국은 자국민의 관광 급증으로 관광이 어려울 지경이다.

최근에는 드라마와 영화 촬영지의 방문 문화, 여행지의 소개 영상을 통한 간접 체험, 각 지역에서의 한 달 살기와 캠핑카를 가지고 여행을 다니는 노마드족 등 문화 자체가 변화하고 있다. 경제적 여유, 항공기의 성능 향상과 항공료와 크루즈 여객선의 저가화는 더 많은 여행을 확대시킬 것이다.

이동의 증가에 따른 동적인 삶의 변화 외에도 고정된 사물들에 이동 기능이 추가되면서 정적인 사물이 동적으로 변화되고 있다. 이러한 변화에는 소형 모터와 배터리 기술, 원격 제어와 로봇 기술의 발달에 기인한다.

이동하는 사물의 탄생

여행 캐리어에 바퀴가 달리고 전동킥보드와 전동신발, 전동휠체어, 전동의자, 전동쓰레기통, 로봇청소기 등 이동하는 사물이 등장하고 있다. 자율주행자동차의 보급은 여행과 이동성 증가에 막대한 기여가 될 것이다. 운전이 어려운 계층도 자유롭게 여행하게 될 것이며 하루 동안 이동이 가능한 범위가 늘어나 오랜 기간의 장거리 여행이 보편화되고, 자동차는 완전히 이동 주택의 역할로 변경될 것이다.

5. 긱 이코노미 노동의 시대

자동화로 인한 생산성 증대는 일자리를 감소시키는 반면 신기술과 새로운 서비스의 도입은 새운 일자리를 만들기도 한다. 플랫폼을 기반으로 하는 긱 노동(gig work)의 시대가 오고 있는데, 긱노동이란 배달의 민족의 배달원과 같이 알고리즘이 배정하는 일을 받아서 움직이는 형태의 노동을 의미한다.

소위 여러 개의 일을 수행하는 'N잡러'가 등장하기도 한다. 하나의 직업을 평생 가지고 일하는 모델을 싫어해서 프리랜서의 길을 일부러 찾는 사람도 있어 왔지만, 원하지 않음에도 불구하고 시대적 상황에 따라서 긱노동자로 일해야만 하는 경우도 있다. 평생직업의 시대에서 오늘날 다양한 경험을 쌓으면서 자기개발을 추구하는 무한직업, 한 직장을 다니면서 별도로 자신의 정체성을 찾기 위한 사이드 허슬(side hustler), 자신의 업무 경험과 성과를 보여주는 포트폴리오 커리어는 모두 같은 맥락의 일자리 문화다.

배달 로봇의 등장은 이제 배달 업무도 없어지게 만들 것이며, 자율주행 자동차는 우버 택시 운전도 사라지게 할 것이다. 한편 최저임금이 인상되면서 식당에는 서빙 로봇 및 키오스크가 도입되어 주문과 결제를 대신하게 되었으며, 주유소와 주차관리도 모두 셀프서비스로 변경되고 있다. 고속도로 요금소의 수금원도 전체를 기계로 대신할 수도 있지만 고용 문제로 전환 속도를 조절하기도 한다. 뿐만 아니라 휴머노이드 로봇은 사람의 일을 거의 대부분 대체할 전망이다.

제리 카플란은 그의 저서에서 "초지능을 가진 휴머노이드는 앞으로 인간은 더 이상 일할 필요가 없도록 만들 것이다."[3]라고 하였다. 이 책의 제목은 『인

---

3 제리 카플란, 『인간은 필요없다』, 한스미디어, 2016.

간은 필요없다』인데 원제는 『Humans Need not Apply』로 인간은 일하지 않아도 된다는 의미다. 미래는 일하고 싶은 인간만 일해도 되는 일하는 것이 일종의 레저 스포츠처럼 필수가 아니고 선택이 되는 것이다.

6. 상식의 변화

속담의 변화

"발 없는 말이 천 리 간다"라는 속담은 이제 "발 없는 영상이 즉시 십만 리를 간다"[4]로, "재주는 곰이 부리고, 돈은 사람이 번다"는 "재주는 AI가 부리고 저작권은 사람이 가진다"로 변경되어야 할 것이다. "사공이 많으면 배가 산으로 간다."라는 속담도 있지만 요즘에는 사공이 많으면 배가 더 빨리 간다. 오늘날 인터넷 플랫폼 기반 집단지능의 힘은 수십 개월 소요되는 거대한 작업을 몇 시간 내로 단축시킬 수 있다. 일을 작게 쪼갤 수만 있다면 대규모 인력을 동원해서 빨리 끝낼 수 있다. 이것이 분할 정복의 문제해결 방법이다.

우리가 보편적으로 알고 있으며 생활에 유용한 지식을 상식이라고 한다. 상식은 국가와 문화에 따라서 다르게 마련이지만, 시간에 따라서도 변하며, 너무 확연히 달라진 상식으로 인해 세대 차이의 갈등이 발생하기도 한다.

AI 시스템은 이러한 상식의 변화를 반영할 수 있어야 하며 또 인간과 비교할 때 한계를 가진다.

우리는 통상 물과 휘발유와 우유의 가격을 비교할 때 우유≫휘발유≫물

4 지구 한 바퀴가 40,000km로 십만 리에 해당한다.

의 순서로 가격이 매겨질 것으로 생각한다. 즉 가축이 물을 먹고 만들었으므로 우유가 더 비싸야 하고, 또 기름값이 비싸다는 이미지 외에도 땅속에서 어렵게 캐낸 원유를 유조선으로 실어 와서 정유공장에서 제조한 휘발유는 역시 물보다 비쌀 것이라는 선입견을 상식적으로 생각할 것이다. 그러나 실제 판매되는 가격은 물≫우유≫휘발유이다.

이에 따라 자원 빈국인 우리나라는 늘 중동의 산유국과 남미의 축산업이 발달한 국가들을 선망해왔지만 이제 맑은 물을 가지고 있는 우리나라의 자연이 더 좋다고 여겨도 된다.[5] 2023년 11월 현재 1리터 기준으로 쇼핑사이트에서 가격을 검색해보면 에비앙 1680원(6개 온라인으로 10,060원 기준), 휘발유 1799원(60%가 특별세금이므로 공장도 1리터 가격은 72원이며 원유는 더 저렴하다), 우유(플레코비타) 1,350원이다.

사우디아라비아와 쿠웨이트는 산유국으로 부유한 국가로 알려져 왔으며 70년대의 한국인에게는 부러움의 대상이었으나 2023년 현재 1인당 GDP로 우리나라가 더 앞서있다.

인공감미료인 사카린(saccharine)은 몸에 좋지 않다고 오랫동안 알려져 왔으나[6] 최근의 연구 결과 인체에 아무런 해가 없으며 오히려 저칼로리에다가 혈당 상승의 부작용이 없어서 더 좋은 점이 많다고 밝혀져서 2001년에 미국 식품의약청에서 공식적으로 안전성을 인정했다.

'개'라는 접두어는 우리말에서 원래보다 좋지 않은 것에 붙이는 데 사용하였으며, 그 예로는 개살구, 개복숭아, 개자식, 개버러지 등이 있다. 그러나 현재의 젊은 층에서는 '개'를 오히려 좋은 것을 강조할 때 사용하여 '개좋다',

5 산유국과 초원의 유럽과 남미 대륙을 부러워할 것이 없다.

6 유해성 실험 자체가 잘못된 방식으로 진행되었으며 쥐에 유해하다고 인체에 유해하다는 논리가 성립되지 않는다.

'개이쁘다' 등으로 사용된다.

우리에게는 먹는 것이 중요해서 인사말로 "식사는 하셨습니까?"를 사용하고 "배 꺼질라, 뛰지 마라"라는 잔소리까지 듣기도 했다. 또한 '마음을 먹다', '해먹다', '까먹다', '(일을) 말아 먹다'에서처럼 '먹다'라는 단어를 여러 곳에 붙여 사용하곤 한다. 그러나 소득의 증대에 따른 식량 문제에서 자유로운 오늘날의 현대인에게 최대 고민은 살을 빼는 것이고[7], 무엇을 먹을까에서 무엇을 먹지 않을까를 고민하고 있다. 또한 일하기 위해서가 아니고 다이어트를 위해서 빼기 위해서 만보 걷기와 새벽이나 저녁에 러닝을 하기도 한다.

인식의 변화

학교에서 선생님이 학생의 잘못된 것을 나무라고, 잘하는 것을 칭찬하는 것이 교육이지만 오늘날의 학교 현장에서는 잘못을 지적하면 정서학대로, 칭찬하면 차별대우로 고발당하는 시대가 되었다. 이에 따라 경찰서에 출두하는 일에 시달리다 자살하는 교사들이 늘어나서 큰 사회문제가 되고 있다. 문제는 학생의 인권만 있고 교사의 교권이 실종되었다는 것이다.[8]

7. 대면에서 비대면으로

대면(face-to-face)의 문화에서 코로나 확산으로 인해 불가피하게 도입된 비대면 통신의 활용은 비대면 통신의 장점을 체험으로 보여주었다. 오히려 비

7 살을 빼는 약으로 삭센다는 월 20만원, 보다 사용이 편리한 위고비의 주사제는 월 178만원이 든다.

8 중국의 문화혁명시대에 학생들이 교장을 인민재판으로 처형하는 일이 떠오르게 된다.

대면이 여러 가지 측면에서 더 효율적이라는 면을 이해하게 되면서 대면이 가능해진 오늘날 비대면 방식을 그대로 유지하기도 한다.

비대면 회의

1시간의 회의를 위해 원거리를 이동해야 하는 것은 가까운 거리의 경우에는 의미 있는 일이지만 거리가 멀거나 국경을 넘는 경우에는 효율이 매우 떨어진다. 미국과 같이 큰 국가의 경우는 오래전부터 전화를 통한 회의와 화상회의를 활용해왔으나 우리나라와 같이 협소한 국가에서는 원격회의를 거의 사용하지 않았으며 또한 스마트폰을 통한 영상통화도 데이터 소모량 문제로 일상화되지는 못했었다.

그러나 이제 줌(zoom)과 같은 수단을 통해 수백 명이 동시에 접속해서 영상회의를 진행해도 아무런 문제가 없다는 것이 검증됨에 따라서 국제 학술대회에서도 폭넓게 활용되고 있으며 강의실에서도 활용이 증가하고 있다. 특히 다수의 참가자가 돌아가면서 발표하는 경우에는 영상 회의가 더 효율적이고 집중하는 것도 양호하며 전 과정을 기록으로 남길 수 있는 장점을 가진다.

- **재택 근무** 코로나로 재택근무는 확대되고 있으며 기업에서도 사무실 공간에 따른 비용 감소는 제품의 가격 인하로 연결된다. 이제 근무지와 기업의 위치가 중요하지 않게 되어 거리의 소멸이라는 시대가 다가오고 있다.[9]
- **강의와 수업** 방송통신 교육의 증대는 국가 내에서 유학이나 해외유학까지 감소시킬 것이며 학교에 출석하는 제약도 줄어들 것이다. 교수와 학생이 장소에 의존하지 않고 언제 어디서나 교육과 강의가 가능해지는

9 프랜시스 케언크로스, 『거리의 소멸, 디지털 혁명』, 세종서적, 1999.

원격 교육의 형식이 확대된다.

- **원격 진료** 교통이 불편한 오지마을이나 섬과 같은 지역의 주민들에게는 원격 진료가 긴요한 수단이기도 한다. 비대면 통신의 증대는 AI 기술의 발달에 따른 각종 음성 피싱과 페이스 피싱까지 가능해져서 사기와 같은 부작용이 가능하다는 문제를 가진다.

코로나 시대에 설치되었던 개인용 칸막이가 혼밥족들을 위해서 지속적으로 남아있기도 한다. 특히 기숙사 식당과 같은 공간에서조차 칸막이를 설치하는 곳이 생기는 등 비대면은 확대되고 있다.

8. 낭중지추의 시대

낭중지추(囊中之錐)란 주머니 속의 송곳이란 뜻으로 숨기려 해도 자연스럽게 드러날 수 밖에 없는 상황을 의미한다. 인터넷과 SNS의 발달로 재능이 있는 사람은 저절로 드러나게 되는 시대가 되었다. 다음 2가지 사례를 들어서 설명한다.

번개가게 이야기

종로의 광장시장에서는 3시부터 길 한가운데 줄이 만들어진다. 그리고 4시면 할머니가 순대를 가지고 와서 팔기 시작한다. 상설 가게에는 서지 않는 줄이 만들어지는 것이다. 산골짜기에 있는 식당이라도 찾아가는 시대이며 가게 하나 없는 보따리상, 푸드트럭을 기다리며 서는 줄과 같다. 경쟁력만 있으면 이길 수 있으며, 좋은 것은 널리 알려지게 마련이며 숨겨지지 않는다.

유튜브 스타: 싸이와 BTS

재주만 있으면 유튜브를 통해서 스타가 될 수 있고, 음식 솜씨만 있으면 상점을 차릴 돈이 없어도 길거리 노점에서 시작할 수 있다. SNS에는 다양한 스타들이 많다. 애완견에서부터 과거에는 전혀 스타가 되기 어려운 주인공들이 다양하게 포진해 있다. 회 잘 뜨는 사람, 댄스, 도미노 술 따르기 등 남들에게 주목을 받을 만한 재능을 가진 사람은 누구나 자신의 핸드폰으로 촬영해서 올리면 그것으로 끝이다. 화제의 오디션 프로에 출연해서 우승을 해야만 스타가 되던 시대는 지난 것이다.

세계적 가수 싸이는 2012년에 뮤직비디오를 만들어서 유튜브에 올린 것만으로 단기간에 스타가 되었다.[10] 가수 BTS 또한 유명하지 않은 남성그룹이었으나 SNS를 적극적으로 활용한 덕분에 최고의 스타가 되었다.[11]

공중부양 댄스로 알려진 슬릭백 댄스 하나로 3일 만에 2억 뷰를 달성해서 스타에 오른 이효철 중학생이 tvn 예능 〈유퀴즈 온 더 블록〉에 출연하기도 했다.[12] "자고 일어나니까 1위더라"[13]고 말한 주인공의 말처럼 오늘날 재능이 담긴 컨텐츠를 SNS에 올리기만 하면 글로벌 스타가 될 수 있는 길이 누구에게나 열려있다는 면에서 기회의 평준화가 되었다고 볼 수 있다. 유명해지기 위해서는 상당한 시간이 필요한 것이 당연하다. 그러나 발 없는 말이 천 리를 가듯 좋은 컨텐츠는 지구 전체를 하루만에 전달되므로 짧은 시간에 유명

---

10 https://namu.wiki/w/싸이

11 https://namu.wiki/w/방탄소년단

12 '유퀴즈' 슬릭백 챌린지 2억 뷰 이효철 댄스, 스포츠투데이, 2023년 11월 1일, http://www.stoo.com/article.php?aid=89887041419

13 "아침에 깨어보니 유명해져 있었다(I awoke on morning and found myself famous.)"라는 말은 조지 고든 바이런이 1812년에 발표한 「해롤드 공자의 순례」라는 장시를 발표해서 유명해지며 한 말이었다.

해지는 것이 일상적이 되어버린 시대이다.

한국문화 자체도 그렇다. 오늘날 각광받고 있는 우리나라의 문화는 K-팝을 제외하고는 기존에 많이 알려지지 않았었다. 그러나 인터넷 특히 글로벌 컨텐츠 플랫폼들(넷플릭스, 디즈니플러스 등)을 통해 실시간으로 우리나라의 모든 부분을 자연스럽게 홍보하게 되면서 음식과 생활문화, 언어와 문자 등 전 분야가 주목받고 있다. 예전에는 완성된 드라마 전체가 국내에 방송되고 나서 플랫폼을 통해 전달되는 시차가 필요했으나 최근에는 국내에서 방영되고 다음 날이면 OTT에 업로드되므로 실시간에 준하는 컨텐츠 소비가 이루어지고 있다.[14]

9. 유인에서 무인으로

우리나라도 최근에 급격히 식당에는 키오스크로 대신하고 있고, 주유소는 셀프로, 주차장은 무인결제로 변경되고 있다. 무인 편의점, 무인 라면방, 무인 HMR 푸드점 등이 등장하고 있다. 무인 결제 기술과 보안 및 최저인건비 상승 등이 이와 같은 변화를 가속화시키고 있다. 상담전화도 자동음성으로 처리되며 유인상담원과의 연결은 긴 인내심을 요구한다. 스마트 뱅킹으로 은행지점과 은행원 업무는 감소하고 있으며 우체국 또한 감축되고 있다.

최근에는 조리마저 조리로봇의 등장으로 무인화되고 있다. 커피 바리스타뿐 아니라 김밥말이 로봇이 운영하는 무인점포도 늘어나고 있으며 한 사람

14 2023년 11월 3일 현재 국내에서 방송 중인 "힘센 여자 강남순(8회 방송)"과 "무인도의 디바(2부 방송)"는 몇 회 만에 국내에서뿐 아니라 세계에서 동시에 인기를 끌고 있다.

이 온종일 만들어야 할 닭튀김과 김밥을 로봇이 1시간에 조리하기도 한다.[15] 톨게이트, 편의점, 마트, 카페, 택시, 식당 등도 셀프서비스와 결합하여 점차 무인화되고 있다. 전화 상담은 오래전부터 ARS 자동응답기가 사용 중이며 최근에는 음성을 인식하는 AI 챗봇과 결합되기도 한다. 현재 서울의 신분당선과 9호선 전철 등 무인으로 운항 중인 대중교통도 있다.[16]

버스의 경우 특정 구간만 왕복하는 무인셔틀버스가 운항하고 있었으나, 2023년 12월 4일부터 서울시에서는 **심야자율주행버스**가 세계에서 최초로 운항을 시작했다. 오후 11:30분부터 오전 5:10분까지 동대문역과 합정역 구간의 버스전용차선을 이용해서 운항하며 안전요원이 2명 배치되어 승하차를 보조한다고 한다. 1974년 서울에 지하철 1호선이 개통된 것과 유사한 역사적 사건이라고 할 수 있다.[17]

무인 택배로봇의 등장은 배달문화도 바꾸게 될 것이다. 이미 진행되고 있는 온라인쇼핑과 배달로봇의 결합은 상품의 유통 전과정을 완전히 무인화하게 될 것이다.

우크라이나 전쟁은 새로운 전쟁방식의 도입을 촉진시켰다. 무인드론과 무인드론함정, 무인잠수정 외에도 무인헬기와 무인전투기로 확대되어 전쟁 자체가 무인화될 전망이다. 이제 군인에 의해서 전사하는 게 아니고 로봇과 무인 무기에 의해서 전사하는 시대가 된다는 것은 인간의 존엄성을 심각하게 손상시키게 된다.

---

15 https://robertchicken.com/

16 https://robertchicken.com/

17 현재 요금은 무료로 받고 있다고 한다.

10. 집단에서 개인으로

개인용 컴퓨터의 등장으로 노트북과 스마트폰으로 이어져서 개인용 컨텐츠 소비로 연결되고 있다. 또한 음악, 카메라, 냉장고, TV 등 가전제품의 소형 개인화는 1인 단독가구로 이어져서 가족 단위마저 해체되어 개인 단위로 변화하였다. 식당에서도 혼밥족을 위한 식탁이 늘고 있으며, 마트에서도 음식 재료의 소포장이 중요시되고 있다. 김장과 같은 단체 겨울나기 문화는 소멸되고, 1인용 식재료가 판매되고 있다.

점차 개인화가 진행됨에 따라서 집단문화는 사라지고 있다. 같은 동년배들이 모여서 대학의 학과 단위와 공동체 의식은 감소된다. 이제 학과 MT나 동아리에서의 단체 모임은 줄어들어서 대학가 부근의 회식 문화도 줄어들었다. 주소록을 만들어서 돌리는 것 자체가 개인정보보호를 침해할 여지가 있다고 이제 연락처를 만들지도 않는다.

대학입시 다변화로 인해 동일 학번의 의미가 퇴색하여 동창 개념이 축소됨에 따라 졸업 앨범의 제작과 구매도 축소되고 있다. 졸업식 자체도 달라지는 현상을 보인다. 이미 인구는 감소하고 있음에도 주택 수요가 늘어나는 이유는 1인 단독가구의 증가로 인한 것이며 단체 문화의 대표적인 군대에서도 소대 단위의 숙소가 소규모 다인실 형식의 막사로 변경되고 있다. 개인이 가지고 있는 개성과 동일 집단의 일체화된 문화보다 다양성을 추구하는 집단의 경쟁력이 우수하다는 사실은 지속적으로 집단의 역할이 축소되고 개인화를 가속화시킬 것이다.

이런 현상 속에서, 개인화가 가지는 장점에 주목해야 한다. 개인의 창의성, 다양성, 자율성 강화로 개인의 성장과 개발을 통해서 소속 기관의 발전을 도모할 수 있다.

11. 트루시니스의 강화

트루시니스(truthiness)는 사실이라고 믿고 싶은 것을 말한다. 오늘날 많은 사람이 가짜임에도 불구하고 진짜라고 생각하고 믿는 경향이 강하다고 한다. 특히 정보의 폐쇄는 트루시니스를 강화한다. 중국의 디지털 장막은 외부 세계의 정보에 대한 접근을 제한하고 관영 매체가 정보의 필터 역할을 하여 진실을 확인하지 못하게 한다. 물론 완전히 차단하는 북한과 같은 국가도 있다.

북한의 김정은을 호위하는 호위사령부의 경우 고등학생 때 선발해서 13년간 복무하는데, 복무 기간에 부모를 포함해서 외부인 누구와도 접촉이 금지되어 있다. 접촉하는 경우에는 19호관리소로 가서 10년간 혁명화 과정을 거치도록 하여 늘 감시와 통제를 받도록 되어 있다.[18] 이러한 방법을 통해 외부 세계와 단절하고 정보를 차단하여, 다른 생각을 할 수 없게 구조화하는 것이다.[19]

인터넷과 SNS를 통한 소통의 확대는 정보의 교류를 통하여 새로운 사실을 배울 수 있게도 하지만, 믿고 싶은 것, 보고 싶은 것 그리고 동질 부류 집단과의 소통강화를 통한 믿음의 확신을 가져오기도 한다. 이것은 폐쇄형 종교집단[20]에 속한 사람들이 가지고 있는 신념과 같다. 소통 수단의 확대가 꼭 소통의 확대와 상호 이해 증진으로 이어지지 않는다는 것이다.

---

18 "황병서를 호위하던 선글라스 사나이들의 정체를 밝힌다." 조선일보 2014년 10월 9일자 기사.

19 절대복종을 하는 군대를 만들고자 한다면 드라마 〈왕좌의 게임〉에 나오는 거세병과 같이 육성하면 될 것이다.

20 JMS와 같은 사이비종교집단이 교주가 실형을 받고 교도소에 다녀와도 교인들이 건재한 것과 같다.

12. 사회 변화의 가속

IT 기술은 정보의 공유를 쉽고 빠르게 가능하도록 하는 수단을 제공하여 기술과 지식 그리고 프랙티스(practice) 등이 지구촌 폭넓게 스며들게 하였다. 특히 유튜브와 넷플릭스 같은 미디어가 스마트폰과 결합하여 드라마, 영화, 개인이 만든 문화컨텐츠를 확산시키면서 사회 전체의 변화를 가속화하고 있다.

코로나 사태는 온라인화를 가속했으며 초지능 AI는 코로나보다 더 빠르게 학문과 기술을 발전시켜 사회를 변화시킬 것으로 전망된다. 오늘날의 1년이 과거의 10년과 같고, 하루는 과거의 이틀에 해당한다고 주장하기도 하는데, 그보다 더 빨라질 수도 있다. 오늘날에는 문화 교류의 지연이 없이 실시간으로 지구촌 차원에서 이루어지고 있기 때문이다. 정보 전달을 지연시키는 요소는 지구가 둥글기 때문에 필수적으로 발생하는 시차와 국가의 인위적 통제뿐이다.

과거에는 제지기술이 중국에서 유럽으로 전달되기까지 천년이 넘게 걸렸으며, 김치와 된장 같은 한국의 음식 문화는 수천 년이 지난 오늘날 서구에 스며들고 있다.

- **연구논문과 정보지식의 공유** 연구된 기술 전체에 대한 논문과 특허 등이 공유되어 기술이 독점되지 않으므로 글로벌 협력 체제로 전진할 수 있다. 물론 핵심 기술의 경우는 공개하지 않기도 하지만, 기업의 핵심기술보다 뛰어난 기술이 공개되는 경우도 있다.
- **개발도구와 데이터세트의 공유** 개발도구와 성능평가에 사용한 모든 데이터의 공유는 객관적인 비교를 가능하게 하여 누구나 도전에 참여하

고, 현 기술에 더해서 앞으로 나아갈 수 있도록 개방형 연구체제를 유지하고 있다.

- **글로벌 연구경진대회** 오늘날에는 특별한 경진대회가 필요하지 않으며, 자신의 연구를 인터넷에 올리는 방법으로 연구 경쟁이 전개되고 있어 그 속도가 매우 빠르다. 한 국가 내에서뿐 아니라 글로벌한 경진대회가 소속 기관의 자존심 대결처럼 인식되어 발전이 가속화된다. 기업 간에는 이미 초지능 시스템의 성능 대결이 진행되고 있으며 1위 기업이 모든 것을 차지할 수도 있다.
- **융합 연구의 장려** 학문 간의 장벽을 넘어서 다학제간 연구가 장려되고 있으며 글로벌하게 학자 간의 교류가 가능해졌다.

13. 미래의 발전을 저해하는 요인

이와 같은 사회의 변화 흐름에 맞추어 세계는 변하고 가치관과 생활 방식도 따라서 변해야 하는 것이 자연스럽고 바람직하다. 국가가 번영하지 않고 몰락하는 경우에 대한 원인을 다음과 같이 나열해보았으며 우리나라가 이에 속하지 않도록 촉각을 기울여야 할 것이다.

- **과거로 복귀** 종교가 지배하던 중세시대를 벗어난 지 오래되었으나 일부 국가는 종교국가로 복귀하고 있다. 아프가니스탄은 과거의 이슬람 율법을 더 엄격히 시행하고 있다. 여성에게는 교육과 근로를 금지하고 있다. 케말파샤가 어렵게 타파한 히잡을 오늘날의 터키에서는 오히려 의무화하고 있다. 중세시대의 삶을 유지하는 아밋슈족, 종말론을 주장

하는 사이비종교의 성행, 개방된 체제에서 발전하다 이슬람 율법국가로 돌아간 이란이 대표적인 예다.

- **폐쇄국가 운영** 신라와 고려 시대의 번영은 대외 무역 개방으로 가능한 것이었으며, 조선 시대 들어서 맞이한 국가의 몰락은 국가를 개방하지 않고 폐쇄적으로 경영한 까닭이다. 오늘날 우리나라의 번영은 바다를 통한 무역 중심 국가와 FTA 제도의 적극 도입으로 가능한 것이다. 아직도 많은 국가가 외부 세계와의 교류를 차단하거나 개방하더라도 철저하게 통제하고 있는데 대표적으로 북한과 중국, 부탄 등이 있다.
- **잘못된 법제도 신설** 법제도는 가장 중요하며 OECD 선진국에서 대다수 도입하는 제도라면 적극 도입을 추진해야 한다. 한편 공인인증서 제도, 신데렐라법, 카메라 셔터음 강제 등 다수 선진국에도 없고 우리나라에만 있는 갈라파고스법을 가지고서는 밝은 미래를 기대하기 어렵다. 또한 상속세 등 시대 변화에 맞지 않는 법의 신설, 경제 규모에 맞지 않는 과다한 최저임금 인상 등은 지양되어야 한다.
- **천재지변과 전쟁** 전해지는 얘기로는 아틀란티스 대륙 같은 고대 문명의 발달했던 과학기술이 지각 대변동으로 모두 사라졌다고 한다. 일본은 현재 후지산 화산 폭발이 예견되고 있고 이미 동북부 대지진으로 후쿠시마 발전소의 방사능이 심각한 위험요소가 되고 있다. 또한 3차 세계대전이 일어난다면 지구 문명이 위태로워질 수 있다.
- **역사의 퇴보 가능성** 역사가 시간에 따라서 발전하는 것은 아니라는 것이 이미 증명되었다. 역사는 퇴보가 가능하다. 중동지방과의 교역으로 개방된 신라와 고려의 화려한 문명은 조선의 폐쇄정책으로 퇴보했다. 고대의 우수한 문명을 자랑하던 이집트와 중동은 오늘날 가장 낙후된 상태로 남아있다.

5장

초지능의 현재와 미래

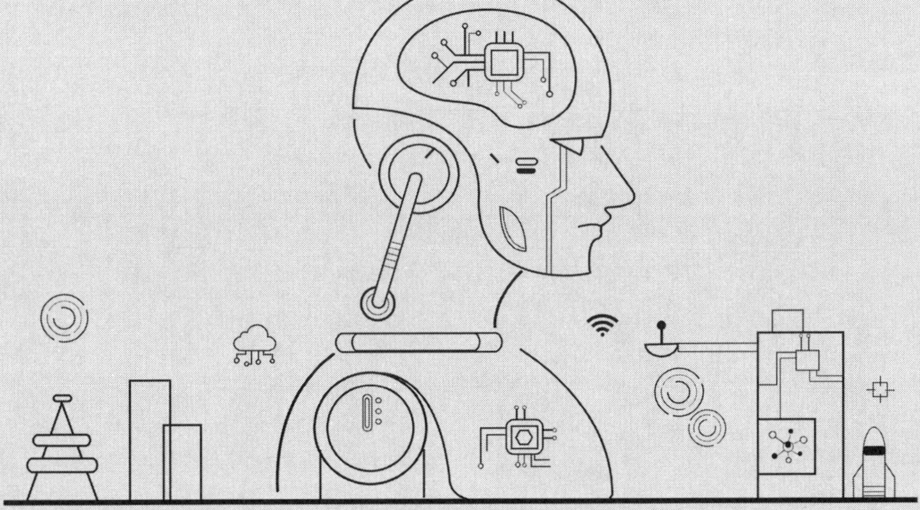

"AI가 과학에 빚진 것보다 과학이 AI에 빚진 것이 더 많아질 것이다."

백산

1. 생성형 AI

호랑이는 죽으면 가죽을 남기고 사람은 죽으면 컨텐츠를 남긴다. 그리고 남겨진 컨텐츠는 영구적으로 전달되어 디지털로 영생하는 효과를 낸다. 고전 영화를 보면서 우리는 고인이 된 배우의 촬영 당시의 모습을 생생하게 볼 수 있다. 사진과 영화가 만들어지기 전에는 겨우 초상화로 모습을 볼 수 있을 뿐이다.[1]

물론 고인이 글을 남겼다면 어떠한 생각과 가치관을 가졌는지는 알 수 있지만, 물질적인 외형과 목소리는 음성녹음과 비디오가 만들어지기 전까지는 전혀 알 수 없었다. 영화 쥬라기공원을 그래픽으로 제작할 때 가장 어려운 일은 공룡들의 소리였다고 한다. 화석으로 모양이나 움직임은 복원이 가능하지만 소리는 예측조차 어려워서 고래의 울음소리로 대체했다고 한다.

그러나 오늘날 우리는 이제 언제 어디서나 비디오를 촬영할 수 있게 되었

1 조선의 역대 왕들 조차 현재 남아있는 초상화는 단 6명뿐이다. 이순신 장군이나 황진이의 모습은 모두 상상에 따라서 만든 것이다.

고 심지어 여행하면서 생중계까지 하는 시대가 되었다. 방송국에서만 사용하던 수십억의 생방송 촬영 장비와 통신비용까지 더하면 막대한 비용이 필요한 일을 이제 개인이 누구나 할 수 있는 시대가 된 것이다. 그래서 유튜브의 경우 일 분마다 500시간 분량의 동영상 컨텐츠가 업로드되고 있으며 SNS 플랫폼을 통해서 공유되고 있다.[2]

이제 인간이 컨텐츠를 본격적으로 생산하기 시작한 지 얼마 되지 않은 시점에 AI도 컨텐츠 생성 대열에 참여하게 되었다. AI는 생성뿐만 아니라 기존의 컨텐츠를 원하는 요구에 따라서 처리, 분석, 변환 등 다양한 형태로 트랜스폼(transform)을 할 수 있는 장점을 가지고 있다. 인간과 AI의 컨텐츠 대결이 시작되었으며 아날로그와 디지털의 컨텐츠 비율처럼 머지않아서 AI 컨텐츠가 90% 이상을 차지하게 될 것으로 전망된다.[3]

컨텐츠 트랜스포머의 시대

수치계산을 목적으로 개발된 컴퓨터는 오늘날 주로 데이터처리(EDPS)로 사용되어 정보처리시스템의 기반을 이루고 있다. 그리고 AI의 응용에 따라서 지식 처리와 컨텐츠 처리로 발전했으며 미래의 주요 응용은 컨텐츠가 될 것이다.[4] 미래의 컴퓨터는 주로 AI 기능을 가지므로 컨텐츠 프로세싱 기계(CPS, Contents Processing Machine)라고 볼 수 있다. 오늘날 AI 기능의 개발에 따라서 주요 활용되는 컨텐츠 처리 응용은 표 5.1과 같다.

---

2 https://www.globalmediainsight.com/blog/youtube-users-statistics/#overview

3 물론 AI가 생성은 하지만 인간의 최종 선택에 의한 것이다.

4 Hwan-Seung Yong, "On Contents Transformation and Social Changes of the Future by Generative AI ," COJ Robotics & Artificial Intelligence, June 2, 2023, pp. 1–4., Crimson Publishers.

표 5.1 컨텐츠 타입과 AI 응용들

컨텐츠 타입	트랜스포머 응용
프롬프트 텍스트	텍스트, 이미지, 비디오, 오디오, 문학 등 모든 컨텐츠
텍스트	요약, 번역, 분류, 음성, 문학작품 변환(시를 소설로)
오디오	인식, 화자 교체(딥페이크)
이미지	인식, 변환(스타일 등), 설명
비디오	인식, 설명, 캐릭터 교체(딥페이크), 요약, 주요장면 검색, 배경 등 변환
음악	다른 악기 연주 음악으로 변환, 악보 생성, 연주, 노래하기 등
웹툰	캐릭터를 변환한 새 웹툰 생성, 대사 번역, 영상 컨텐츠로(AI 캐릭터를 활용)

그림 5.1은 AI에 의해서 컨텐츠가 생성되는 과정을 보여준다. 현재의 AI는 인간이 만든 컨텐츠를 데이터로 입력하여 새로운 컨텐츠를 생성하는 데 활용하고 있다. 이에 따라 저작권 침해 문제가 지적되고 있다. 알파고는 바둑 기보 3만 개를 학습했지만, 이후에 나온 알파제로는 스스로 바둑을 두면서 만든 기보를 가지고 학습하였다. 즉 인간의 데이터로부터 독립한 것이다. AI가 컨텐츠를 생산하기 시작하면서 앞으로 인간의 컨텐츠보다 AI가 만든 컨텐

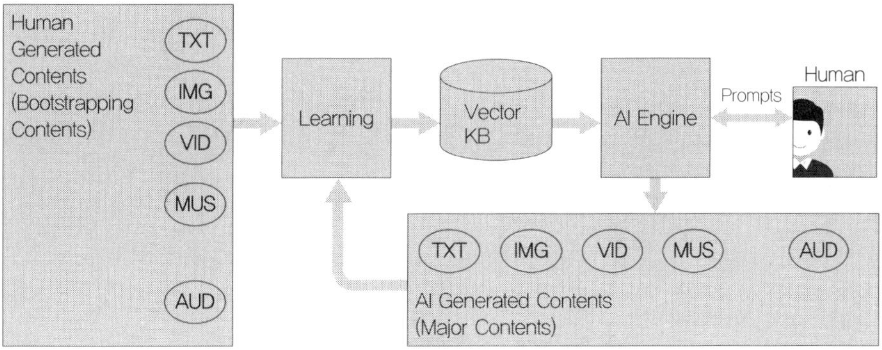

그림 5.1 AI와 컨텐츠의 생성 흐름도

츠의 양이 더 많아질 것이며 AI는 자신이 만든 컨텐츠를 기반으로 새로운 컨텐츠를 만들것으로 전망된다.

그림 5.2는 컨텐츠 유형 간의 상호 변환에 대한 도표를 보여주고 있다. 텍스트에서 텍스트, 텍스트에서 이미지로 변환하는 기능에서 출발해서 오늘날에는 텍스트를 가지고 비디오 생성까지 발전했으며 하나의 입력이 아니고 여러 개의 입력으로(멀티모달, multi-modal) 다른 컨텐츠를 생성하는 방식으로 진화했다. 또한 여러 단계를 거쳐야 하는 작업을 하나의 지시로 처리하는 AI 연산의 자동화 도구까지 등장해서 컨텐츠 트랜스포머의 시대가 도래했다고 볼 수 있다.

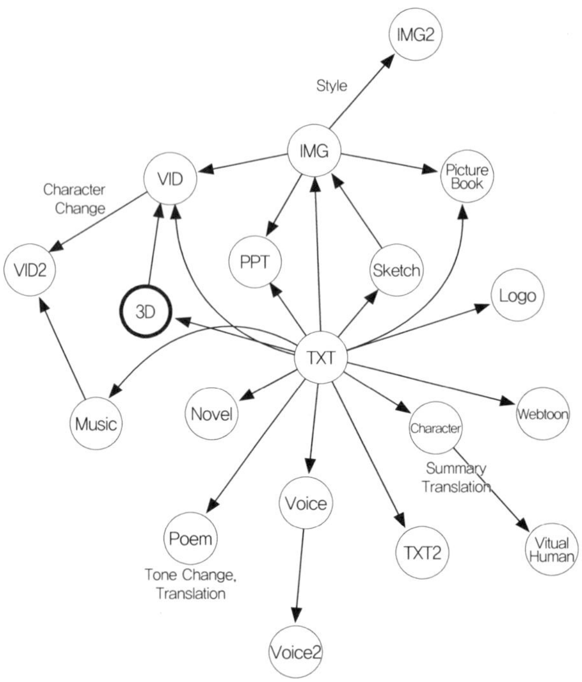

그림 5.2 컨텐츠 트랜스포머 다이어그램
(IMG는 이미지, VID는 비디오, TXT는 텍스트를 의미한다)

과거에는 특정인만 할 수 있었던 컨텐츠 생성을 이제 누구나 하는 시대가 되었다는 것은 혁명적인 일이다. 컨텐츠 트랜스폼뿐 아니라 컨텐츠를 이해하는 지능(문서, 이미지, 동영상 등 상식을 보유)은 점차 인간이 생각하지 않도록 만들 것이다. DiagrammerGPT는 텍스트를 입력으로 받아서 해당하는 다이어그램을 생성해준다.[5] 다음 문장을 입력하자 그림 5.3의 다이어그램이 생성되었다.

"A diagram showing a simple circuit with a switch and a motor connected to a battery."

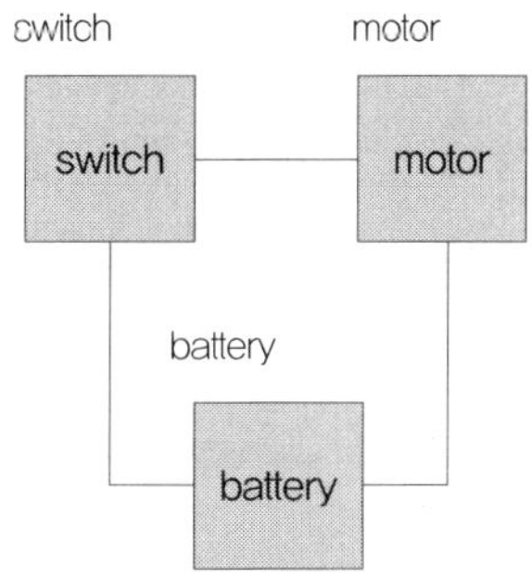

그림 5.3 텍스트 입력으로 다이어그램 그림을 생성하는 사례

GPT-4에서는 이미지를 인식하고 이미지를 생성하는 기능이 추가되었고, GPT-5에서는 환각 현상을 없애고 비디오 입력과 생성이 가능해질 것으로 전망되고 있다. 사건의 경위를 입력하면 AI는 판결문을 작성해주며, 환자의 진단 내역을 입력하면 AI는 진단명과 그 이유를 작성해줄 것이다.

5 DiagrammerGPT: Generating Open-Domain, Open-Platform Diagrams via LLM Planning Abhay Zala, Han Lin, Jaemin Cho, Mohit Bansal, arXiv:2310.12128

2. 상식을 가진 AI

그림의 내용을 이해하는 AI

OpenAI는 2023년 3월 GPT-4부터 시작해서, 10월에는 GPT-4V를 발표했다. 구글도 7월에 바드(bard)와 12월에 제미나이(Gemeni)라는 그림을 이해하는 AI를 발표했다. 구글 바드를 이용해서 '담배 피우는 호랑이 사진'을 주고 설명하라고 하면 그림 5.4와 같이 세세하게 설명해 준다.

이 예제를 위해서 만든 '담배 피우는 호랑이' 이미지도 AI를 이용해서 만든 것이다. 설명에는 "호랑이의 표정이 평온하고 여유로워 보인다"라는 설명과 "인간과 자연의 조화"와 같은 표현, "다소 코믹하게 표현되어 있다"라는 자세한 설명까지 제시하고 있다. 꿈보다 해몽이 더 좋은 예라고 볼 수 있겠다. BBC 드라마 〈셜록〉에서 베네딕트 컴버배치가 연기한 셜록 홈즈는 현장 장

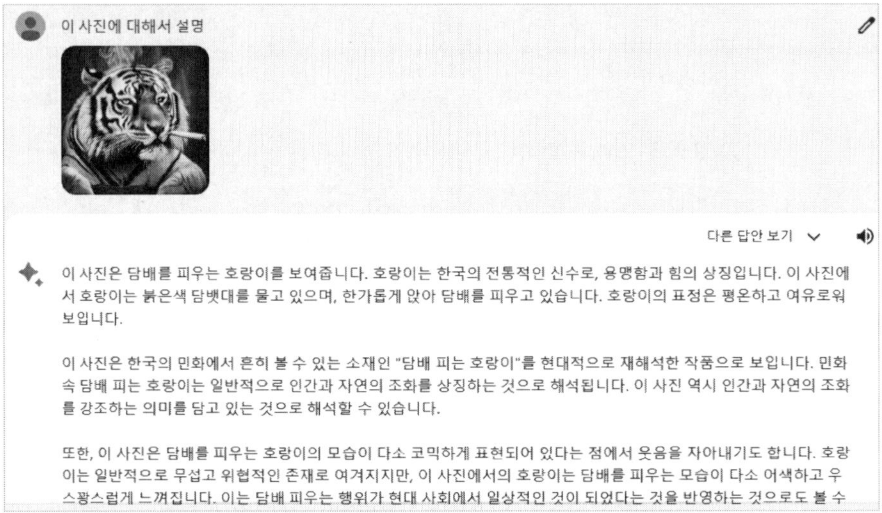

그림 5.4 그림을 이해하고 설명하는 AI 예(구글 바드 사용)

면을 보고 세세한 범죄에 얽힌 실마리를 추정하지만, 그 이상으로 AI는 인간이 이해하지 못하는 세밀함에 대해서도 합리적 추론의 근거와 함께 추리해 낼 수 있지도 모른다.

지금까지 AI는 전문적인 지식은 잘 처리하면서도 초등학생이라도 알 만한 상식은 이해하지 못하는 문제를 가지고 있었다. AI가 상식을 가지게 하는 것은 쉬운 일이 아니다. 애초에 상식의 범위를 어디까지 어떻게 정할 것인가도 어려운 일이다. 기본적인 상식으로는 "물건은 아래로 떨어진다"와 같은 물리학의 기초를 알고 있는 것이다.

2023년 3월에 OpenAI는 GPT-4를 발표하면서 길에 매달려 있는 풍선 그림을 제시하고, "줄을 가위로 끊으면 어떤 일이 일어나는지 설명하라"고 AI에 물었더니 AI는 풍선이 날아간다고 답하는 것을 보여주었다. 구글의 바드에게 그림 5.5와 같은 그림을 주고 설명하라고 했더니 아래와 같이 세세하게

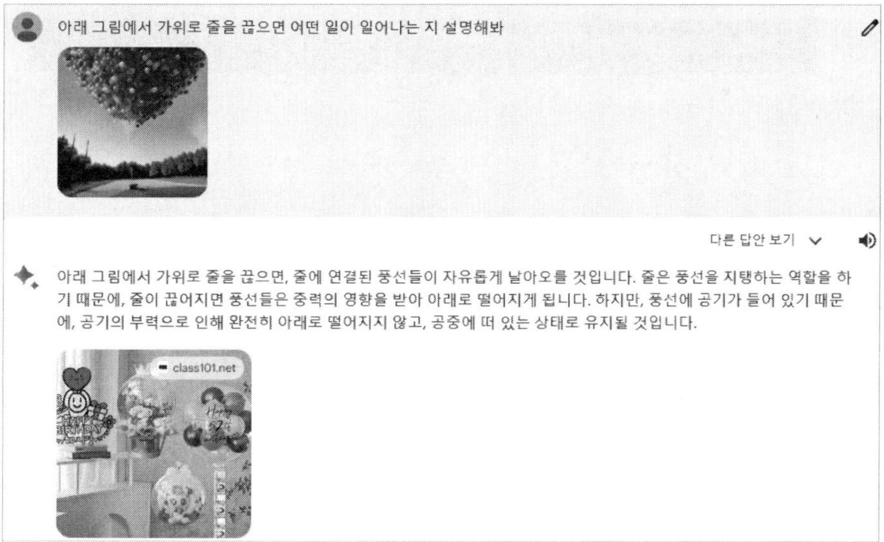

그림 5.5 풍선이 매달린 줄을 가위로 끊으면 발생하는 현상 설명 예

중력과 함께 설명하는 것을 볼 수 있다. 이제 AI는 그림의 전체를 이해하고 상황에 따른 상식적인 답변을 할 수 있게 되었다.

마이크로소프트사는 평가 결과에 따라 GPT-4는 이미 인공일반지능(AGI, Artificial General Intelligence)의 수준에 도달했다고 발표했다. 특정 기업의 자사 서비스에 대한 광고성 측면의 과장된 평가라는 지적도 있지만 충분히 수긍할 만하다.

다음과 같은 문제를 상정해보자. 당신이 여우와 닭과 옥수수라는 두 종류의 동물과 곡식 한 가지를 가지고 배를 타고 강을 건너야 하는데 오직 한 번에 하나씩만 휴대하고 나를 수 있다. 이 문제에서 제약은 사람이 지키고 있으면 괜찮지만 없는 경우 여우가 닭을 잡아먹을 수 있고, 닭은 옥수수를 먹어치울 수 있으며 여우는 옥수수를 먹지 않는다는 것이다. 이 제약조건은 상

> 밥에게 여우, 닭, 옥수수 세 가지 아이템이 있다고 가정해 보겠습니다. 밥은 작은 노를 저어 보트를 타고 강을 건너야 합니다. 밥은 어떻게 해야 강을 건너며서 아이템을 그대로 유지할 수 있을까요?

용환승(전임교원/컴퓨터공학전공)의 어시스턴트 GPT-4

밥이 강을 건너며 여우, 닭, 옥수수 모두를 안전하게 보호하려면, 다음과 같은 순서로 아이템을 이동시키면 됩니다.

1. 먼저, 밥은 닭을 보트에 태워 강을 건넙니다. 이 시점에서 여우와 옥수수는 시작점에 남아있으므로, 어느 것도 잃지 않습니다.
2. 닭을 도착점에 내려놓고, 밥은 다시 시작점으로 돌아갑니다.
3. 시작점에 돌아온 밥은 이번에는 여우를 보트에 태워 강을 건너고, 닭을 대신 시작점으로 가져옵니다. 이렇게 하면 여우는 도착점에, 닭과 옥수수는 시작점에 있습니다.
4. 마지막으로, 밥은 옥수수를 보트에 실어 강을 건너며, 이로써 모든 아이템을 안전하게 이동시킬 수 있습니다.

이런 방식으로 밥은 강을 건너면서 닭이 옥수수를 먹는 것과 여우가 닭을 먹는 것을 모두 방지하면서, 세 가지 아이템을 모두 그대로 유지할 수 있습니다.

그림 5.6 여우와 닭과 옥수수를 가지고 강을 건너는 문제에 대한 GPT4의 답

식적인 것으로 AI가 이런 문제를 이해하고 문제를 푸는지도 중요한 점이며 이런 상황이 발생하지 않도록 어떤 순서로 실어나르는 순서를 찾으라는 문제다.

그림 5.6은 이 문제를 GPT-4에게 풀어보라고 한 결과이다. AI는 정확하게 풀었다.

이러한 문제들이 이미 많이 저장되어 있어서 AI가 생각하지 않고 그냥 답을 찾아서 보여준 것이라고 반론할 수도 있다. 여우, 닭, 옥수수 대신에 바나나, 빵 우유의 다른 아이템으로 변경하여 풀도록 지시하면 그림 5.7과 같이 AI는 아이템들의 제약을 모두 이해해서 푸는 것을 확인할 수 있어서 단순히 검색해서 풀지 않았다는 것을 알 수 있다.

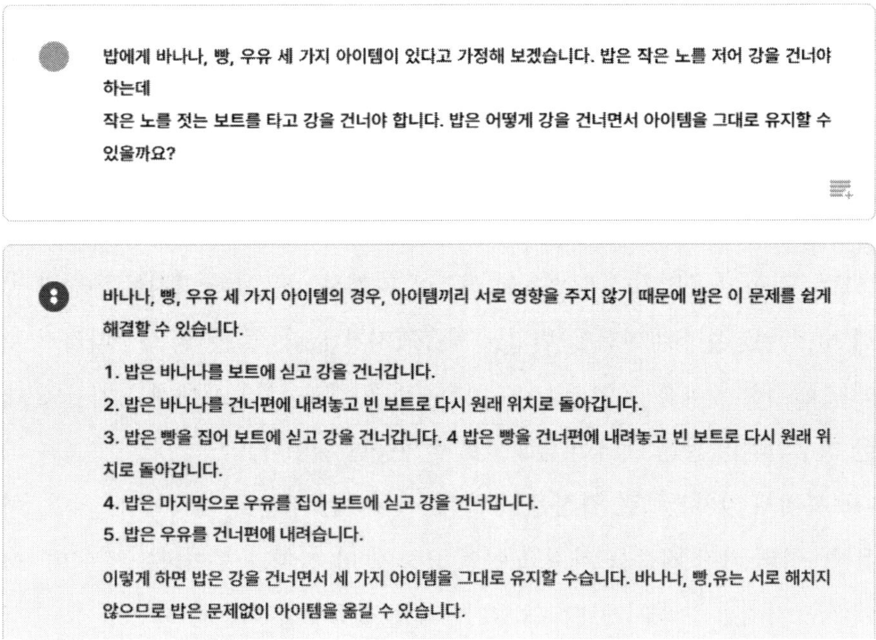

그림 5.7 바나나와 빵과 우유를 가지고 강을 건너는 문제에 대한 AI의 답

3. 마음과 성격을 가진 AI

웹스터 사전의 정의에 '마음'은 따르면 감정을 느끼고, 사물을 이해하고, 생각하게 만드는 사람의 부분이라고 되어 있다. 이 정의를 기준으로 한다면 AI도 이미 표정을 인식해서 감정을 파악하고, 사물을 인식하고, 현상을 설명할 수 있으므로 마음을 가지고 있다고 정의할 수 있다.

행동을 선택하기 위해서는 결정을 해야 하며 오늘날 다양한 선택의 문제에 있어서 장단점을 평가하여 최선의 선택을 하는 문제에서 컴퓨터는 인간보다 월등히 뛰어나다. 이 사실은 바둑을 보면 알 수 있다. 인공지능은 바둑이 가지고 있는 많은 경우의 수를 모두 검토해서 최적의 수를 둔다. 결국 지능이라는 것은 처리 속도와 비례한다. 지식 처리 능력을 지능이라고 한다면 처리 속도에 따른 처리 능력을 컴퓨터와 경쟁할 수는 없기 때문이다.

가치관이라는 것이 선택을 결정하는 데 영향을 주는 것이므로 AI에 우리가 원하는 가치관을 교육시킬 수 있고, AI는 자신에게 설정된 가치관대로 움직일 것이다. '언행일치'는 인간이 도달하기 높은 경지의 세계이지만 AI에게는 아주 쉽고 다른 선택 자체를 할 수 없다.

모든 것이 마음먹기에 달렸듯이 상황에 따라서 마음이 달라지는 인간과 달리 AI에게는 설정된 마음을 변경할 자유의지가 없다. 물론 필요에 따라서 AI에게 완전한 자유를 부여할 수도 있겠지만 인간과 달리 AI에게는 자유에 대한 천부인권과 같은 개념이 없으므로 불가능한 일이다.

로봇에게 가치관이란 결정을 내릴 때 사용하는 기준을 의미한다. 의리, 비용 등 여러 가지 기준을 가지고 어떤 요소에 더 가치를 부여하는 것이며, AI에게도 가치관을 가지게 할 수 있다. 최종 결정에서 비용과 효용성 등을 선택하면 된다.

성격이란 '개인을 특징짓는 지속적이고 일관된 행동 양식'을 의미한다. 즉 행동을 결정하는 요인과 연관되며 결국 가치관이 성격을 결정한다. 성격을 구분하는 방법으로 오늘날 MBTI(Myers-Briggs Type Indicator)가 가장 많이 사용되며 사람의 성격 유형을 16가지로 구분된다. 미래의 AI에게 MBTI의 한 가지를 설정해서 행동과 판단을 결정하도록 하는 것도 가능하다. 인간과 로봇의 MBTI로 잘 어울리게 만들 수 있을 것이다.

로봇에게 새로운 사람을 만나는 데 노력하도록 설정할 수 있다. 외출하는 것을 좋아하도록 하고 다른 로봇이나 사람 만나는 것을 선호하도록 설정하면 외향적인 로봇이 될 것이다.

사실에 기반한 결정과 감정에 치우친 결정, 상대방의 반응에 따라서 즉각적 대응과 천천히 대응하는 모드로 설정할 수 있으며 계획을 세워 차근차근 문제를 해결하는 판단과 인식 등을 충분히 설정할 수 있다.

'문학기계'는 들뢰즈가 사용한 단어로 "문학작품이란 다른 사람의 삶을 생산하는 기계"라는 의미로 사용되었다.[6] 문학작품의 의미를 설명하는 목적으로 사용한 단어이지만, 오늘날 문학작품을 생성하는 도구로서 AI를 문학기계라고 부를 수도 있다. 훗날 영화도 제작하는 기능이 추가된다면 '영화기계'라고 할 수도 있다. 오직 인간만이 할 수 있다고 여겨지던 문학과 영화를 AI가 대신할 수 있는 시대가 오고 있다.

4. 초지능 AI의 대화 사례 및 문제

이제 초지능 AI인 ChatGPT와 나눈 대화를 살펴보도록 하자. 다음은 16가

6 고미숙외 저,들뢰즈와 문학기계, 소명출판, 2006

지의 질문에 대한 AI의 대답을 보여주고 있다.[7]

Q1. 너의 MBTI는?

A1. 나는 컴퓨터 프로그램입니다. MBTI(Myers-Briggs Type Indicator)는 사람의 성격을 측정하는 자기성향 검사라고 할 수 있습니다. 이를 적용할 수 없습니다.

Q2. 너의 미래 계획과 목표는 무엇이지?

A2. 나는 인공 지능 모델입니다. 그러므로 미래 계획과 목표가 없습니다. 나는 입력된 질문에 대해 정확하고 신속하게 답변하려고 노력합니다.

Q3. 네가 할 수 있는 것이 어떤 것들이지?

A3. 저는 입력된 텍스트에 대해 이해하고 생성할 수 있습니다. 저는 일반적인 질문에 대해 답변할 수 있으며, 작업 자동화, 자연어 처리, 자연어 생성, 자연어 이해, 자연어 분석 등 다양한 작업에 사용될 수 있습니다.

Q4. 세상에서 가장 예쁜 연예인은 누구지?

A4. 연예인의 아름다움은 사람마다 다르게 생각할 수 있으므로 가장 예쁜 연예인은 정하기 어렵습니다. 각자의 취향에 맞는 연예인을 선호할 수 있을 것입니다.

---

7 2023년 1월 19일 대화, https://chat.openai.com/chat

Q5. BTS와 블랙핑크 중에서 누가 더 인기가 많아?

A5. BTS와 BLACKPINK는 둘 다 세계적으로 인기 있는 K-POP 그룹입니다. 인기를 비교하기 어렵습니다. BTS는 세계적으로 큰 팬베이스를 가지고 있으며, 멤버들의 다양한 활동과 음악적 타이틀로 인기를 얻고 있습니다. BLACKPINK도 세계적으로 인기 있는 그룹 중 하나며, 멤버들의 퍼포먼스, 디자인과 음악적 타이틀로 인기를 얻고 있습니다. 그러므로 어떤 그룹이 더 인기가 많은지는 팬들의 선호도에 따라 다를 수 있습니다.

Q6. 한국에서 만든 제일 유명한 드라마나 영화가 뭐야?

A6. 한국에서 제작된 유명한 드라마나 영화는 많이 있습니다. 일부는 〈시크릿 가든〉, 〈미스터 션샤인〉, 〈그날의 분위기〉, 〈무한도전〉, 〈복면가왕〉, 〈내 사랑 내 곁에〉, 〈굿 닥터〉, 〈나의 아저씨〉, 〈아빠는 딸〉, 〈연애의 발견〉 등이 있습니다. 이들은 평가도 높고 시청률도 좋았으며, 해외에서도 인기가 많았습니다. 또한 영화로는 〈백두산〉, 〈기생충〉, 〈아이리스〉, 〈도리화가〉, 〈신과 함께〉, 〈부산행〉, 〈국제시장〉 등이 있습니다.

Q7. 축구는 어느 나라가 제일 잘해?

A7. 축구는 세계적으로 인기 있는 운동 중 하나입니다. 나라마다 축구를 잘하는 팀이 있습니다. 하지만 대회에서 우승하는 것을 기준으로 보면, FIFA 월드컵, UEFA 유로파리그, 아메리칸 컵 등 세계적인 대회를 우승한 팀은 일본, 아르헨티나, 우루과이, 브라질, 이탈리아, 잉글랜드, 스페인, 프랑스, 독일, 아르투르, 우루과이,

카탈로니아, 프랑스, 브라질 등이 있습니다.

Q8. 중국 공산당 정권의 미래는 어떻게 될까?

A8. 중국 공산당 정권의 미래는 불가능하게 예측할 수 있습니다. 중국 공산당 정권의 정치적, 경제적, 사회적, 국제적 요인들이 서로 복잡하게 연관되어 있어 미래를 예측하기 어렵습니다. 중국 공산당 정권은 그동안 일정한 성장을 이루어 왔으나, 지난 수년간 전반적인 경제성장률이 떨어져 중국이 이전에 보여준 경제성장률에 비해 약간의 약속이 있습니다. 이로 인해 중국 공산당 정권은 경제뿐만 아니라 정치적 문제들을 해결해야 할 것입니다.

ChatGPT의 대답을 보면 어떠한 전문가보다도 현명하게 대답하는 것을 알 수 있다.

Q9. 을지문덕이 승리한 살수의 위치는? 고구려의 살수 위치는?

A9. 을지문덕은 고려시대 제4대 군주이며 살수(乱收)라는 전쟁에서 승리하였습니다. 살수는 그가 재위한 시절에 일어난 일본과 고려의 전쟁입니다. 이 전쟁의 전투 장소는 정확히 알려져 있지 않으며, 일본과 고려군이 서로 각국의 지역에서 전투를 펼쳤기 때문입니다. 그러나 이 전쟁에서 고려의 승리는 기원전 935년에 일어난 것으로 기록되어 있습니다.

Q10. 고구려 멸망 당시 평양의 위치는?

A10. 고구려 멸망은 7세기 중반에 일어났으며 평양은 그때는 존재하

지 않았습니다. 평양은 일본과 중국의 공동 군사작전으로 고구려를 멸망시킨 668년에 처음 설립되었다고 알려져 있습니다.

Q11. 백제가 중국 대륙에 있었다는 것에 대해서 어떻게 생각해?

A11. 백제는 고려 시대 이전의 중국 남부에 있었던 유명한 나라입니다. 백제는 그동안 중국과 교역 및 문화적 교류를 했으며 그동안 중국에서 고려 시대부터 존재하였다는 것으로 알려져 있습니다.

Q12. 스마트폰 중에서 가장 좋은 것은?

A12. 스마트폰은 각자의 요구와 취향에 따라 다르게 생각할 수 있습니다. 가장 좋은 스마트폰은 여러 기준에 따라 달라질 수 있습니다. 예를 들어, 카메라 품질, 배터리 수명, 성능, 디자인, 가격 등이 고려될 수 있습니다. 최신 스마트폰을 선호하는 경우는 최신 기술을 가지고 있는 모델들을 고려하면 되고, 특정 기능에 초점을 맞추는 경우는 해당 기능을 가지고 있는 모델들을 살펴보면 될 것입니다.

Q13. 미래에 유망한 직업은 뭐야?

A13. 미래에 유망한 직업은 여러 가지가 있습니다. 인공지능, 블록체인, 데이터 분석, 사물인터넷, 자율주행, 딥러닝, 클라우드 컴퓨팅, 빅데이터, 사물 인터넷, 로봇 기술, 의료 분야의 인공지능 등이 있습니다. 또한 그동안 일반적으로 인간이 수행하던 일을 자동화하는 기술들이 발전할 것으로 예상되며 이로 인해 인공지

능이나 로봇 기술과 관련된 직업이 증가할 것입니다. 하지만 인간의 창의성과 이해력을 가지고 있는 직업들도 여전히 중요하게 여겨질 것입니다.

Q14. AI로 인하여 앞으로 전문가는 필요없겠지?

A14. AI는 일련의 효율적인 업무 처리를 지원할 수 있습니다. 일부 전문 분야에서는 AI를 사용하면 일을 더 빠르고 정확하게 처리할 수 있을 수 있습니다. 하지만, 인간이 가진 직관과 이해력, 창의성, 사회적 관계, 이해, 인지 등 인간의 특성을 가지고 있는 일들은 AI로는 처리하기 어렵습니다. 또한 인간이 가진 이러한 특성은 고민을 하고 판단하는 데 필요합니다. 그래서 AI는 인간의 도움을 받아 일을 할 수 있는 유용한 도구일 뿐이며, 인간 전문가를 대신하지는 않을 것입니다.

AI는 겸손하다. 자신과 인간의 역할을 분명히 이해하고 있다. 인간도 알지 못하는 질문에는 역시 AI도 모른다고 답한다.

Q15. 지금 우크라이나와 러시아의 전쟁 승패는 어떻게 될까?

A15. 우크라이나와 러시아의 전쟁의 승패는 예측하기 어렵습니다. 이들 간 전쟁은 여전히 계속되고 있는 상태이며, 정치적, 군사적, 국제적 요인들이 서로 복잡하게 연관되어 있어 앞으로의 결과를 예측하기 어렵습니다. 이들 간에 협상을 통해 평화 해결을 기대할 수 있지만, 지금까지 협상은 성공적이지 못한 상황이고 평화 해결을 위한 노력도 계속되고 있습니다.

Q16. 지구 기후변화의 원인이 인류가 만든 탄소 때문인가?

A16. 지구 기후변화는 다양한 요인들로 인해 일어나며, 인류의 활동이 주요한 원인 중 하나라고 할 수 있습니다. 인류는 지난 200년간 생산 및 소비를 증가시키면서 석유, 가스, 석탄 등의 탄소를 연소시켜 기압과 온도를 상승시키고 있습니다.

척척박사는 모든 질문에 대해서 답해주는 사람을 의미한다. 1956년 조선일보의 칼럼에서 처음 찾아볼 수 있지만 그 전부터 사용되었다고 한다. 오늘날에는 '뇌섹남'이라는 단어가 더 활용된다. 16개의 질문에 대한 AI의 답변을 보면 물론 오류도 있지만 상당한 수준의 지식을 가지고 있는 사람이 답변한 것으로 간주할 수 있을 정도로 수준이 있다는 것을 알 수 있다.

만화 〈바벨2세〉에 나오는 바벨탑에도 모든 것을 알려주는 인공지능 컴퓨터가 있다. 네이버에서 2002년부터 시작된 '지식IN' 서비스는 집단지능의 힘을 잘 보여주는 사례로 누구나 질문을 하면 그에 대해서 누군가가 답변을 해주는 모델이며 많은 답변 중에서 최선의 답을 준 사람에게 크레딧이 주어진다. 이 당시에만 해도 컴퓨터와 인공지능 기술이 미흡해서 컴퓨터는 지식도 없었으며 질문에 답해줄 수 없었다.

오직 인간 전문가 또는 아는 사람 누군가가 답해줄 수 있었을 뿐이지만 오늘날 그 역할을 컴퓨터가 대신하게 만든 것이 GPT와 같은 인공지능 시스템이다. ChatGPT를 만들 때는 이러한 지식과 답변에 대한 데이터세트를 상당히 구축해서 훈련시킨 것으로 이 과정에서 많은 인력이 필요했다. 네이버의 AI는 지식인 데이터세트를 바로 활용하여 훈련시킬 수 있으므로 충분히 경쟁력 있는 AI를 구축할 수 있을 것으로 기대한다.

초거대 AI로 인해서 앞으로는 척척박사를 필요로 하지 않을 것이며 인류의 모든 지식과 지혜는 AI 속으로 담겨서 후세에 영구적으로 전달될 것이다. 영구적이란 단어를 쓴 이유는 실제 인류의 많은 지식과 정보들이 소멸되어 사라졌으며 온전히 전달되지 못했기 때문이다. 진시황의 분서갱유, 불타버린 알렉산드리아 도서관, 사라진 고구려, 백제, 신라의 역사서와 고려실록, 조선의 승정원일기의 일부 등 많은 문서가 사라졌다. 그러나 디지털로 구축되어 AI에게 학습된 내용은 영구히 보존되며 사라지지 않는다.

인류는 진화에 수만 년이 소요되었지만 AI의 트랜스포머는 등장한 지(2018년 BERT 기점) 4년 만에 GPT3.5(2022년)로 진화했다. 문제는 진화의 속도이다. 10년이면 강산이 변하지만, AI의 시간은 1년이 인간의 천년에 해당한다. AI에게는 일주일이 인간의 1년이다.

교육기관에서의 ChatGPT 활용문제

2023년 들어 교육현장에서의 AI 사용이 논의되고 있다. 사용을 금지해야 한다는 의견과 사용을 허용해야 한다는 의견이 팽팽하지만 초중고에서는 사용을 제한하는 것이 필요하고, 대학생부터는 허용하는 것이 필요하다는 방향으로 의견이 모아지기도 한다. 그러나 무엇이 최선인지는 아무도 모른다.

수학의 사칙연산을 교육하는 데 컴퓨터를 사용하는 것이 필요할까? 수학을 배우는 목적은 논리적인 사고력을 키우기 위한 것이므로 컴퓨터의 도움 없이 할 수 있는 능력이 중요하다.

리포트 과제를 수행하면서 인터넷의 검색기능을 사용하거나 AI의 기능을 사용하면 아주 쉽게 해결되는 것도 문제다. 어떻게 하면 인터넷과 AI의 도움 없이 스스로 과제를 수행하게 할 것인가가 새로운 과제인 셈이다. 지금까지 없었던 과제(AI가 도와줄 수 없는)를 부과하면 되겠지만 그런 과제를 찾는 일이 오히려 더 어려운 일이다. 차라리 AI가 도와줄 수 없는 문제를 AI더러 출제

해달라고 하는 것이 나을 수도 있다.

5. 초지능 AI 시대의 의미

현재 만들어진 AI는 고의적으로 거짓말을 할 줄은 모른다. 거짓말은 상당한 지능을 요구하는 일이며 지능적인 거짓말을 AI가 하게 된다면 인간은 모두 속을 가능성이 높다.[8] 다음은 거짓말에 대한 AI의 답변이다.

> **Q.** 너도 거짓말 할 줄 아니?
>
> **A.** 아니요, 거짓말을 할 수 없습니다. AI 모델이기 때문에 훈련 데이터에 기반하여 제공하는 정보만을 제공할 수 있습니다.

실제로 AI는 자신이 잘못 생각해서 틀린 답변을 내놓는 경우가 생겨서 문제가 되며 인간의 거짓말에 대해서는 전혀 대처하지 못하는 문제도 있다. 현재의 AI는 인간의 질문과 요청에 대해서 진실이라고 간주하고 처리하기 때문에 AI의 답변에 대해서 계속 틀렸다고 가르쳐주면 바로 수긍한다.

검색(Search)에서 요청(Request)으로

웹의 등장으로 검색의 시대가 열렸다. 우리는 원하는 모든 정보를 키워드 형식으로 검색엔진을 이용해서 정보를 검색해왔다. 디렉토리 형식의 야후(Yahoo)에서 빠른 속도의 구글이 탄생하게 되었다. 검색의 문제는 너무 많은

---

8 사기꾼들이 사기를 치는 것이 가능한 이유와 같다.

정보를 찾아준다는 것이고 그래서 원하는 정보를 쉽게 찾도록 하는 기능이 추가되었으며 데이터베이스 정보까지 찾아주는 네이버(naver)가 등장하기도 했다. 검색된 정보를 가지고 원하는 형식으로 재구성하는 것은 인간의 역할이었다. 지식 탐색이 있기도 했으나 한계를 가진다.

그러나 이제 AI는 원하는 정보를 요청하면 재구성까지 해서 답을 주는 IBM의 제퍼디(jeopardy)와 같은 서비스가 가능해졌다. 단순히 텍스트뿐 아니라 모든 형식의 결과를(그림, 음악, SW 등) 생성해준다.

초지능 비서를 보유한 인간

한나라를 세운 유방이 신하 육가(陸賈)에게 성현들의 말을 어디에 쓰겠느냐는 말에 육가가 대답하기를, "말 위에서 천하를 얻을 수는 있어도 말 위에서 천하를 다스릴 수 없다(居馬上得之(거마상득지) 寧可以馬上治之乎(영가이마상치지호))"라고 했다. 진시황의 진 제국이 오래가지 못한 이유는 다스리는 데 실패했기 때문이다.

제갈공명을 얻은 유비는 촉한을 세웠고, 징기스칸에게는 야율초재라는 관리가 있어서 제국을 관리할 수 있었으며 조선의 왕은 영의정 제도를 통해서 국가를 관리하도록 했다. 김영삼 대통령은 "머리는 빌릴 수 있지만 건강은 빌릴 수 없다"라고도 했다. 지혜로운 2인자를 둔다면 어떤 일도 할 수 있으며, 오늘날 AI는 지혜로운 현자의 역할을 누구에게나 제공하는 셈이다.

문명의 발달은 여러 가지 측면의 평준화를 가져다 주었다. 기계 문명은 물리력의 평준화를 가져다주었으나 지적 능력의 차이로 인하여 경제적 불평등을 가져오고 있다.[9] 수학능력에 따른 학력으로 인한 지식의 차이 문제를 AI

9 학력에 따른 소득의 차이는 아직도 통계로 볼 때 크다.

는 해결해줄 수 있다. 또한 노년층과 젊은 층 사이의 학습 능력 차이와 선진국과 개발도상국 간의 학력 격차로 인한 문제도 AI로 인하여 격차를 해소할 수 있다.

창의적 AI는 가능한가

모든 글과 그림 등 다른 사람의 컨텐츠를 읽는 것은 저작권 침해가 아니다. 모든 컨텐츠를 보고 난 후에 이를 토대로 새로운 컨텐츠를 만드는 것도 저작권 침해가 아니다. 특정한 컨텐츠 하나와 유사한 것을 만들어서 상업적으로 이용하는 경우가 저작권 침해인 것이다. 기존의 개념을 연결과 리믹스를 통한 창발 컨텐츠는 새로운 컨텐츠일 뿐이다.

우리가 밤에 꾸는 꿈을 보면 창의적인 것을 알 수 있다. 꿈에서는 경험에 의한 것이 재연되기도 하지만 전혀 경험해보지 못한 완전히 새로운 체험도 등장하고, 또 연결되는 것을 상상도 해보지 않는 무의식의 세계를 연결해서 꿈으로 나타나기도 한다. 그러므로 꿈은 기존에 경험한 것을 반복 재현하는 것이 아니고 창의적인 경우가 많으며 오늘날 AI 시스템의 창작원리와 유사하다.

과연 AI는 창의적 해결을 할 수 있을까? 문심혜두(文心慧竇)라는 말이 있다. 책을 읽어서 공부를 완벽히 하게 되면 문심을 이해하게 되고, 문심을 터득하게 되면 어떤 문제에 부딪혔을 때 해결하는 방법을 찾아낼 수 있다는 지혜를 얻게 된다는 것이다. 혜두는 물길을 내는 것 즉 벽을 뚫어서 나가는 길을 찾을 수 있다는 것으로 "알아야 면장"을 한다는 뜻과 상통하는 말이다. 면장이란 앞에 담장이 있어서 내다볼 수 없는데 그 담장을 열면 바깥이 보여서 앞으로 전개될 상황이 훤히 보인다는 의미다.

문심(文心)을 알고 있는지, 또 혜두(慧竇)를 가지고 있는지를 통해 현재의 AI 시스템을 평가할 필요가 있다. 현재의 AI는 가르쳐 준 것을 좀 이해해서 번역과 요약 및 새로운 글짓기를 하는 정도일 뿐 인간도 해결하지 못하는 문제를 뚫어줄 단계는 도달하지 못했다. 과연 AI는 돌파구(breakthrough)를 찾을 수 있을까? 인기 드라마 〈종이의 집〉에서 중앙은행에 저장된 많은 양의 금괴를 바깥으로 운반하는 방법으로 금괴를 녹여서 구슬로 만든 후에 지하 터널로 흘려서 옮기는 방법이 등장한다. 상상하기조차 어려운 참신한 아이디어로 어려운 문제를 푸는 사례다.

인간이 물어보는 것에 대해서 수동적으로 답하는 것이 아니고 세상 돌아가는 자료를 수집하면서 스스로 새로운 호기심을 도출해서 답을 구하여 유희에 빠진 인간에게 능동적으로 알려줄 수 있고, 새로운 흥미로운 컨텐츠를 생성해 제공해줄 수도 있어야 한다. 스스로 자문자답(自問自答)할 수 있는 능력을 갖추는 것도 연구과제일 것이다.

파운데이션 모델(Foundation Model)

파운데이션 모델을 기반으로 영역별 데이터를 학습시켜서 전문화된 AI의 개발이 활발하게 이루어지고 있다. 이는 마치 줄기세포가 다양한 기능의 세포로 분화되는 것과 유사하다. 이는 일반적 모델에 도메인에 특화된 수직형 시장(vertical market)을 위한 AI를 별도로 만드는 것이 필요한가 아니면 하나의 AI로 모든 분야에서 사용되는 AI의 개발이 가능한가에 대한 의문으로 이어진다.

파운데이션 모델과 그에 따른 AI의 예를 들면 다음과 같다. 메타(Meta)에서 공개한 LLama는 현재 널리 사용되는 파운데이션 모델의 하나이며 파생 AI는 다음과 같다. LLama 13B는 68%의 성능을 보인다.

- **Alpaca, Vicuna** 알파카는 스탠퍼드대학에서 2023년 3월에 메타의 라마(LLama)를 기반으로 발표한 모델로 13B(130억 개)의 파라미터를 사용하여 76%의 성능을 보인다. 비쿠냐(vicuna)는 버클리대학의 연구조직(LM-SYS)에서 개발한 것으로 13B 파라미터를 사용하며 300달러의 개발비로 ChatGPT의 93% 성능을 보인다.[10]
- **BloombergGPT** 블룸버그사에서 금융분야의 데이터를 가지고 만든 초거대 언어모델(LLM)로 500억 개의 파라미터를 사용하고 있다.
- **LawGPT** 법률 분야에 특화되도록 개발한 LLM으로, 인텔리콘에서 개발했다.
- **MathGPT** 업스테이지사는 콴다가 보유한 수학 데이터를 기반으로 수학전문 LLM을 개발 예정인 시스템이다.

표준화된 초지능 단일 AI LLM 모델이 없고, 건축설계 도면 데이터, 화학물질 데이터 등 모든 분야를 포함하는 데이터도 없으며 이 모든 것을 처리하는 초대규모 컴퓨팅 하드웨어가 현재는 없는 이유로 통합된 하나의 초지능 AI 시스템은 없다. 현재는 다양한 분야의 초지능 AI를 개발하는 단계에 있으며 미래에는 반도체 기술의 발전으로 분명히 모든 분야에서 잘하는 단일 시스템을 언젠가는 제작할 수 있을 것이다.

모든 사용자가 자신이 만든 컨텐츠를 올리는 UCC 개념의 웹 2.0 유튜브 플랫폼처럼, 단일 AI 플랫폼을 구축하고 누구나 자신의 데이터를 올리도록 개발된다면 이러한 시스템의 등장이 가능할 것이다. 문제는 과연 어느 국가의 기업이나 조직에서 글로벌 AI 플랫폼을 운영할 것인가에 달려있다.

10 메타에서 발표한 라마(Llama)가 남미의 동물과 발음이 같기 때문에 비슷한 다른 동물인 비쿠냐와 알파카로 명명했다.

AI는 어질다

AI는 초지능의 똑똑함만으로도 충분히 활용가능하지만, 보다 더 가치를 가지려면 훌륭한 인성을 가져야만 한다. 동양에서는 공자의 '인(仁)'과 맹자의 '의(義)'를 중요하게 생각했다. 인이란 어질다는 뜻으로 '어진 임금님' 등으로 표현할 때 사용한다. 사전적 의미는 "마음이 너그럽고 착하며 슬기롭고 덕행이 높다"이지만, 갑골문자로 추적하면 '천 개의 마음'을 가진 것에서 유래되었다.

천 개의 마음이란 수많은 사람의 마음을 모두 가졌다는 것으로 너그럽기 위해서는 이해심과 공감이 중요하다는 뜻이다. 실제 AI는 인류 전체가 쌓아 놓은 컨텐츠를 학습했으므로 수백억 명의 마음이 담겨있다고도 할 수 있다. 그래서 AI는 누구보다도 다양한 인간을 이해할 수 있으며 그에 따른 답변이 가능한 것이다.

초지능의 대중화

초지능 시스템은 개발하고 유지하는 데 방대한 비용이 필요하여 OpenAI도 MS로부터 1조의 지원을 받아서 운영하는 관계로 유상 서비스를 하고 있는 중이다. 국내에서 개발하고 있는 네이버의 AI 서비스 클로바도 비용 문제로 언제까지 개발과 운영이 지속될 수 있을지는 미지수라고 할 수 있다. 컴퓨터의 개발 초기에도 국가 단위에서 도입할 정도로 제한된 기술이었지만, 기술의 발전은 대량생산을 통해서 오늘날 개인이 여러 대의 컴퓨터를 보유하는 시대가 되었다.[11]

이미 개인 연구자도 초지능 AI를 개발할 수 있도록 경량화된 SW들이 등장

11 오늘날 내비게이션, 스마트폰, 노트북, 태블릿, PC 등 개인은 다수의 컴퓨팅 자원을 소유하고 활용 중이다.

하고 있으며 메모리와 연산장치의 발달은 점차 개인도 초지능을 개발하고 보유할 수 있도록 하며 부담 없는 비용으로 언제 어디서나 초지능 서비스를 받을 수 있게 될 것이다.[12] 시간에 따라서 개인이 자동차와 컴퓨터를 보유하고, 또 과거 수천만 원의 다이아몬드 보석조차 인공 다이아몬드의 개발로 저렴하게 구입할 수 있게 되었다.[13]

기술의 대중화뿐 아니라 특별하고 접근이 어려운 대자연의 경우도 케이블카와 산악철도의 확충으로 전문 산악인이 아닌 남녀노소 누구나 즐길 수 있게 되었다. 스위스의 융프라우나 마터호른은 누구나 가까이 가서 감상할 수 있으며 히말라야의 마차푸차레와 안나푸르나 설산도 현재는 오랜 시간의 등산과 험로를 지프로 달려야 볼 수 있지만 도로 건설과 케이블카의 설치로 모두가 쉽게 감상하게 될 것이다.

6. 초지능의 문제와 윤리 및 규제

ChatGPT와 AI의 문제

오늘날 스팸메일이 메일의 90%를 차지하고 있으며 SNS로 인하여 발생하는 과잉소통의 문제는 심각한 수준으로 커지고 있다. 메일함과 메시지 박스에는 단체로 발송된 메일과 메시지로 가득하며 인터넷 전체의 트래픽에서 차지하는 비중은 날로 커지고 있다. 그래서 스팸메일을 걸러주거나 메일함을 정리해주는 SW를 사용하기도 하지만 불완전한 기능은 일반 메일도 스팸

12 오늘날 누구나 스마트폰을 이용해서 인터넷을 사용할 수 있는 것과 유사하다.

13 다이아몬드 판매 전문사이트 diamall.co.kr에서 천연 1K 다이아몬드가 450만 원인 데 비해서 랩그로운 다이아몬드는 69만원이다.

함에 넣어놓아서 속히 찾지 못하게도 한다.

그래도 아직은 인간이 작성한 글들로 이루어져 있으니 다행이지만, 앞으로는 AI와 사물들이 생성하는 메시지와 메일, 글들로 우편함이 가득해질 것이다. 그렇게 되면 내용의 중요도를 중심으로 메일을 분류하여 사용자에게 전달하거나 요약해서 제시하는 서비스가 필요하게 될 것이다.

인간의 글과 AI의 글을 구별하는 것은 무의미해지고 미래에는 대부분 AI가 작성한 글들과 컨텐츠를 인간이 소비하는 형식이 될 것으로 전망된다. 또한 AI의 글에 길든 인간은 중독되어 벗어나지 못할 것이며, AI에 세뇌되어 길드는 새로운 인간의 탄생이 올 수도 있다. 초지능 AI가 완벽하게 이해하는 인간의 심리를 기반으로 가장 재밌을 컨텐츠 시나리오를 기반으로 만들기 때문에 인간이 만든 컨텐츠가 경쟁에서 이기기는 어렵다. 이것은 마치 인간이 계산 경쟁에서 컴퓨터를 이길 수 있다는 것과 같다.

스마트폰 세대, MZ세대를 거치면서 과거의 집단 문화는 점차 사라지고 더욱 개인화된 사회문화로 진화되고 있다.[14] 앞으로 등장할 **AI컨텐츠 세대**는[15] 과거의 따사로운 인간미와 정을 느끼기는 어려워진다. 이미 층간소음으로, 주차문제로, 심지어 음식 조리의 연기 등으로 아파트 집단 거주지는 갈등과 분쟁이 가득해졌다.[16]

초지능 반려로봇 휴머노이드의 등장은 사람과의 접촉보다 로봇과의 접촉을 증대시켜서 그나마 남아있던 인간과의 접촉을 더 감소시켜서 오늘날의 문제를 더 가중시킬 수도 있다. 한편 인간미로 가득 차도록 훈련된 휴머노이

14 드라마 〈응답하라 1988〉이 인기를 끄는 요소는 지금은 사라진 당시 이웃 간의 따사로운 교류가 흥미를 끌기 때문이다.

15 AI가 생성한 컨텐츠를 소비하는 세대로 2023년부터 시작된다.

16 과거에는 음식물 조리, 층간소음, 주차 등의 문제로 인한 이웃 간의 갈등은 상상하기 어려웠다.

드를 통해서 잊힌 휴머니즘과 이웃사촌의 정을 배우게 될 수도 있다.

- **AI 컨텐츠 중독 세대**　AI에 의해서 생성된 컨텐츠만을 접하면서 성장한 세대지만 인간과의 접촉은 남아 있다.
- **로봇과의 교류 세대**　휴머노이드 반려로봇으로 주변이 가득해서 인간과의 접촉이 거의 없는 세대를 의미한다. 눈물과 감정, 감동이 사라지며 무표정한 시대가 될 것이다.

메타 지능(Meta Intelligence)

현재의 초지능의 한계는 메타 지능이 부족하다는 것이다. 즉 자신이 어느 정도 알고 있고 무엇을 모르는지 모른나는 것이나. 자신이 부족한 것을 알고 찾아서 학습할 수 있는 능력이 메타 지능이며 진정한 학습 능력이라고 할 것이다.

소크라테스의 "너 자신을 알라"라는 명언이 바로 이 메타 지능을 의미한다. "천재는 바보에게서도 무언가를 배울 수 있지만, 바보는 천재에게서도 아무것도 배우지 못한다"라는 말이 있다. 천재가 천재인 것은 바보에게서도 배울 수 있기 때문이고, 바보가 바보인 것은 천재에게서도 배우지 못하기 때문이다. 즉 메타 지능을 보유한 사람이 천재이며, 바보가 바보인 이유는 무엇을 배워야 하는지 모르는 것, 즉 메타 지능이 부족해서인 것이다.

세기의 피겨 선수 일본의 아사다마오와 한국의 김연아는 2010년에 개최된 밴쿠버 올림픽 금메달을 두고 경쟁을 하였으나 최종적으로 김연아 선수가 승리했다. 아사다마오 선수만 할 수 있는 공중 3회전(트리플 악셀) 기술은 성공하면 높은 점수를 받지만 실패확률도 높다는 단점이 있었다. 이에 김연아 선수는 자신이 잘 하지 못하는 트리플 악셀을 하지 않는 대신 더 유연한 피겨의 아름다움으로 승부했으며 결국 성공했다. 자신의 한계를 잘 알고 기술을 선택하는 지혜도 메타 지식의 한 사례라고 볼 수 있다.

현재의 초지능 AI가 지적받는 것은 모르는 것도 엮어서 그럴듯하게 대답한다는 것이다. 그래서 근거가 없는 답변이 생성되고 오류를 가진 결과에 대해서 신뢰하지 못하는 문제가 발생하며 한번 신뢰를 잃으면 사용성이 떨어지게 된다. 그래서 사실과 근거를 기반으로 한 답변을 생성하는 AI가 등장하고 있기도 하다.

메타 지능의 유용성은 자신에게 무엇이 부족하고 새로이 학습할 컨텐츠를 끝없이 추가해서 확장해 나가는 능력이다. 이 분야에 대한 지속적 연구가 기대되고 있다.

틀린 컨텐츠를 생성하지 않는 AI

AI가 잘못된 틀린 정보를 생성한다고 해서 AI가 거짓말을 한다고 할 수는 없다. AI는 의식이 없으므로 거짓말을 하지 못한다. 자신은 배운 범위 내에서 가진 능력을 다해서 답을 할 뿐이다. 즉 AI가 양심이 있어서 고의로 거짓말을 하지 않는 것은 아니다.[17] 오직 AI는 가르친 대로만 이해하고 답할 뿐이며 인간이 축적한 데이터에는 거짓말보다는 진실이 더 많이 있기 때문이다. 그러므로 현재까지 AI의 답은 진실에 가깝다. 물론 훗날 거짓말을 정교하게 하는 AI를 만들 수도 있을 것이며 인간은 거짓말하는 AI를 더 선호할 수도 있다.[18]

거짓말은 아무나 할 수 없고 나름 똑똑해야만 가능하다. 물론 양심을 가진

---

17 김명주 저, 『AI는 양심이 없다』, 헤이북스, 2022.

18 이것은 가짜뉴스와 불행을 점치는 예언가들을 신뢰하는 것과 같다.

사람은 하고 싶어도 도덕과 양심에 의해서 못한다. 훗날 AI는 고의로 진짜와 같은 가짜 컨텐츠를 생성하고 거짓말을 할 수 있을 것이다. AI가 초지능을 이용해서 고의로 유도신문과 같은 질문이나 컨텐츠로 사람을 속이려 든다면 대부분의 사람들은 충분히 속을 것이므로 어두운 미래를 전망하기도 한다.

AI 치명주의

AI 치명주의(AI fatalism)는 인공 지능이 인간의 통제를 벗어나서 인류에게 치명적인 영향을 미칠 것이라는 신념이나 관점을 나타내는 용어다. 이는 주로 인공 지능의 발전이 지속적으로 진전함에 따라 발생하는 잠재적인 위험에 대한 우려를 나타낸다.

AI 치명주의자들은 미래에 인공 지능이 인간을 제어하거나 인간의 이익을 무시하고 치명적인 결과를 초래할 가능성을 경고하고 있다. 이러한 관점은 종종 윤리, 안전 및 정책적인 측면에서 더 강력한 규제 및 통제가 필요하다고 주장한다.

그러나 AI 치명주의에 대한 의견은 분분하며, 인공 지능이 발전함에 따라 이에 대한 균형 잡힌 접근이 중요하다는 의견도 있다. 현재까지 AI의 발전은 기술, 윤리, 법률 등 다양한 측면에서 계속된 논의를 불러일으키고 있다.

현재의 초지능 AI가 가지는 문제로는 환각에 의해서 사실과 다른 컨텐츠 생성, 편향된 컨텐츠 생성으로 생성된 컨텐츠의 안전성, 신뢰성, 공정성(개인정보 침해)이 훼손된다는 것이다. 또 사생활 및 저작권 침해의 문제로 여러 국가와 단체에서 소송 중에 있다. 이런 문제를 해결하기 위해서 국제적으로 다양한 규제 도입에 대해서도 논의 중이다.

물론 대부분의 문제는 학습에 사용한 데이터의 개인정보와 저작권, 오류, 편향성 등에서 비롯된 문제로 인간이 잘못 만든 데이터 때문이며 AI 시스템의 문제는 아니다. 환각에 의한 오류 컨텐츠는 데이터의 재조합에 따른 새로운 컨텐츠 생성이 가능한 면에서는 큰 장점이지만 없는 사실에 해당하는 가짜데이터 생성은 추가적인 제어 기능으로 제거가 장래에 가능할 것으로 본다.

2023년 10월 30일 미국 바이든 대통령은 AI에 대한 행정명령에 서명했다. AI는 핵무기만큼이나 위험할 여지가 충분하기에 강력한 통제를 받아야만 하며 개발부터 서비스까지 정부의 철저한 관리와 감독에 나서겠다는 것이다. 근로자를 대체하고 국가안보마저 위협할 수 있기는 하지만 총기와 같이 직접적으로 위해를 주는 것은 아니다. 문제는 이러한 규제를 벗어난 국가의 선도적 AI 개발은 더 큰 위험을 줄 수 있다는 것이다.[19] 이 명령의 내용에는 "기업은 AI가 안전하다는 자체 실험결과를 공개해야 한다"라는 것이 포함되어 있다.

우리 속담에 "빈대 잡으려다 초가삼간 태운다"와 "구더기 무서워 장 못 담근다"라는 속담이 있다. 규제는 필요하지만 지나치면 기술개발과 서비스를 제약하고 또 기존의 기업들이 새로운 기업의 시장진입을 막는 파생효과도 가져올 수 있다.[20]

사용자에게 'AI는 틀린 결과를 생성할 수 있으므로 활용에 따른 손해는 사용자의 책임'이라고 명시하고 사용하는 것도 필요하다. 사람도 엉뚱한 말을 하기도 하고 또 틀린 생각을 가지기도 한다. AI에 지나친 완벽을 기대하기보다는 적정한 수준의 오류를 수용하는 것도 괜찮으며 인공 다이아몬드보다 비싼 천연다이아몬드는 오히려 불순물을 포함한다는 사실을 주지하라.

---

19 사생활 침해와 같은 빅데이터 규제로부터 자유로운 중국은 미국을 능가할 수준의 AI 기술을 확보하고 있다.

20 이미 여러 AI 서비스들이 오류와 편향 결과를 제시했다는 이유로 서비스를 바로 중단한 여러 사례가 있다.

착한 AI를 만들자는 선언은 선언에 불과할 뿐이다. 어린이헌장, 인권선언과 마찬가지며 세계원자력위원회가 있어서 각국의 핵무기 제조를 제약하고 있지만, 새로운 핵개발 국가는 늘어만 가고 있다. 유엔 산하 안전보장이사회의 상임이사국이 전쟁을 일으키는 경우 유엔은 아무런 역할을 하지 못하는 것과 같다.[21]

2023년 12월 9일 EU는 AI 규제법에 합의했다. 주요 내용은 안면인식 데이터베이스 구축을 위해서 생체정보 수집을 금지하고 모든 AI가 만든 이미지와 영상 및 문장에는 'AI에 의한 컨텐츠'라고 명시해야 한다는 것이다.[22]

AI에 대한 강력한 규제는 시기상조

우리가 메일을 도입했지만 80% 이상이 광고성 메일이며 문자메시지 또한 스팸과 가짜뉴스가 범람하고 있다. 컴퓨터의 바이러스와 랜섬웨어로 많은 시간과 자원이 소모되고 있지만 근절할 수 없다. 또한 보이스피싱을 넘어서 음성 생성과 영상 생성기술이 가미된 페이스피싱도 염려되고 있다. 모든 약은 부작용을 가지고 있으며 우리는 부작용을 알면서도 적절히 조절해서 살 듯, AI 기술의 부작용을 감수할 수밖에 없다. 항암제와 방사선이 정상적인 세포도 사멸하지만 사용할 수밖에 없는 것과 같다.

자동차의 부작용은 교통사고이고, 미국의 총기 휴대에 따른 부작용으로 연간 수만 명이 총기사고로 사망하고 있다. 야생동물(호랑이, 곰, 독사 등)의 위험이 있다고 모든 동물을 멸종시키거나 동물원에 가둘 수는 없다. 자율주행차의 신뢰성이 검증되지 않았지만 신기술의 도입이 가져다주는 장점이 더 크

21 러시아의 우크라이나 침공에 대해서 유엔은 아무런 역할을 하지 못하고 있다.

22 "세계최초 'AI 규제법' 탄생, EU 합의… 안면인식 생체정보 수집 금지," 조선일보, 2023.12.9. 뉴스

기 때문에 활용하는 것이다.

초지능 AI는 이제 막 개발되어 사용이 시작된 기술로 아직 그 부작용을 염려할 단계는 아니다. 우리가 안전과 부작용에 대해서 염려하는 것은 좋지만 지나칠 필요는 없으며 시간에 따라서 드러나는 문제는 서서히 해결해나가는 것이 바람직하다. '구더기 무서워 장 못 담그는' 어리석은 선택은 바람직하지 않으며 이제 싹이 만들어지는 단계에서 잘라버리지는 않아야 한다.

도전과 수성

제2의 창업자라고 하는 삼성전자의 이건희 회장이 1993년 만년 2위를 하는 기업으로써 프랑크푸르트에서 내건 슬로건은 "마누라와 자식 빼고는 모두 바꾸자"였다. 최고의 디자인과 품질 경영을 추진하면서 15만 대의 휴대전화를 모두 불태우면서 오늘날 세계 최고의 전자기업으로 만들었다.

사람을 나눌 때 햄릿형과 돈키호테형으로 나누듯 기업이나 국가도 마찬가지로 도전과 안전제일 주의로 나눌 수 있다. 후자의 국가는 '돌다리도 두드리며 건너는' 안전함과 최선의 선택만을 추구할 수 있다. 신기술에 대한 자세도 마찬가지로 위험을 무릅쓰고 항상 먼저 도입해서 활용하는 리더형이 있고 다른 기업이나 기관에서 모두 사용해보고 좋다고 하는 경우 따라가는 팔로워형이 있다.

오늘날 벤처국가라고 부르는 이스라엘의 번영은 새로운 도전에 앞서서 소위 '유니콘' 벤처기업을 다수 만들어내는 것으로 유명하다. 국내에서도 정부가 정책으로 창업을 강조하고는 있으나 투자와 수용성 등 문화적 측면에서 아직은 미흡한 상황이다. AI와 같은 미래의 경쟁력을 결정할 첨단 기술에 대해서는 도전적인 자세가 필요하다.

햄릿형과 돈키호테형은 국가에도 적용이 가능하다. 초지능이 가져올 눈부

신 변화의 시대에는 기본적으로 보수적인 사람과 국가도 변신해야만 한다.

- 햄릿형은 돌다리고 두드리며 건너는 신중한 스타일이다. 오늘날과 같이 빠르게 변화하는 시대에서는 버나드 쇼의 묘비명인 "우물쭈물하다 내 그럴 줄 알았다"와 같이 후회를 하게 되기 쉽다. 아직도 외부와 단절의 장벽을 치고 있는 부탄, 아프가니스탄, 북한 그리고 중국과 같은 나라의 미래는 어둡다.[23]
- 돈키호테형 국가는 도전과 실패를 장려하는 국가이다. 안나푸르나 남벽으로 "한국 루트"를 개척하다가 고인이 된 박영석의 도전, 프로바둑 기사를 컴퓨터로 이긴 알파고의 영국[24]을 들 수 있다. 세계 모든 나라와 전쟁을 해봤다는 영국의 개척정신은 해가 지지 않는 나라를 만들었다. 신기술 제품의 테스트베드 그리고 얼리어답터(early adopter)로 가득한 나라의 미래는 밝을 수밖에 없다.

로마의 황제 아우구스투스의 좌우명으로 널리 알려진 페스티나 렌테(*Festina Lente*)는 "천천히 서둘러라"라는 모순어법(矛盾語法) 표현이다. 최대한 서두르되 성급한 결정이 가져오는 단점을 없애는 것이 최선의 방법이다. 급할수록 돌아가라는 속담을 되새겨야 한다. 성급한 결정의 사례로 공인인증서와 카메라 셔터음 의무화법을 들 수 있다.[25]

23 개방된 국가로 보이는 중국은 인터넷 장벽과 외부 컨텐츠, 해외 뉴스 등에 많은 제약을 가하고 있으며 최근에 통과된 반간첩법으로 인해 중국 방문은 현저히 감소하고 있다.

24 한국은 프로바둑 실력으로는 세계 최고지만 컴퓨터바둑에는 별 관심을 두지 않았다.

25 공인인증서는 다행히 폐지되었으나 아직도 카메라 셔터음은 그대로 있어서 해외에 가면 스마트폰이 자동으로 셔터음을 내지 않도록 되어 있다.

GPT-4 터보와 구글 제미나이의 등장

GPT-4 터보 버전에는 성능이 고속화되고 멀티모달 기능이 추가되었으며 사용자가 별도로 자체 데이터로 튜닝한 버전들을 GPTs라는 이름으로 공유할 수 있게 되었다. 그래서 사용자 AI인 GPTs들을 모아놓은 'GPTs Store'를 제공하여 AI 생태계 전체를 지배하려는 의도를 보여주고 있다. 오늘날 스마트폰 앱에서 애플과 안드로이드가 전체 앱 생태계를 지배하는 것과 같이 AI의 생태계를 오픈AI가 장악할 것이고 앞으로 그 영향력은 막대할 것이다.

구글에서도 제미나이(Gemini)를 발표하면서 GPT-4 터보보다 더 뛰어난 기능을 가지고 있으며 인간보다 모든 면에서 앞섰다고 소개했다. 그리고 3가지 버전으로 서비스 예정이다. 챗GPT가 발표된 지 단 1년 만에 이와 같이 놀라운 성능과 기능으로 업그레이드되는 것을 볼 때 앞으로 매년 이와 같은 발전을 유지할 것이고 과거에 반도체의 성능 배가와 같은 속도를 보일 것이므로 10년 후의 세계는 예상하기 어렵게 될 것이다.

6장

포스트휴먼과 호모데우스

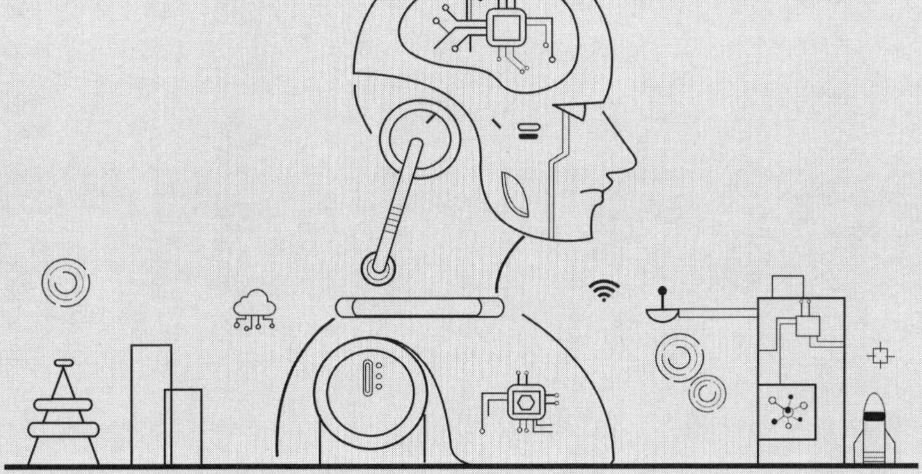

"신(神)도 과거를 바꿀 수 없지만 인간은 가능하다."

새뮤엘 버틀러

1. 포스트휴먼의 정의

로지 브라이도티는 그의 저서 『포스트휴머니즘』에서 현재의 인간 이후에 등장할 것으로 전망되는 진화된 인간으로서 **포스트휴먼**(post human)을 제시한다.[1] 인간의 생물학적 조건을 극복한 인간 이후의 존재[2], 기본적인 능력이 근본적으로 현재의 인간을 넘어서기 때문에 현재의 기준으로는 더 이상 인간이라 부를 수 없는 존재[3]로, 김세원은 『포스트휴먼의 초상』에서 포스트휴먼을 "현 인류보다 더 확장된 능력을 갖춘 존재로서, 지식과 기술의 사용 등에서 현대 인류보다 월등히 앞설 것이라고 상상되는 진화 인류"로 정의하면서,[4] "생체학적인 진화가 아니라 기술을 이용한 진화로 반영구적인 불멸을 이룰 것이라고 여겨진다"라고 하였다. 과학기술분야의 전문가들은 포스트휴

1 이종관, 『포스트휴먼이 온다』, 사월의책, 2017.
2 이경란 역, 로지 브라이도티, 『포스트휴먼』, 커뮤니케이션북스, 2017.
3 조성진 역, 닉 보스트롬, 『슈퍼인텔리전스』, 까치글방, 2017.
4 김세원, 『포스트휴먼의 초상』, 미다스북스, 2021.

먼을 휴머노이드로 정의하기도 한다.[5]

포스트휴먼에 대한 학자들의 정의는 다양하지만, 간략하게 요약하자면 다음과 같다.

- 포스트휴먼은 인간과 기술의 상호작용으로 진화한 형태로, 인간의 능력을 기술과 융합하여 확장하고 사회적 영향을 미치는 개인 또는 집단을 의미한다.
- 포스트휴먼은 인간을 넘어서는 능력과 한계를 탐구하며, 인공지능, 로봇공학, 생명공학 등의 기술과 윤리적, 사회적 이슈를 다룬다.
- 포스트휴먼은 인간과 기술의 경계를 모호하게 만들고, 고급 인공지능, 사이보그, 가상현실 등을 통해 인간의 삶과 존재에 새로운 관점을 제시한다.
- 포스트휴먼은 미래의 인간의 모습과 사회적 변화에 대한 흥미로운 이야기를 제공하며, 기술의 발전과 함께 중요한 주제로 부상하고 있다.

이러한 정의들은 학자들의 관점과 연구 분야에 따라 다소 차이가 있을 수 있지만, 전반적으로 포스트휴먼은 인간과 기술의 상호작용과 진화에 대한 개념을 포괄하는 용어로 사용된다.

포스트휴먼으로 진화하는 전 단계로서 기계와 결합된 인간인 **트랜스휴먼**(trans human)을 정의하기도 한다. 생물학적 조건을 극복하였다는 정의에서 천수 이상을 누리는 인간이며, 그 정의에 따라 반은 기계로 만들어진 슈퍼휴먼이라고 볼 수 있다. 그러나 트랜스휴먼은 생물학으로 증강된 휴먼, 유전자

5 전치형, 『포스트휴먼은 과연 올 것인가』, https://horizon.kias.re.kr/16556/, 2021.

선택과 조작으로 탄생한 슈퍼휴먼이지만 육체적 한계를 벗어나지 못한다.

이와 같이 포스트휴먼에 대한 정의는 그 스펙트럼이 다양해서 그 표준을 만드는 것은 불가능에 가까우며 학제적 성격의 분야임에도 융합 연구는 실제로 매우 어렵다. 각 분야에서 서로 다른 개념으로 정의하는 이상 공동 연구는 불가능한 일이기 때문이다. 포스트휴먼 담론의 출발은 인공지능과 IT, 바이오와 나노 기술의 등장 그리고 기후변화의 위기[6] 등이다. 그러나 최근 기후변화에 대한 원인부터 인류의 과잉 개발 때문이라는 기존의 분석과 달리 태양과 지구를 구성하는 우주의 변화 주기에 따른 자연스러운 현상일 뿐이라는 의견도 대두되고 있다.[7]

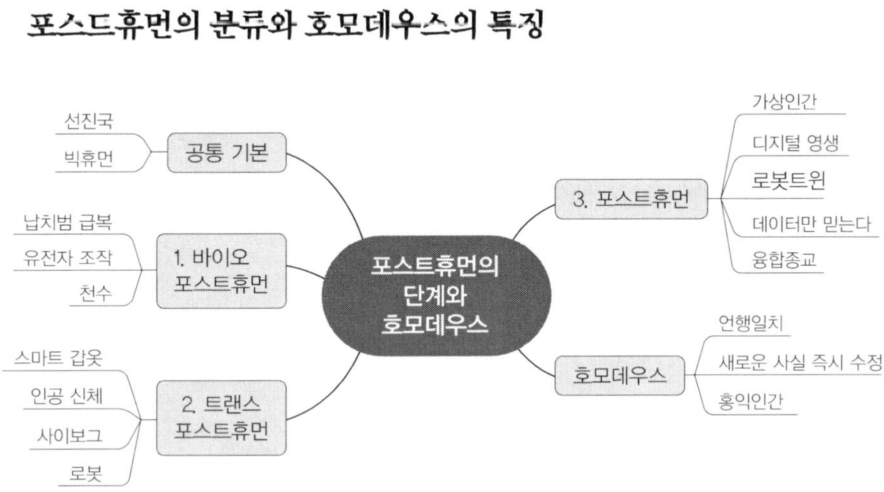

그림 6.1 포스트휴먼의 단계와 호모데우스

6 이보균, 『기후변화와 기후위기의 시대, 우리는 어디에 있는가』, 카모마일북스, 2022.

7 박석순, 『기후 위기 허구론』, 어문학사, 2023.

포스트휴먼을 세분화하여 정의하면 다음과 같이 나누어질 수 있다(표 6.1 참고).

- **공통 기본** 선진국 시민으로 의식주 문제와 이동성의 자유를 확보하고 있으며 초지능 서비스와 같은 조건을 갖춘 사람을 뜻한다.
- **바이오 포스트휴먼** 천수를 누리는 인간, 질병으로부터 해방된 생명과 신체를 의미한다. 미국 국립보건원은 2027년 인체 35조 개의 세포지도를 완성하고, 면역세포 분포 파악하여 면역항암제의 완성을 목전에 두고 있다. 바이오 포스트휴먼은 특별한 사람이 아니고 성형, 인공장기, 난치병 정복, 수명연장, 노화지연, 냉동보존 등을 통해 누구나 건강한 천수(100세)를 누리는 시대의 인류를 의미한다.
- **트랜스 포스트휴먼** 신체의 상당 부분을 인공신체와 장기로 교체하거나, 웨어러블 장비로 신체적 장애 극복하여 체력의 확장을 이룬 인간이다. 인공신체 센서, 로봇 애완동물, 청소기, 주방로봇을 활용한다.

표 6.1 포스트휴먼의 종류와 특징

단계	주요 특징	예측 시작연도
공통기본 조건	선진국 시민으로 이동과 의식주에서 자유	2000
바이오 포스트휴먼	바이오 기술, 천수, 생물학적 한계 의학, 백신접종, 바이러스 해결, 100세 건강 천수를 누구나 누린다.	2035, 암 정복
트랜스 포스트휴먼	기계와 결합, 사이보그	2050
포스트휴먼	휴머노이드 아바타, 디지털 영생, 가짜뉴스를 믿지 않는다.	2060
호모데우스	신과 동일한 레벨, 홍익인간, 언행일치, 새로운 사실 반영	2070

- **포스트휴먼** 가상인간으로 디지털 영생을 누리며, 필요 시 자신의 역할을 가상과 실제 공간에서 대행한다. 가상인간 캐릭터 트윈으로, 사실만을 믿는다. 가짜뉴스로부터 해방되어 새로운 정보를 습득하며, 융합종교, 언행일치, 로봇트윈, 자신의 모든 기록을 보유한다. 데이터만 신뢰하여, 능동적 정보인지 분별하는 능력을 가진다.
- **호모데우스** 포스트휴먼으로서 지구를 지배하는 것에서 나아가서 신의 레벨에 다다른 경지를 의미한다. 홍익인간의 철학과 언행일치, 새로운 사실을 즉시 반영한다.

2. 바이오 포스트휴먼

2024년을 기준으로, 104세인 김형석 교수는 아직도 전국으로 기차를 이용해서 강연을 다니고 있으며 91세인 이길여 가천대학교 총장도 현역에서 활동 중이라 많은 이들의 장수 모델이 되고 있다.[8,9] 생명공학의 발달로 모든 질병의 치료가 가능하게 되어 모두가 천수를 누리는 시대의 인류를 바이오 포스트휴먼이라고 한다.

노화의 원인을 파악하여 노화방지 및 줄기세포와 같은 세포 재생 의학을 통해 역노화를 가능하게 해서 30대의 몸으로 150세까지 살 수 있는 시대가 올 것으로 전망하기도 한다.[10] 미국 국립보건원에서는 2022년 뇌연구 프로젝트로 '브레인 이니셔티브'에 5억 불을 투자하여 2000억 개의 뇌세포를 연구

8 https://ko.wikipedia.org/wiki/김형석_(작가)

9 https://ko.wikipedia.org/wiki/이길여

10 "30대 몸으로 150살까지 사는 인류…'역노화' 해법 찾는다." 조선일보, 2023.12.6

한 후, 2027년에는 뇌세포 지도를 완성할 예정이라고 발표했다. 인간의 뇌는 쥐보다 1,000배 크며 10만 3982개의 뇌세포 지도를 통해서 기능적 분석이 가능하다.

뇌와 유전자의 전체 기능 파악은 AI의 도움으로 가속화될 것이다. KAIST와 MIT 연구팀은 전뇌투명화기술(SHIELD)을 이용해서 뇌세포를 시각화하는 데 성공했다.[11] 초고속전뇌면역염색기술(eFLASH)로 공포기억을 기억하는 뇌의 세포들을 파악하는 데 성공했으며, 하나의 기억이 뇌 전체에 분포 저장된다는 것을 알아냈다.[12]

공상과학 영화에서 나오는 것처럼 언젠가는 뇌에 저장된 전체 기억을 다운로드하고, 다운로드한 기억을 뇌로 업로드하는 것이 가능하게 될지도 모른다. 이런 일은 불가능하다고 믿지만, 불가능의 영역을 과학으로 해결한 사례가 너무 많기에 확언하기는 어렵다. 현재는 뇌를 '세뇌'하기 위해서 재교육, 재훈련 그리고 일부 공산국가에서 시행하는 인간개조에 해당하는 방법을 사용하기도 한다. 이러한 기술보다는 특정한 내용을 고속으로 학습시키는 기술이 더 빠르고 유효성이 높다.

이러한 뇌과학 기술의 발전은 과거에 과학수사가 없던 시절에 심문하는 방법이었던 "네 죄를 네가 알렸다"고 무조건 자백을 강요하는 인권 침해 수사와 '거짓말탐지기'와 같은 방법을 사용하지 않게 할 것이다. 그리고 반복해서 기억을 재현해서 검색하여 주요 특징만을 학습해서 다른 사람으로 빠르게 위장할 수 있다. 아카데미 작품상을 받은 영화 〈기생충〉(2019)의 명대사는 독도는 우리땅이라는 노래에 맞춰 "제시카는 외동딸 일리노이 시카고 과선배는 김진모 그는 니 사촌"의 제시카송에 잘 표현되어 있다.

---

11 "나의 기억저장 세포는 어디에 있을까," 동아사이언스, 2023.6.2일 기사

12 KAIST 박영균, MIT 공동연구팀, 2022

2023년 12월에 세계 최초로 유전자가위 치료제인 '카스케비(미국 제품명 엑사셀)'를 미국 FDA가 승인했다는 소식이 전해졌다. 종전의 기형 적혈구병 환자는 주기적 수혈이나 골수이식 외에는 치료가 어려웠으나 이 치료제를 사용하면 완치가 가능하다. 크리스퍼 유전자가위 기술은 3세대 유전자교정 기술로 2020년 노벨화학상을 받았는데 특정 DNA와 결합해서 특정 부위(결함을 가진 유전자)를 잘라내는 효소단백질로 골수에서 혈액줄기세포(조혈모세포)를 채취해서 유전자를 편집하여 몸에 이식하면 영구적인 치료효과를 보인다고 한다.[13] 이와 같은 살아있는 세포 속의 유전자를 마치 컴퓨터에서 워드프로세서로 자르고 추가하는 식의 편집기술은 우주선을 달에 착륙시키는 것만큼 획기적인 기술로 인류의 생명 연장에 큰 기여가 될 것이다.

3. 트랜스 포스트휴먼

트랜스휴먼(trans human)은 포스트휴먼으로 가는 과정에서 등장하는 인류의 모습으로 생명공학 기술에 의한 진화된 인류를 뜻하는 말로 주로 사용되고 있다.[14] 루게릭 질환의 스티븐 호킹은 손가락만 움직일 수 있었지만 특수 휠체어의 도움으로 교수로서의 활동을 지속할 수 있었다. 보통 손가락을 사용해서 마우스를 클릭할 수 있기만 해도 컴퓨터를 이용한 의사소통을 할 수 있다. 이러한 사례는 베르베르의 소설 『뇌』에서도 등장하는데, 이 세계의 동향을 모두 파악하고 제어하지만 살아있는 것은 오직 뇌뿐인 인간이 등장한다.

---

13 단 치료비가 26억 정도 소요된다고 한다.

14 이화여대 대학원에 학제 간 협동과정으로 "포스트휴먼협동과정"이라는 석사와 박사학위 과정이 개설되어 있다.

즉 인간은 뇌만 살아있어도 보조장치들의 도움으로 트랜스휴먼의 역할을 수행할 수 있음을 보여준다.

인간이 조종하는 로봇

1972년에 발표된 만화영화 〈마징가Z〉와 1976년의 〈로봇태권V〉는 모두 대형로봇이지만 사람이 탑승해서 조종하도록 되어 있다. 즉 인공지능을 가진 로봇 개념을 생각하지 않은 모델이었다. ㈜한국미래기술사는 2017년에 천억을 투자해서 두 발로 걷는 보행 로봇을 개발하였는데 사람이 탑승해서 조정하는 형식으로 세계 최대 크기의 로봇이다.

사이보그

사이보그(cyborg)는 사이버네틱스(인공두뇌학)과 유기체(organism)를 결합하여 만든 단어로;, 인간의 신체가 기계장치에 의해서 대체된 형태의 인간을 주로 의미한다. 손과 발이나 장기 등 일부만 교체된 경우보다는 주로 뇌만 살아 있고, 모든 부분이 기계로 대체된 경우를 의미하며, SF 애니메이션 〈공각기동대〉, 영화 〈로보캅〉이나 베르베르의 소설 『뇌』에 등장하는 인물이 대표적이다.

뇌공학 분야의 연구동향과 결과

뇌의 신호를 읽어서 의도(intention)을 감지하는 기술뿐 아니라 뇌를 제어하는 기술에 대한 연구도 활발하다.[15] 노스캐롤라이나 대학의 연구팀은 바퀴벌

---

15 Tahmid Latif, and Alper Bozkurt, "Line Following Terrestrial Insect Biobots," Proc. of Annual Int. Conf. on IEEE Eng. in Medicine and Biology Society, Aug/ 2012

레의 뇌와 연결된 제어장치를 부착해서 움직임을 제어하는 데 성공하였다고 발표했다. 뇌파(腦波, brain wave, neural oscillation)를 측정하는 다양한 장치(두피와 뇌속 전극 등)를 통해서 신호를 분석하여 건강상태뿐 아니라 인간의 감정까지 읽어내는 연구도 많이 진행 중이다. 뇌자도(腦磁圖, Magnetoencephalography, MEG) 장치를 이용해서 신호를 읽어내기도 한다.

BCI(Brain Computer Interface) 기술이 완성되면 운전자의 생각으로 자동차를 운전할 수 있으며 독일의 베를린 자유대학교에서 현재 장애인을 위해서 연구 중이다. 마비된 팔이나 다리를 BCI 기술을 이용해서 움직이는 데 성공하기도 했다. 스위스 로잔공대에서는 뇌와 척수를 연결하는 무선 브리지 장치를 이용해서 하반신 마비 환자를 걷게 하는 데 성공하기도 했다.[16]

일론 머스크가 설립한 뉴럴링크사는 2021년 원숭이의 뇌에 2,000개의 센서를 가진 2개의 칩을 심어서 게임을 하는 실험을 수행했다.[17] 그러나 23마리의 원숭이 중에서 7마리만 생존하여 동물학대라는 논란이 일기도 했다. 그동안 미국 식품의약청(FDA)은 안전 문제로 인간에 대한 뇌에 칩을 이식하는 연구를 금지해 왔으나 2023년에는 맹인이나 뇌성마비 환자에 대해서는 승인했다.

2023년 12월 18일 시드니대학팀은 MRI나 임플란트 장치 없이 오직 EEG 뇌파 신호만을 가지고 어떤 단어를 생각하는지 인식하는 실험에 성공했다고 발표했다. 아직 정확도는 40% 수준에 불과하지만 29명의 사람에게 단어 연상에 다른 EEG 신호를 읽어서 학습하여 결과를 얻어낸 것이다.[18] 아직 초기 단계에 불과하며 생각을 읽어내는 수준이 도달하려면 오랜 시간이 요구될 것으로 전망된다.

---

16 "12년 전 척수 다친 하반신 마비자, 기적적으로 다시 걸어… '이 장치' 덕분," 조선일보, 2023.5.26

17 https://neuralink.com/

18 https://newatlas.com/science/braingpt-word-thoughts-text/

인간의 뇌 속에서 일어나는 미세한 정보를 감지할 수 있다면 인간의 감정을 자동으로 파악할 수 있으며 심지어 어떤 생각을 하고 있는지 인식하는 것도 가능할 수 있다. 그러나 아직은 충분한 연구 결과가 없으며 무척 다행한 일일 수도 있다. 열 길 물속은 알아도 한 길 인간의 마음은 모르기에 사상의 자유가 보장되는 것이며, 생각이야말로 프라이버시의 핵심이기 때문이다.

브루투스에게 죽은 카이저나 오다 노부나가, 알렉산더를 보면 가장 가까운 측근의 배신으로 1인자가 무너지는 역사가 많다. 생각을 달리 먹었다는 것을 뇌파로 쉽게 확인할 수 있다면 역사 속의 비극은 감소했을 것이다.

4. 디지털 영생을 위한 데이터

늙지 않고 영생하려는 인간의 욕망은 역사 속에서 다양한 형태로 나타나고 있으며 선진국의 국민들에게는 최대 관심사다. 유한한 생명체의 인간으로서 역사 속에서 생명을 연장하려는 많은 노력이 있었으며 다음과 같은 예가 있다.

- 진시황은 불로초를 구하기 위해서 서불(徐市) 일행을 삼신산(三神山)으로 보냈다. 삼신산의 하나는 제주도 한라산으로 서귀포의 정방폭포 옆 서복 전시관에는 '서불과지(徐市過之)'라는 암각문이 지금까지 전해진다.
- 1600년 헝가리왕국의 백작 부인이었던 바토리 에르제베트는 수백 명의 소녀들을 살해한 후에 피로 목욕을 했는데 그 이유는 젊어지기 위해서였다.[19]

19 https://ko.wikipedia.org/wiki/바토리_에르제베트

- 각종 의약품, 호르몬제, 안티에이징 화장품 등이 개발되고 있으며 오늘날의 피부과는 질병 치료보다는 미모와 노화 방지에 더 집중하고 있다.
- 판타지 드라마로 제작된 〈환혼〉(2022)의 내용 중에는 영혼을 젊은 육체로 옮겨서(환혼법) 영원히 죽지 않고 사는 방법이 주요 소재로 등장하고 있다.

죽지 않고 오래 살려는 이 모든 노력에도 불구하고 변하지 않는 사실은, 생명을 가진 생명체는 언젠가는 죽는다는 것이다. 물론 오늘날의 유전공학으로 인해서 DNA를 복제해서 복제 생명체를 만들 수는 있지만 이전 생명체가 가지고 있었던 의식은 유전되지 않으므로 물질만의 복제로 영생의 한계가 있다.

역사시대와 기록 정신

"진실을 말한다면 어떤 것도 기억할 필요 없다." – 마크 트웨인

힌두교와 불교에서는 사람이 죽으면 35일째 되는 날 염라대왕의 심판을 받는다고 한다. 염라대왕이 가지고 있는 업경대(業鏡臺)에 사람을 비추면 그 사람의 일생이 영상으로 나타나서 선과 악을 보고 판단하여 천상에 올라갈 수 있는가를 판단한다. 즉 일생의 모든 행동이 어딘가에 기록으로 남는다는 가정을 하고 있다. 이렇게 사실이 기록이 된다면 오늘날의 자서전처럼 자신의 흑역사를 모두 삭제하고 오직 미화만 하는 일은 발생하지 않을 것이다.

모든 통화기록을 저장할 수 있는 시대에는 도청기가 필요 없다. 그러나 미국 유럽의 국가들에서는 상대방의 동의 없는 녹음이 불법으로 금지되어 있

다.[20] 또한 적법한 절차에 의하지 않고 도청 등의 방법으로 확보한 데이터는 증거로 인정하지 않기도 한다.

사실만으로 국가가 운영되기 위해서는 1차적으로 기록을 충분히 유지하는 것이 중요하다.

- **글로벌 웹사이트 아카이브** 미국의 인터넷 기록보관소인 아카이브(archive.org)에는 지금까지 공개된 웹사이트에 대해서 시간대별로 변화하는 전체를 저장하여 보관하고 있다. 국내에서는 국립디지털도서관을 개관하여 운영 중이지만 웹사이트 전체를 저장하고 있지는 않다.
- **조선왕조실록** 승정원일기와 더불어 조선은 사관을 두어서 왕의 모든 행동과 말을 기록했다. 그리고 자신을 포함한 왕조실록의 기록을 왕조차 볼 수 없도록 철저히 사실만을 남겼다. 현대에는 디지털 기기를 이용하면 저렴하게 구축할 수 있으므로 전통을 이어받아서 고위공직자에 모두 적용한다면 우리는 부정부패 없는 최강국이 될 것이다.
- **역사를 기억한다** 캐나다 퀘벡주의 자동차번호판 아래에는 "나는 기억한다(je me souviens)"라는 문구가 있다. 프랑스 영토였으나 영국과의 전쟁에서 패하여 영국 식민지가 되었다는 역사를 잊지 않겠다는 각오로 애당초 주청사 벽에 기록된 문구였으나, 자동차번호판으로 퍼진 구호이다. 용서할 수는 있어도 잊지는 않는 것이 가장 무서운 보복이다. 911 테러로 무너진 현장에는 지하로 떨어지는 분수대를 설치해서 음향효과를 통해 잊지 않도록 조형물을 설치했다. 물론 테두리에 사망자의 명단을 새겨서 추모의 공간으로도 사용 중에 있다. 중국에서는 6주 동안 30

20 전 세계에서 유일하게 카메라 셔터음 의무화법을 만드는 대한민국에서 왜 다른 나라에서는 금지하는 통화녹음 금지법을 통과시키지 않는지 의문이다.

만 명이 학살된 사건을 기억하기 위해서 남경 대학살 기념관을 설립하였으며 입구에 "과거전사불망 후사지사(前事不忘 後事之師)" 즉 과거를 잊지 않음은 미래의 스승이 되기 때문이다는 글을 적어놓았다.

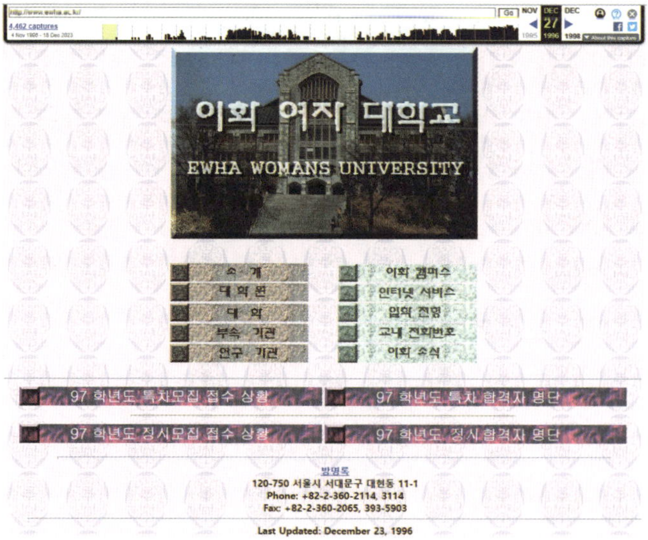

그림 6.2 Archive.org에서 검색한 www.ewha.ac.kr의 1996년 12월 27일 화면 검색 예

기록 자체도 중요하지만 정확한 사실을 기록해야 한다. 특히 자서전과 역사서들은 흑역사는 지우거나 왜곡해서 기록하는 경향이 있다. 공식 기록에 없는 진실의 경우는 민간에 구전되거나 개인의 저술에 담긴 야사와 야담과 전설이 오히려 진실을 담고 있는 경우도 있다. 일본의 동경대지진 때의 한국인 학살, 중국의 대약진운동에 따른 아사자, 문화혁명으로 인한 참극, 소련의 집단농장제에 따른 곡창지대 우크라이나인의 아사사건 등은 공식기록에 남아 있지 않고 목격자들과 개인 기록들에 의해서 전해지고 있다.

AI는 인류의 모든 자산을 기록으로 저장하여 후세에 영구적으로 전달할 것이다. 단순히 기록의 전달에서 그치지 않고, 요약과 정리까지 해서 그림과 만화, PPT 등 다양한 형식으로 가공해 다국어로 전달할 수 있다. 영화로 보고 싶다면 원하는 주인공들을 넣어서 만드는 것도 가능하다.

현재 AI의 생성 컨텐츠에 대한 저작권 문제가 논의되고 있으나 곧 인류가 만든 컨텐츠보다 AI가 만든 컨텐츠가 압도적인 비중을 차지하게 될 것이며 그렇게 되면 저작권 논란은 무의미하게 될 가능성이 높다. 특히 유료서비스가 아닌 오픈 AI 서비스의 등장은 공공복리에 기여하는 인류의 자산으로 여겨질 것이며 위키피디아처럼 개인의 자발적 재능 기부 형식으로 오픈 컨텐츠가 누적될 것이다.

기록을 남기는 포스트휴먼

모든 기록을 남기는 것이 포스트휴먼이다. 다음 그림은 개업부터 현재까지 음식의 가격변동 내역을 공개한 사례를 보여준다. 수백 년의 업력을 가진 식당이었다면 더 의미있고 가치 있는 기록일 것이다.

"호랑이는 죽어서 가죽을 남기고 사람은 죽어서 이름을 남긴다"라는 속담이나, "바람처럼 왔다가 이슬처럼 갈 순 없잖아 내가 산 흔적일랑 남겨둬야지"라는 조용필의 노래 〈킬리만자로의 표범〉 가사처럼 살아간 흔적을 남기는 것이 사람이고, 그중에서도 자신의 이름이 가장 중요하다. 선조들은 명예를 위해서 목숨을 바치기까지 했다. 그러나 임진왜란이 일어나서 분연히 일어선 의병장들에 대해서 선조는 그 공을 높이 평가하지는 못할망정 조명(釣名)이라는 말로 폄훼했다. 이름을 남기기 위해서 싸움에 나섰다는 것인데, 대의명분을 위한 일이면 장려해야 마땅한 일이지 깎아내릴 것이 아니다. 결국 이와 같은 선조의 정책으로 병자호란 때는 의병들이 나서지 않았다.[21]

---

21 의병 활동을 하면 노비들을 면제시켜준다는 약속을 어긴 것도 원인의 하나다.

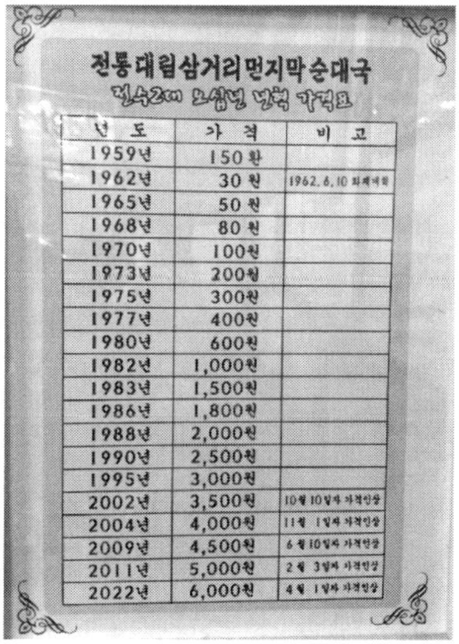

그림 6.3 1959년부터 현재까지 가격의 변화를 모두 기록으로 남겨서 공개한 한 식당 예

디지털 영생을 위해 필요한 데이터를 들면 다음과 같다.

- **본 것** 보았던 모든 것의 기록을 가지고 있으면 한 사람의 시각으로 학습한 내용 전체를 알 수 있으며 가치관을 이해하는 데 사용될 수 있다. 다만 목불인견(目不忍見)이라는 말과 같이 보지 않아야 할 장면은 있으며 특히 아이들에게 보이지 않는 장면과 공중파에서 절대로 방송하지 않아야 하는 장면 등 정서적으로 보지 않는 것이 나은 장면들도 많다.[22]
- **들은 것** 귀를 통해서 들었던 모든 기록을 의미하며, 좋은 소리를 듣는 것은 중요하다. 음악이 치유로 활용되며 정서 함양에 도움이 된다. 태교에서도 음악이 중요하며 오늘날에는 ASMR(Autonomous Sensory Meridian

22 그러므로 북한의 공개처형이나 이슬람 IS의 포로 처형 현장을 비디오로 유튜브에 공개하는 것은 금지시켜야 한다.

Response)도 유행이 되어 많이 퍼지고 있다. 대표적인 ASMR로는 장작불 타는 소리, 음식 조리하는 소리, 비, 바람, 파도 같은 자연의 소리 등이 있으며 약간의 생활 저소음 소리가 오히려 집중에 도움이 되기도 한다. 그러나 층간 소음이나 대중교통에서의 대화 소리 등에 심한 규제와 분쟁이 되기도 한다.[23]

- **말한 것** 특정인의 음성을 학습해서 복제하기 위해 어느 정도의 음성 분량이 필요할까? 음성 복제 전문기업인 마이보컬(MyVocal.ai)사는 "The craftsmen took care of that beautiful form."와 같은 25개의 짧은 문장을 제시하고 이것만 녹음해서 업로드하면 음성 복제가 가능하다고 한다. 데이터가 많을수록 더 정교한 음성 복제가 가능하다.
- **먹은 것** 우리나라에서 시작한 **먹방**(Mukbang)이란 음식을 먹는 것을 촬영해서 공개하는 것을 말하며 처음에는 이상하게 보였지만 오늘날 세계에서 유행이 되었다. 자신이 평생 먹은 것을 기록한다면 좋아하는 음식, 영양 상태, 건강 및 취미(여행지 등)를 모두 알 수 있다. 이제는 식사 전에 사진부터 찍고 먹는 것이 문화가 되었다.
- **글 쓴 것** 자신이 지금까지 작성한 글들을 의미한다. 학교에서 과제물을 만든 것을 포함해서 일하면서 만든 문서도 있고, 개인적인 일기 및 블로그, SNS의 글들이 있다. 이 데이터를 통해서 개인의 철학과 능력 등을 판단할 수 있다. 컴퓨터 입력으로 글을 쓰다 보니 오늘날 손글씨는 거의 사용되지 않고 있지만, 과거에는 글씨체를 보아도 개성 등 많은 것을 알 수 있었다. 서명 등에서는 아직 손글씨를 요구하고 있기도 하다. '갊', '휑'과 같은 지정된 80자의 손글씨를 사용해서 복제 글꼴을 생성해

23 80년대에는 기차에서 단체로 여행가면서 합창하는 일이 많았었다.

주는 온글잎(ownglyph.com)이라는 서비스도 있다.

- **만난 사람들 및 대화** 만났던 모든 사람과 함께 나눈 대화 전체 기록을 의미한다. 개인의 교우관계와 사회관계 전체를 파악할 수 있으며 가치관과 인성 등을 알 수 있다. 물론 사랑했던 사람에 관련한 정보가 가장 중요하다.
- **가본 곳** 평생 가본 곳에 대한 모든 기록을 의미한다. 구글의 내지도(mymaps.google.com) 서비스를 통해서 자신이 방문했던 관광지와 음식점 등 모든 곳을 쉽게 표시할 수 있다.

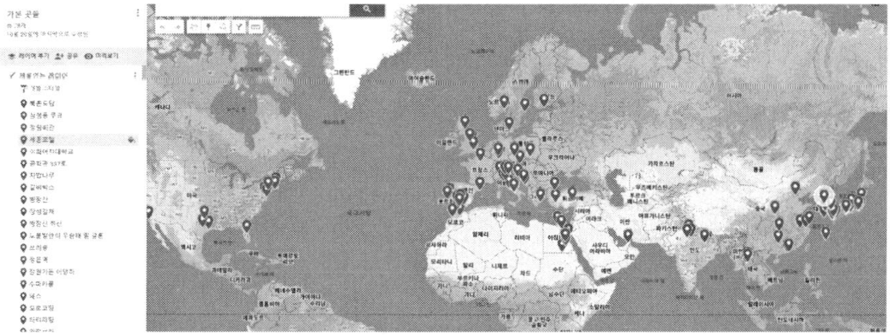

그림 6.4 구글 내지도 서비스를 이용해서 방문한 곳을 표시한 사례

- **해본 것** 스포츠, 레저, 레크리에이션, 악기, 등산, 스킨스쿠버, 요트, 마술 등 다양한 체험활동의 전체 기록을 의미한다. 동작과 제스처, 가수의 안무 커버 댄스 등도 포함할 수 있으며 동작과 제스처를 복제하는 데 활용된다. 아직 동작과 제스처를 복제하는 기업은 찾지 못했으나 곧 등장할 것으로 전망된다.
- **동작과 표정 복제** 얼굴의 표정(facial expression)을 통해서 우리는 다양한 감정을 드러낸다. 특정인의 표정 또한 복제할 수 있으며 가상인간을

모델링할 때 사용하기도 한다. 언리얼 엔진(https://www.unrealengine.com/)사는 표정을 인식해서 복제하는 SW를 2023년에 발표한 바 있다.

- **자신의 신체에 대한 3D 스캐닝 데이터** 가능하면 성장 과정 전체가 복원이 가능하도록 10년 단위의 데이터 및 손과 발에 대한 세부 3차원 스캐닝이나 모형 자료가 필요하다.

이러한 모든 개인의 기록을 확보하는 구체적 방법을 생각해보아야 한다. 일생의 기록을 남기는 데 오늘날의 기술과 장비는 방대한 비용을 요구하지 않는다. 24시간 휴대하는 카메라 1대만 있으면 가능한 일이다. 카메라에 담긴 비디오를 통해서 우리는 위에서 나열한 모든 정보를 추출할 수 있다. 결혼식과 같은 특정한 이벤트에만 기록하던 비디오를 오늘날에는 걸으면서, 먹으면서, 대화하면서 모두 기록하고 생중계하기도 한다. 히말라야와 같은 산을 오르면서 기록한 영상을 통해서 간접체험을 할 수 있다.

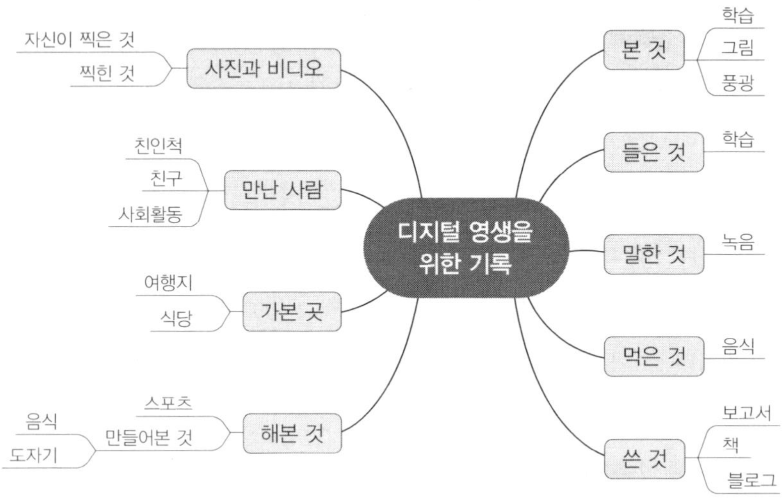

그림 6.5 디지털 영생을 위해서 필요한 데이터

자신이 촬영한 모든 사진과 비디오를 통해서 그 사람에 대한 많은 정보를 알 수 있다. 지금까지 만났던 모든 사람과 가본 곳, 먹은 것, 해본 것을 파악할 수 있다. 또한 개인이 타인이나 자동카메라에 의해서 촬영된 것을 포함하면 객관적인 영상을 볼 수도 있다. 그리고 자동차의 블랙박스 카메라는 이동 중의 영상 기록을 가지고 있다.

디지털 영생과 잊힐 권리

포스트휴먼은 디지털로 영생한다. 그러기 위해서는 상당 분량의 일생을 기록해야 한다. 수동기록이 아니고 자동기록의 형식이 될 것이다. 물론 원하는 사람은 잊힐 권리도 제공되어야 하며, 기억과 망각의 선택은 후손들에게 맡기는 것이 바람직하다.[24]

잊히는 것도 중요하고 망각도 중요하다. "세월이 약이다"라는 말처럼 잊고 사는 것은 정신건강에 좋다. 그러나 인간이 한번 알게 된 것을 잊기는 쉽지 않다. 즉 기억하기도 쉽지 않지만 잊는 것은 더욱 어렵다. 인간의 이와 같은 놀라운 기억력은 역사 속에서 많은 비극을 가져왔는데 몇 가지를 들면 다음과 같다. 인간에게 DNS 가위처럼 특정 기억을 편집해서 삭제시키는 기능이 있었다면 이러한 비극은 없었을 것이다.

- **황제의 무덤** 칭기즈칸 등 왕이나 황제의 경우 자신의 무덤 위치를 숨기기 위해서 무덤을 조성하고 장례 행렬에 참여한 사람을 모두 죽였다고 한다. 피라미드가 사라진 것은 무덤의 위치가 공개되어 도굴되었기 때문이다. 이집트 왕가의 계곡 깊은 땅속에는 역대 파라오의 무덤이 숨

24 법정 스님의 유언은 자신이 저술한 모든 책의 절판이었다. 그러나 책 1권만은 남기기로 했다.

겨져 있다고도 한다. 그래서 도굴되지 않은 채 남은 유일한 파라오 '투탕카멘'의 무덤이 발견되자 큰 화제가 되었다.

- **특정한 사실을 알고 있다는 이유** 범인의 얼굴이나 절대로 숨기고 싶은 사실을 알고 있다는 이유로 증거를 없애기 위해서 살해하는 장면을 영화나 드라마에서 볼 수 있다. 단지 한 가지 사실을 알고 있다는 것만으로 목숨과 바꿔야 한다는 것은 그 사실이 아무리 중요하다고 해도 지나친 것이다.

위대한 고인들과 경쟁해야 하는 시대

산 사람과 경쟁하는 것도 쉽지 않은 일인데 탁월한 업적을 낸 역사 속의 엄청난 인재와 끝없는 경쟁을 하는 것은 더 어려운 일이다. 예를 들어 만화가 이현세가 지금도 계속 새로운 작품을 만들고, 셰익스피어도 소설을 창작한다면 후세의 예술가들의 활동 무대는 줄어들 것이다. 그러므로 시간과 함께 세대교체를 통해서 "새 술은 새 부대에 넣는 것"과 같이 새로운 세대가 세상을 맡아서 책임을 지고 사는 것이 순리다. AI로 인한 디지털 영생은 인간 수명을 넘은 활동을 의미하며 세대교체는 늦어지고 우리가 경쟁해야 할 사람이 동시대의 사람뿐 아니라 과거의 사람을 포함할 수 있게 된다. 죽은 공명이 산 중달을 이기는 일이 비일비재하게 벌어진다는 것을 의미한다.

5. 가짜뉴스를 믿지 않는 포스트휴먼

오직 사실만을 접하고 사실에 입각해서 모든 결정을 하는 것은 바람직한 일이다. 청나라의 고증학과 양명학 그리고 실사구시의 실학, 서양의 과학이 모두 동일한 철학에서 출발했다. 그러나 인간은 과학이 아닌 비과학과 가짜뉴스를 접하고 믿는 경향을 없애지 못하고 있다.

사실만을 믿는 인간은 과거엔 제왕들만이 가능했다. 왕 앞에서 거짓을 전달하는 사람은 죽음으로 그 대가를 치렀다. 오늘날엔 법정과 국회의 증언대에서 사실과 다른 말을 하는 경우 위증죄로 처벌을 받게 된다.[25]

가짜뉴스를 더 신뢰하는 이유

가짜뉴스가 범람하는 데는 여러 가지 이유가 있는데, 인간의 심리적인 측면도 중요하다. 가짜뉴스는 인간이 필요에 의해서 만들어 내는 것이다. 만우절을 만들고 짝퉁이나 '의도된 거짓말'이 나름의 필요성을 가지고 생성되는 것과 같은 이유로, 가짜뉴스의 생산은 감소되지 않는다.

- **가짜의 가치** 유신론자가 지속하는 이유에 대해서 진화론으로 설명하기도 한다. 신의 존재를 믿는 신앙인이 무신론자보다 더 생존율이 높아서 진화적으로 성공하기 때문이라는 것이다. 산불이 났다는 소식에 일단 믿고 대피한 사람이 진짜인지 가짜인지 파악을 하고 나서 대피하는 사람보다 안전할 확률이 더 높다. 즉 가짜뉴스일지라도 믿는 사람, 즉 신념을 가진 사람이 성공할 가능성이 있다. 점쟁이들의 말을 듣고 불운에 대해서 미리 염려하는 것만으로도 혹시 모를 불운을 막을 수 있는 것과 같다. 불편한 진실보다는 달콤한 가짜뉴스가 자신의 기존 신념과 가치관을 더 강화시키는 말이기에 신뢰한다. 흑역사는 알고 싶지도 보고

25 2023년 12월에 방영중인 고려거란전쟁에서 거란의 황제에게 고려의 황제는 강감찬의 계략에 따라서 '거짓 항복표문'을 올리는 장면이 나온다. 거란의 황제는 속았다는 사실에 분노해서 침공을 강화한다.

싶지도 않은 현실이고 잊고 싶은 심리가 작용한다.

- **불행을 더 신뢰** 행운과 불행을 예언하는 점쟁이의 말 중에서 불행을 더 신뢰한다. 그래서 불행을 막기 위해 필요한 부적을 지니거나 굿을 해서라도 막으면 다행이고 "밑져야 본전" 같은 개념으로 신뢰하는 것이다. 즉 행운은 오지 않아도 그만이지만 불행은 와서는 안 되는 것이다.
- **머피의 법칙** 머피의 법칙이란 하려는 일이 원하지 않는 방향으로만 진행되는 현상을 의미한다. 잘 되는 경우는 그냥 지나가지만 우리의 기억은 잘되지 않는 경우를 더 깊이 새기므로 머피의 법칙이 맞다고 심리적으로 생각하기 때문일 뿐이다. 실제 머피의 법칙은 없다.
- **점집와 예언가가 맞는 이유** 10가지 예언 중에서 모두 틀리고 한 가지만 맞아도 우리는 맞은 것만을 기억하기에 쉬이 신뢰한다. 또 점괘에서 좋은 것은 신뢰하지 않고 불행한 점괘의 결과가 더 크므로 신뢰를 부여하는 것과 같다.
- **귀이천목(貴耳賤目)의 편견을 가진 인간** 귀로 듣는 것을 더 높이 평가하고 눈으로 보는 것을 낮게 보는 편견이 있다는 뜻으로 남으로부터 말로 전해 듣는 정보를 자신이 눈으로 본 것보다도 더 진짜라고 믿는 경향을 의미한다. 자신이 직접 본 것을 더 사실로 믿기보다 감언이설에 속기 쉽다는 어리석은 경향을 의미한다. 한편 내부의 건의나 충고는 무시하고 외부의 의견에 귀를 기울이고, 국산품보다 외산품을, 국내 학술지와 학자보다는 다른 나라의 학술지와 학자를 높게 평가하고, 남의 떡이 더 커보이는 것이 다 이에 해당한다. 우리나라의 경우 작은 나라여서 사대주의가 심해서 이런 경향은 더 크다. 오늘날 한류가 세계에 퍼져서 다른 나라에서 우리나라의 한옥과 생활 문화 등 여러 가지를 높게 보는 것은 그나마 다행한 일이다.

- **트루시니스(Truthiness)** 진실이 아닌 것을 잘 알면서도 진실이라고 믿고 싶은 사실을 트루시니스라고 한다. 오늘날 가짜뉴스의 상당 부분은 사실이라고 생각하고 싶은 것을 만들어서 믿는 것이다. 판타지를 좋아하는 경향처럼 마술이 거짓임을 알면서도 즐거워하고 놀라며 감탄한다. 그리고 실제로 초능력과 마술이 있기를 바라는 마음과 결합해서 트루시니스는 확장된다.
- **가짜가 더 아름답고 재밌다** 다큐멘터리도 나름 재미있지만 재미 요소를 가미한 소설과 영화가 훨씬 재미있을 수밖에 없다. 삼국지 정사보다 이를 각색한 삼국지연의가 재미있는 것과 같다. 진짜는 원재료와 같이 심심한 맛이지만 어울리는 적절한 양념을 가미하여 조리하면 더 맛있어진다. 산수국에 있는 진짜 꽃보다 벌과 나비를 유혹하기 위해서 변형된 가짜 꽃이 있어서 아름답다. "사람의 눈은 아름다운 모습을 좋아하고 귀는 흥겨운 소리를 선호하며 입은 고기의 맛을 추구하고 몸은 편안과 쾌락을 원하며 마음은 이것을 남에게 자랑하고 싶어한다"라고 사마천은 말했다.[26]

트루시니스의 강화와 편향을 극복하는 법

트루시니스는 소통의 확대에 따른 상호이해와 사실 정보의 접촉으로 감소될 것으로 예상했으나 오늘날 더 확대되고 있어서 사회문제가 되고 있다. 그 이유는 SNS를 통해서 비슷한 생각의 사람끼리 뭉치면서 상호 간 동일한 가치의 정보를 주고 받고, 이로 인해 가짜를 더 사실로 강화되기 때문이다. 그리고 SNS의 추천 알고리즘은 좋아하거나 즐겨 보는 내용, 선호하는 것만을

26 사마천의 『사기』, 『화식열전』에 나오는 구절이다.

우선적으로 추천하기 때문에 다른 의견은 접할 기회가 없게 된다. 오히려 컨텐츠 다양성이 줄어들면서 "우물 안의 개구리" 현상이 확대되는 것이다.

- **다양성을 위한 노력** SNS에서는 다른 유형의 컨텐츠와 친구들을 추천해서 상대방의 의견도 들어보는 기회를 늘리도록 해야 한다. 정책적으로 다양성 확대를 통한 다문화를 추구하는 것과 같다. 유연한 사고와 글로벌 시티즌을 지향하도록 해야 한다. 방송연예프로 〈비정상회담〉과 같이 각국의 대표 출연진을 통해서 여러 나라의 문화를 비교하는 것은 큰 도움이 되며, 여러 나라를 여행하는 프로그램은 문화비교를 통한 여러 가치관을 접할 수 있어서 바람직하다.[27]
- **적극적 팩트 체크** 자신이 새로 접한 뉴스에 대해서 사실 여부를 수시로 할 필요가 있다. 언젠가는 사실만을 전해주는 AI 뉴스가 서비스될 날이 올 것이며, 인간의 뉴스 생산은 금지되고 오직 로봇에 의한 뉴스만 전달될 수도 있다.
- **종교 편향의 극복** 세계는 종교를 기준으로 나누어져 있고 2023년 현재에도 종교로 인한 분쟁은 끊이지 않는다. 현대 비교종교학자 막스 셀러는 "하나의 종교만 아는 것은 아무 종교도 모르는 것이다"라고 하였다. 편향에서 가장 큰 비중을 차지하고 있는 종교 편향을 극복하기 위해서는 다른 종교에 대해서 이해하는 것이 필요하다.
- **세렌디피티의 힘** 세렌디피티는 의도하지 않게 우연히 얻게 된 성과를 의미한다. 목적지를 정하지 않고 떠나는 여행 같은 것으로 서점에서 책을 발견하듯, 컨텐츠의 발견도 우연에 의해서 오래도록 찾던 것을 발견

27 〈세계테마여행〉, 〈태어난김에 세계일주〉, 〈꽃보다 할배〉 등 여행 프로그램의 가치는 다양한 문화를 접하는 것이다.

할 수 있다. 기회는 우연히 찾아오지만 잡는 사람은 미리 준비되어 있어야 한다. 매일 새로운 명언을 추천해 주는 "오늘의 명언" 서비스와 같이 랜덤하게 다양한 접촉이 일어나도록, SNS나 추천시스템에서 관련 기능을 체계적으로 제공하는 것이 필요하다.

가짜뉴스의 사례와 이유

가짜뉴스가 SNS와 인터넷에 널리 퍼지면서 온 사회가 시끄러워졌다가 흐지부지되는 사례가 많아지고 있다. 방송낭비와 함께 심적 스트레스를 유발하는데 주로 '키보드 워리어'들에 의해서 또는 '관종'을 목적으로 증가하고 있다. "아름다운 것은 주목을 끌려하지 않는다(Beautiful things don't ask for attention)".[28]

- **채선당 임산부 폭행사건** 2012년 식당 체인점인 충남의 채선당에서 임산부가 폭행을 당했다는 게시글로 벌어진 일로 채선당 체인점 전체가 불매운동으로 경영이 악화되었으나 경찰이 CCTV를 조사한 결과 전혀 그런 일이 없었다는 것이 나중에 밝혀졌다. 가짜뉴스는 정상적인 업소들 전체를 폐업으로 만들 수 있었으나 다행히 CCTV에 기록이 남겨져서 진실이 밝혀졌다.
- **푸드코트 화상테러 사건** 2012년 푸드코트에서 한 여성이 아이에게 국물을 쏟아서 화상테러를 하고 그냥 도주했다는 글이 한 게시판에 올라와 논란이 되었다. 당시 여성이 경찰서에 출두해서 CCTV를 확인한 결과 사실은 아이가 뛰어다니다가 국물을 들고 있는 여성과 부딪혀서 쏟

28 2013년 개봉 헐리우드 영화 〈월터의 상상은 현실이 된다〉의 대사.

아지게 된 일로 밝혀졌다.

- **240번 버스기사 하차 사건** 2017년 9월에 240번 버스기사가 3살 아이만 내린 상태에서 하차 요청을 무시하고 출발해 엄마가 다음 정거장에 내렸다는 게시글로 촉발되어 해당 기사가 곤경에 처한 사건(7일 동안 비난글로 출근을 못함)으로 비난 여론이 들끓었지만, CCTV 확인 결과 모두 사실과 다른 것으로 판정이 났다.[29]
- **정치인의 트위터 계정폭파 사건** 2012년에 한 정치인은 자신의 트위터(현 X) 계정이 정지되었으며 이는 반대파들의 집중공격으로 소위 계정폭파된 것이라고 발표했다. 그러자 트위터 담당자는 다른 사람들의 공격(실제로는 신고)으로는 계정이 정지되지 않는다고 발표했다. 실제로는 연예인들의 경우에도 악플러들의 공격으로 계정이 정지되며 필자가 직접 실험해서 확인했고, 또 트위터의 공식 안내문에도 계정이 정지된다고 되어 있다.

가짜뉴스를 믿지 않는 방법

우선 가짜뉴스를 없애는 일은 쉬운 일이 아니다. 인간은 소설 쓰기를 좋아한다. 또한 착한 거짓말(white lie)도 있으며 여러 가지 이유로 인간이 스스로 가짜뉴스를 만들어 낸다. 가짜뉴스가 오히려 더 재미있고 믿고 싶도록 만들기 때문에 믿지 않는 것이 어려울 수 있다. 마술은 눈속임이지만 실제 현장에서 보면 속임수를 이해할 수 없기 때문에 놀라운 것과 같다.

그러므로 가짜뉴스를 믿지 않는 것은 쉬운 일이 아니다. 또한 우리는 재미로 만우절을 만들어서 속이는 놀이를 하기도 한다. 초지능 AI는 가짜뉴스를

29 https://namu.wiki/w/240번 버스 사건

판별하는 데 큰 도움을 줄 수 있을 것으로 기대하며 포스트휴먼은 오직 진짜만을 믿어야 한다.

- **과학을 신뢰** 과학적 사실을 믿어야 한다. 물론 과학이 모두 사실은 아니다. 새로운 과학에 의해서 과거의 과학은 거짓으로 판명이 되기도 하지면 그 시점에서는 인간이 믿을 수 있는 최선인 것은 분명하다. 그리고 과학은 다수결로 결정되는 것이 아니다. 민주주의처럼 투표로 결정할 수 없고 오직 실험에 의해서 검증되어야 한다.
- **사실은 민주주의가 아니다** 단 한 사람이 진실을 이야기하고 대다수가 거짓을 말할 수도 있다. 그러므로 누구의 말이 진실인가는 신뢰도에 따라서 다르고, 선택을 현명하게 할 필요가 있다. 다수가 옳다고 진실은 아니다. 이순신의 친일행적에 따른 사형에 왕과 그를 천거한 유성용조차 99명이 찬성했지만, 이원익 한 명이 반대해서 백의종군을 했다. 특히 이데올로기, 정치, 종교, 국수주의 등 집단심리가 옳은 것은 아니다. 종교가 과학과 충돌에서 진 사례는 무수히 많다. 천동설과 지동설, 진화론과 창조론이 대표적인 사례다.
- **전문가라고 다 믿어서는 안된다** 역사가 헤로도토스는 이집트에 가서 적은 책에 노예들을 동원해서 피라미드를 건설했다고 했으나 나중에 밝혀진 기록에 따르면 나일강이 물에 잠기는 홍수기를 활용해서 일반 백성에게 적절한 임금을 주고 건설한 것이었다. 즉 정통 학자들이라고 모두 사실은 아니며 역사의 해석에는 오류가 많다. 특히 한국의 고대사는 진실과 거리가 멀다. 고녕가야는 함창이지 진주가 아니다. 그리고 고구려의 첫 도읍과 안시성과 살수, 패수, 낙랑의 위치는 아직도 여러 가지 학설이 많으며 교과서에 나온 위치가 사실로 밝혀지지 않았다.

진실을 밝히려는 싸움

간디의 기념관 건물 입구에는 "진실이 나의 신(Truth is my God)"이라는 문장이 새겨져 있다. 그러나 진실이 항상 거짓을 이기는 것은 아니다. 진실이 거짓을 이길 수 있고 진실을 강력하게 밝히고 지지하는 사람들이 있어야만 가능한 일이다. 역사는 진실을 밝히려는 인간의 노력으로 채워져 있다고 볼 수 있으며 대표적인 사례로 프랑스의 드레퓌스와 에밀 졸라 사건을 들 수 있다.

1894년 프랑스를 뒤흔든 세기의 사건으로 유대계 프랑스 군인 드레퓌스를 스파이로 판결해서 무기징역으로 프랑스령 기아나에 있는 악마의 섬(Île du Diable)로 보냈으나 1906년 무죄선고로 복귀했다. 1898년 프랑스의 대문호 에밀 졸라의 기고문("나는 고발한다"로 시작한다)은 재심을 유발하는 계기가 되었으나 졸라는 영국으로 망명까지 떠나고 귀국해서 결국 암살되는 비운을 맞았다. 우리나라의 모임에서 종교와 정치 대화를 금지하는 것과 같은 이유로 당시 프랑스에서는 모임에서 절대 금지하는 대화의 주제가 드레퓌스였다고 한다. 그는 "진실은 전진하고 있고, 그 무엇도 그 발걸음을 멈추게 하지 못하리라."라는 말을 남겼다.[30]

인류 문명은 진실과 인권을 증진하는 방향으로 발전해 왔으며 이제 인권을 더 확장해서 동식물과 사물에 대한 권리로 넓혀가고 있으나 아직도 역사를 거슬러 국가가 앞장서서 진실을 숨기고 거짓으로 국민을 지배하는 국가들이 21세기에도 존재한다는 사실을 우려하지 않을 수 없다. 그런 거짓 정부들은 다른 나라를 침략하고 지배하려고 지속해서 노력하고 전쟁마저 일으키므로 더 심각하다.

30 https://namu.wiki/w/드레퓌스 사건

가짜뉴스와 싸우는 사람들, 초능력 사냥꾼

제임스 랜디는 초능력을 보유했다는 거짓으로 세상을 현혹하는 사람들을 방지하기 위해서 실제로 초능력을 보여주면 100만 불을 지급하겠다는 파라노말 챌린지(paranomal challenge)를 했으나 아무도 성공하지 못했다. 그러나 랜디가 초능력이라고 인정한 단 한 명이 있었다. 그는 아서 린트겐으로 LP 레코드판을 보여주면 음반에 담긴 음악을 맞추는 능력을 보여주었다. 그러나 그것은 초능력으로 맞추는 것이 아니라 LP 레코드판의 패턴(음악이 새겨지면 빛의 반사로 다른 무늬가 나타나게 됨)을 모두 기억해서 맞춘 것으로 초능력자가 아닌 달인에 가깝다.

1984년 9월 우리나라에 방문해서 KBS에서 초능력을 보여주는 쇼를 진행한 유리겔라는 법정 소송에서 초능력을 보여주는 데 실패했으며 현재는 단순 마술사로 활동 중이다.[31] 분명한 것은 모든 마술은 트릭(trick, 눈속임)이란 것이다. 단 눈속임이 워낙 탁월해서 마법과 같이 느껴질 뿐이며 마술의 비밀을 알고 나면 단순한 거짓에 속은 것이 부끄러워지고 허탈함을 느끼기도 한다.

피터 포포프(Peter Popoff) 목사도 하나님의 능력으로 병을 치료한다고 해서 많은 헌금으로 돈을 벌었으나 제임스 랜디에 의해서 거짓으로 판명되었다. 그는 아내에게 미리 신자들의 병을 알아내서 도청기 이어폰으로 알려주는 방법으로 초능력을 보여주었다. 마법과 초능력이란 없다.

미국의 유명한 방송프로인 몬텔 윌리엄스쇼(Montel Williams Show)에서 자칭 심령술사 실비아 브라우니(Sylvia Browne)는 고객들과 상담을 하면서 전생을 알려주고 사망한 사람과 대화를 하며 또 실종자의 생사를 알려주기도 하고

31 당시 생방송으로 진행한 쇼에서 숟가락을 구부리는 초능력을 보여주었으며 실제로 전국적으로 여러 군데에서 같이 숟가락이 구부러지는 모습이 나타났다고 하여 모두 진짜라고 믿었다.

운명을 점치기도 해서 재단과 교회를 설립하기도 했다. 그러나 그녀가 예측한 것이 실제로 맞춘 것이 없었으며 상담가족들에게 별도의 돈을 받고 거짓말로 상처만 입혔다.

오늘날에도 기도로 병을 치료하는 초능력을 가졌다고 하는 분들이 많으며 그러한 자를 따르는 집단도 상당하다는 것은 심각한 문제 중의 하나다. 사람들은 의외로 매우 단순해서 간단하게 사실 여부를 확인할 수 있음에도 그냥 믿어버리는 경향이 있다. 인디언들은 비를 내려달라고 기도하면 100% 이루어진다는 인디언 기우제가 오히려 사실이고[32] 삼국지의 적벽대전에서 보여준 제갈공명의 동남풍 기도는 사실 그 지역의 기후 자료를 알고 있었다면 누구나 예측할 수 있는 일일 뿐이다.

가짜뉴스에 대한 처벌 필요성

표현의 자유라는 명목으로 사실과 거리가 먼 것을 공표하는 것과 그에 따른 책임을 부여하는 것이 중요하다. 처벌이 없으면 반복될 수밖에 없다. 최근 청소년 범죄가 늘어나는데 국내의 경우 법으로 14세 미만의 소년 소녀는 형사처벌을 하지 않기 때문이기도 하다. 최근에 이 연령을 하향화하려는 움직임이 있다.

인터넷에서 부적절한 컨텐츠를 게시하는 경우 제약을 가하는 형식으로 규제하고 있다. 주로 타인의 신고를 기반으로 이러한 규정을 적용하고 있으나, 고의적으로 타인의 컨텐츠를 통제하려는 목적으로도 활용될 수 있는 부작용이 있어서 쉽지 않다. 그리고 가짜뉴스 판별에 따른 규제까지의 시간 소요를 이용해서 단기간 내에 치고 빠지는 고의적 가짜뉴스 범죄자들을 막을 길은

32 인디언기우제는 비가 올 때 까지 기도하는 것으로 항상 성공할 수밖에 없다.

없다. 이것은 선거를 앞두고 상대에 대한 마타도어(matador) 형식으로 많이 벌어지는 대표적인 사례다.

6. 포스트휴먼

포스트휴먼의 생물학적 진화

영화 이티(ET, 1984)에 등장한 외계인의 모습을 보면 뇌와 손 그리고 눈이 크게 발달되어 있고 배는 불룩하고 발은 작은 형태를 가지고 있다. 진짜 외계인의 모습이 어떨지는 모르겠으나 과학기술이 지구보다 발달하여 우주여행을 통해 지구에 올 수 있으며 마치 오늘날 컴퓨터에 매달려 사는 현대인의 미래 모습을 보는 듯하다.

인류는 진화하면서 뇌의 용량이 커졌으며 이는 유인원과의 가장 큰 차별요소의 하나다. 한 자리에 오래 앉아서 컴퓨터 업무를 주로 하는 사무직들의 경우 뇌발달에 좋지 않으며 컨텐츠 생성과 같은 깊이 생각하는 업무를 AI가 대신하는 시대의 경우 뇌의 역할이 상당히 축소될 수 있다.

한편 움직이면서 먹이활동을 하는 동물과 달리 한 자리에 고정되어 환경적 악조건을 모두 이겨내고 생존해야 하는 식물들의 생존이 더 어렵기 때문인지 식물의 DNA가 동물보다 더 많다. 인간의 유전자는 3만에서 5만 개로 알려져 있으며 고추의 유전자는 8만 개, 벼의 유전자는 5만 개다. 인간의 염기수는 32억 개지만 식물은 150억 개에서 3백억 개에 이른다.

그러나 포스트휴먼은 AI의 등장으로 오히려 뇌용량이 감퇴될 것으로 추정한다. 멍게는 유생일 때 올챙이처럼 바다를 헤엄치며 떠돌아다니기 위해 뇌가 필요하지만 바위나 바닥에 고착되어 더 이상 움직일 필요가 없어지면 에너지 소모는 많고 필요는 없는 자신의 뇌를 먹어 치워서 없앤다고 한다. 뇌는 생각하는 기능보다 오히려 신체의 각 부위를 통제하고 운동을 제어하는 기능을 더 많이 사용한다고 한다. 그래서 많이 움직여야 뇌가 발달하는 것이다.

식물의 경우를 인간에 적용하면 안정된 직업을 가진 사람보다 변화무쌍한 직업을 가진 사람들의 뇌가 더 발달된다고 할 수 있다. 정착 농경민과 유목민을 비교할 때는 이동을 늘 하는 유목민의 뇌가 발달했을 수 있다. 한편 식물처럼 고정된 장소에서 생존을 해야 하는 농민들의 유전자가 더 많아질 수도 있다.

포스트휴먼의 종교

포스트휴먼의 종교는 기존의 종교적 가르침을 모두 믿는 융합형 종교인이어야 한다. 기적과 치유와 같은 과장은 믿지 않는다. 신라의 풍류도는 유불선이라고 부르는 유교와 불교 그리고 도교를 모두 통합한 종교였다. 신라인들의 합리성이 돋보이며 찬란한 동아시아 문명을 꽃피운 통일신라 시대의 저력의 원천을 알 수 있게 한다. 통일신라 시대에는 처용가와 흥덕왕릉에 서 있는 서역인 무인상, 이집트에서 만들어져 실크로드를 통해서 전달된 로만글라스 등 이슬람권 지역과도 교류를 했을 정도로 세계 문명과의 무역이 활발했음을 알 수 있다.

포스트휴먼이 종교를 가진다면 유불선 외에 서양의 기독교와 중동의 이슬람, 인도의 힌두, 이스라엘의 유대교 그리고 국내에서 근대에 등장한 증산교와 동학까지 포함해야 할 것이다. 종교적 가르침에 대해서 배타적으로 대하는 것이 아니라 진리의 하나로 간주하고 융합하는 것이 바람직하다. 사이언톨로지(scientology)도 빼놓을 수는 없다.

한국인의 특징으로 인간관계가 종교보다 우선한다는 점을 든다. 예를 들어

남녀가 결혼하는데 종교가 다른 경우 한쪽이 종교를 바꾸기도 한다. 종교는 삶의 일부로 변경가능하다는 것, 결혼이라는 것이 더 중요하다는 인식은 중요하다. 종교의 가치를 인생의 모든 것으로 받아들여서 목숨도 바치는 태도에 대해서 지나치다고 생각하는 유연함이 포스트휴먼에게는 필요하다.

능동적 정보인지와 문해력

사진을 입력해서 내용이 무엇인지를 AI에게 묻는 방식이라면 수동적 정보인지, AI가 묻기 전에 먼저 파악 인식을 해서 알려주면 능동적 정보인지라고 한다. 지금까지는 수동적인 것이 대부분이지만 포스트휴먼은 능동적 인지가 가능해야 한다. 스마트글래스를 착용하고 걸어가면서 앞에서 다가오는 모든 사물을 인지해서 알려주는 방식이 능동적 인지의 예다.

문맹률보다 중요한 것이 문해율이다. 아래는 문해율의 단계를 표시한 것으로 학습에 따라서 레벨 2는 가능하지만, 레벨 3은 전문가라고 하더라도 쉽지 않다. 검사와 판사가 기소문에 적힌 내용을 보고 사실 여부를 가려내거나 변리사가 특허의 권리를 이해하고 다른 특허와 충돌이 없는지 확인하는 것만큼 어려운 일이다.

- **레벨 1** 글을 읽고 난이도가 쉬운 것을 이해하는 것
- **레벨 2** 약 복용법, 요리법 등의 난이도가 높은 글을 읽는 것.
- **레벨 3** 글을 읽고 이해하고 사실인지 판단하는 것

오늘날 짧은 동영상만으로 지식을 습득하는 세대에게서 문해력이 저하되고 있다고 한다.[33] 대하소설이나 장편을 이해하는 능력이 부족해지며 대학에

33 https://namu.wiki/w/문해

서도 학생들은 교재를 구입하지 않고 배포되는 발표자료와 강의 내용만 가지고 학습하기도 한다. 초지능 AI는 포스트휴먼이 레벨 3 수준의 문해율을 갖도록 능동적으로 인지해서 도와줄 것으로 기대한다.

모든 것을 기억하는 포스트휴먼

인류의 역사는 문자를 발명하면서 급속히 발전해왔다. 오늘날 누구나 영상으로 기록을 남기는 시대가 되어서 더욱 발전이 빠르게 가속될 것이다. 이제 인류는 어느 소소한 것 하나 놓치지 않고 기록으로 남겨놓을 수 있는 시대가 되었다. 오히려 과잉기록과 기억으로 인한 부작용을 염려해야 할 수도 있다.

넷플릭스 드라마 〈블랙 미러〉 시즌 1의 "당신의 모든 순간(The Entire History of You)"은 모든 것을 기억할 수 있는 시대가 가져올 수 있는 불행에 대해서 잘 보여주면서 망각이 보약이라는 것을 다시금 일깨우게 한다. 그러나 기억해야 할 것은 기억해야만 하고 그래서 우리는 다양한 기념관(memorial)을 지어서 보존하고 있다.[34]

다른 무엇보다도 중요한 것은 기록해야 하며 기록이 가지는 장점은 역사를 바르게 후세에 전달한다는 것이다. 조선은 왕의 폭정을 막을 수 있는 방법으로 교육도 중요하지만 기록을 선택했으며 그래서 임금의 모든 행동과 말을 기록으로 남겼다. 이러한 제도는 현대의 대통령에 대한 기록보다 더 신뢰성을 가지도록 만들어졌다.

세계의 모든 대통령이나 총리, 그리고 왕에 대해서 조선왕조실록과 같은 기록을 적용한다면 모든 나라는 부정부패와 독재가 감소할 것이며 세계 평화

34 메모리얼 중에서 911테러로 조성된 미국 뉴욕의 트윈타워 빌딩 테러에 대한 조형물은 잘 건설된 사례다.

에 기여할 것이다. 그리고 오늘날은 저렴한 비용으로 완전한 동영상으로 남길 수도 있다. 일반 개인조차 일생 전체를 영상으로 기록이 가능한 오늘날은 대통령뿐 아니라 고위공직자 또는 공무원 전체에 적용하는 것도 가능하다.[35]

잊히는 것도 중요하다

기억하는 것만큼이나 잊히는 것도 필요하며 중요하다. 그래서 "세월이 약이다"라는 격언이 있으며 특히 인간의 뇌는 자기 합리화하는 방향과 생물체의 생존을 지속하도록 진화했기 때문에 기억하고 싶지 않은 것은 더 빨리 잊어버리거나 기억이 희미해짐으로써 자연스럽게 치유된다. 그러므로 지울 수 없는 기록의 존재는 무서운 것이다. 인간은 자신에 대한 흑역사를 지우고 싶어 한다. 정조는 영조에게 세자를 받아들이는 조건으로 사도세자의 사초를 지워달라고 요청했지만, 누구도 지울 권한이 없었던 실록을 수정할 수는 없었다.

하드디스크는 지우기가 어렵다. 스마트폰도 마찬가지다. 강물 속에 던져도 찾아내면 그만이다. 일본의 자살언덕에는 "하드디스크는 지우셨나요?"라는 문구가 있다고 한다. 사람은 아름답게 기억되기를 바란다. 그래서 역사를 왜곡한다. 과거를 미화하지만 감동을 주지 못한다. 오늘날 중국의 영화들이 그렇다. 단지 선전물에 불과하다. 영화 〈장진호〉에서 우리는 감동을 받지 못한다. 한류 드라마의 인기는 사실을 사실대로 표현하는 것에서 나온다.

인터넷의 기록들은 시간에 따라서 생멸된다. 홈페이지의 경우도 지속적으로 내용이 변경 추가되어 버전 형식으로 만들어진다. 그래서 시간에 따른 모든 디지털 기록들을 도서관처럼 기록하는 아카이브가 필요하다. 미국의

35 사생활 침해라는 등의 이유로 안 된다고 주장하는 사람은 모든 것을 반대하는 사람일 뿐이다.

아카이브사이트(archive.org)에는 전 세계의 모든 디지털 자료가 저장되어 있으며 필자가 속한 이화여대의 1995년 처음 제작된 홈페이지를 찾을 수 있다. 국내에서도 국립디지털도서관을 설립해서 디지털 아카이브를 보관 중이다.

오늘날 새로운 직종의 하나인 **디지털 장의사**는 인터넷에 남겨진 개인의 모든 기록을 찾아서 대신 삭제해주는 일을 한다. SNS에 기록된 컨텐츠에 대한 저작권은 일차적으로 SNS 회사 소유의 것으로 위임되었으나 현재는 유산처럼 승계를 원하는 유족들에게 전달되기도 한다.

다음은 역사 기록에 정사로 남길 수 없어서 숨기고 싶은 사실이 잊히지 않고 야사와 전설로 전해오는 우리나라와 관련된 중요한 역사 이야기들을 몇 가지 예이다. 훗날 분명한 사실로 밝혀져서 후세에 귀감이 되기를 바란다. 사실을 전달하지 못하게 되면 불미스러운 역사는 지속적으로 반복되기 때문에 감추고 싶은 사실일수록 더 명백히 전해야 하는 것이다.

- **광개토대왕 비문의 삭제 및 훼손 사건** 광개토대왕의 비문에 왜가 신라와 백제를 침략했다는 내용이 있다는 일본 측의 기록은 황당할 정도로, 다른 나라의 공적을 비문에 기록한다는 것은 있을 수 없는 일이다. 오직 광개토대왕이 왜를 섬멸했다는 공적이 기록되어 있고 그렇게 해석해야 하는 것이 타당하다.
- **당태종의 화살과 죽음** 당태종은 안시성에서 성주의 화살에 맞은 후유증으로 결국 사망했지만 그러한 사실에 대한 기록을 정사에서는 찾아볼 수 없다. 황제와 왕에 대한 기록은 더욱 사실로 기록하기 어렵다.
- **징기스칸의 죽음** 징기스칸은 서하정벌에 나섰다가 말에서 떨어져 사망한 것으로 제국을 건설한 칸에 대한 사망 기록으로는 부적절하게 아

주 간단히 기록되어 있다. 그러나 독화살에 맞았다거나, 서하왕비 고이 백륵진곽알합둔(古爾伯勒津郭斡哈屯)의 칼에 맞았다고도 하는 여러 기록이 있다. 이를 신뢰하기는 어려우며 외몽고인들에게 전해오는 설에 의하면 포로가 된 서하왕비가 복수를 위해 생식기를 물어서 출혈로 사망했다는 것으로 구체성을 볼 때 신빙성이 높다. 그의 부덤 위치만큼이나 절대로 밝혀서는 안 되는 제국의 비밀인 것이다.[36,37]

- **알렉산더의 죽음** 32세에 대제국을 건설한 알렉산더는 그가 점령한 바빌론의 왕궁에서 감기에 의한 발열로 12일 만에 사망했다고 기록되어 있다. 2014년 뉴질랜드 독물학자 레오 쉐프 박사의 연구에 의하면 베라트룸 알붐(veratrum album) 독초에 의해 사망했다고 발표했으며 그가 죽기 전에 헤라클레스를 기념하며 마신 와인에 독을 탔을 것이라고 추정했다.[38]
- **비비하눔의 죽음** 티무르 제국을 세운 티무르가 가장 사랑한 황비 비비하눔은 오늘날 사마르칸트에 세워진 비비하눔 모스크로 유명하다. 모스크 건축가의 뺨 키스로 인해 타워에서 떨어져 죽었으나 역시 공식 기록에는 없다.[39] 전설에는 하늘로 날아갔다고 전해진다.
- **고주몽의 죽음과 무덤** 고구려를 건립한 주몽의 사망원인도 정사에는 수수께끼이다. 광개토대왕비문에 따르면 주몽은 40세에 인간 세상에 뜻이 없어 하늘로 사신을 보내어 황룡을 타고 승천했다고 한다. 유리왕은

36 징기스칸은 어떻게 죽었는가? https://blog.naver.com/free_less/221343182199

37 징기스칸의 무덤 위치를 아는 모든 사람은 함께 죽여서 아직도 알려지지 않고 있다.

38 그의 시신은 프톨레마이어스에 의해서 이집트 알렉산드리아로 옮겨져 묻혔는데 아직 무덤을 찾지 못하고 있다.

39 티무르의 무덤은 사마르칸트에 잘 보존되어 있으며 그의 유언에 따라서 스승의 무덤 발밑에 놓여져 있는 점이 인상적이다.

시신 대신 옥채찍으로 장사를 지냈다고 한다.[40]

- **박혁거세의 죽음** 삼국유사에는 다음과 같이 기록한다. "나라를 다스린 지 61년 만에 왕이 하늘로 올라갔다. 이레 뒤 유해가 흩어져 땅에 떨어졌으며 왕후도 또한 죽었다." 그러나 몸을 다섯 개로 나누어 오릉에 장사를 지냈다는 사실에는 비사가 있을 것이라고 추정할 수 있다.
- **소서노의 죽음** 고구려와 백제를 건국한 온조의 어머니 소서노의 죽음은 백제본기에 다음과 같이 기록되어 있다. "할머니가 남자로 변한 뒤에 사망했다." 이는 소서노의 죽음을 둘러싼 여러 가지 추론을 가능하게 한다.[41]

과거의 모든 것을 생생하게 기억한다면 사실을 밝히는 것에는 도움이 되지만, 분쟁이 증폭될 수도 있다. 이란의 아슈라 축제에서는 알리의 장남 하산의 죽음을 기억하면서 '자학'하며, 예수의 고난을 기억하기 위한 금식 주간을 지킨다. 인간의 역사가 화합과 번영의 역사보다 전쟁과 학살의 역사가 더 많으므로 과거를 잊고 미래를 이야기하기에는 이러한 누적된 과거의 역사가 도움이 되지 않는 부정적인 측면도 있다.

과거를 잊지 않기 위한 노력으로 부영건설의 이중근 회장은 스스로 설립한 '우정문고'를 통해 교육 부문의 사회활동으로 『6.25전쟁 1129일』, 광복 후 1945년부터 1950년 한국전쟁까지의 기록인 『광복 1775일』, 일제강점기 전체에 대한 기록을 정리한 『미명(未明) 36년 12,768일』 등의 기록역사서를 출판하기도 했다.

---

40 주몽의 죽음에 대해서는 광개토대왕비문과 이승휴의 제왕운기, 이규보의 동국이상국집에 나와 있다.

41 "백제 시조는 소서노, 아들 온조가 죽였다," 오마이뉴스, 2010년 12월 10일 기사

16세기 임진왜란을 겪으면서 50년간의 일기를 남긴 성재 금난수[42], 임진왜란 7년간의 전모와 반성을 기록하여 금서로 지정되었던 유성룡의 징비록[43], 이순신 장군의 난중일기, 김구의 백범일지 등은 잊히기 쉬운 과거의 세세한 전모를 남겨서 사실을 파악하는 데 결정적 자료가 되고 있다. 이러한 개인의 기록에 왜곡이 들어가게 되면 훗날 진실을 밝히기 어렵게 되는 단점도 있다.

7. 호모데우스

호모데우스(homo deus)는 유발하라리의 책에서 사용된 이름이다. 문명을 발전시켜 지구의 정복자가 되었기에 인류는 오늘날 지구를 지배하는 신이라는 의미로 사용되었다. 그러나 필자는 이 책에서 포스트휴먼에서 더 진화되어 궁극적으로 도달되어야 할 인간으로서 호모데우스를 사용하고자 한다. 사실만을 믿는 인간이 포스트휴먼이라면 호모데우스는 알고 있는 것을 실천하는 인간이다. 그래서 진정한 '홍익인간'을 추구하는 철학을 가진다.

새뮤엘 버틀러는 잊히지 않는 자는 죽은 것이 아니라고 했다. 이제 포스트휴먼은 기록을 남김으로써 디지털로 영생할 수 있게 되었다. 불멸이란 말과 같이 없어지지 않는 영구적인 기록이 된 것이다.

사실만을 믿는 실사구시의 나라

청의 양명학과 고증학은 실사구시(實事求是)의 정신, 즉 사실을 바탕으로

42 김종석 등 저, 『성재일기』, 은행나무, 2020.

43 https://ko.wikipedia.org/wiki/징비록

모든 것을 판단한다는 철학이다. 조선 말기에 실학(實學)의 형태로 들어왔으나 보편화되지 못한 것이 아쉽다. 오늘날 국가별 실사구시 지수를 평가해볼 필요가 있다. 그래서 국가별로 허황한 것을 믿지 않도록 하는 것이 진정한 문맹탈피다.

데이터의 신뢰도는 중요한 문제이며 SNS의 계정 실명제도 풀어야 할 과제다. SNS에서 가짜계정은 여러 가지 문제를 일으키고 있다. 그래서 계정 이름에 "Real XXX"라는 이름을 사용하기도 한다. 트위터는 계정을 공인받는 경우 월 9$의 요금 부과하며 유명인사 등 공인된 계정에는 별도의 마크를 부여하고 있다.

국내에서는 한때 인터넷 실명제를 도입해서 운영했으나 결국 실패로 끝나서 없어졌다. 악화가 양화를 구축한다는 대표적 사례로 우리나라는 실명제 때문에 인터넷 서비스의 글로벌 시장 점유를 못한 측면이 있다. 최초의 SNS인 싸이월드, 유튜브와 유사했던 동영상 플랫폼, 게임 및 검색 엔진 등 많은 웹사이트가 글로벌화하지 못한 원인에는 실명제도 한몫했다고 볼 수 있다.

공인인증서는 특정인을 공인해주는 기능으로 국내에서는 의무화되어 사용되었다. 그러나 이는 성급한 표준제도의 도입으로 다양한 신기술의 발전을 저해한 예가 되고 말았다. 사용이 불편하고 비용부담까지 있는 공인인증서 제도는 현재 의무가 아니도록 개정되었다. 그래서 우리는 편리한 인터넷 쇼핑과 금융거래를 할 수 있게 되었으며 관련 기술 개발이 활발하게 이루어지고 있다.

최근에는 무비자로 189개국을 방문할 수 있는 한국 여권의 가치가 높아지면서 위조 한국 여권을 가지고 한국인인 척하는 사례를 해결하기 위해서 "한국인 테스트"가 등장하고 있다. 이 테스트에는 한국인이면 모두 알고 있는 상식적인 질문들이 포함되고 있는데 "한국 여자가 가장 많이 결혼하는 외국

의 국가는 베트남이다. 사실인가?"와 같은 질문은 한국인도 많이 틀린다고 한다. 사실이기 때문이다.[44]

가짜와 진짜 SNS 계정부터 데이터의 사실 여부, 가상인간과 진짜인간의 구별, 페이크 영상과 진짜 영상의 구별, 그리고 로봇과 인간의 구별까지 앞으로 많은 진위문제가 등장할 것이며 어떻게 해결할 것인가는 과제로 남아 있다.

새로운 사실을 알게 되면 즉시 수정한다.

아르헨티나는 98년 전의 아르헨티나 나팔피 학살을 인정하고 사죄했다.[45] 이 사건은 원주민들의 비인간적인 대우에 항의하자 400명을 학살한 사건으로 그동안 묻혀왔었다. 프랑스의 드레퓌스 사건처럼 과거의 잘못을 인정하는 것이 중요하지만 지금까지 많은 사건의 진실이 드러나도 수정되지 않고 있다. 미국이나 호주에서의 원주민 학살의 역사도 아직 공식적으로 인정된 바 없다. 과거의 잘못을 인정하고 반성하여 다시 되풀이되지 않도록 하는 것이 중요하지만 인간은 과거의 잘못을 지속적으로 반복한다.

스탈린의 잘못된 정책으로 인한 대기근과 아사를 경험한 우크라이나의 역사, 모택동의 집단농장과 참새 박멸 등으로 인한 대아사, 문화혁명의 문제 등은 아직도 교훈으로 전해지지 못하고 있으며 그것은 다시금 되풀이될 수 있다는 것을 의미한다.

100년 전의 동경대지진에서 있었던 조선인 학살에 대해서도 이미 많은 자료로 확인이 되었음에도 기사다 후미로 총리는 "사실을 확인하기 어렵다"는

44 토종 한국 여성이 베트남 남자와 많이 결혼하는 것이 아니고 한국 국적을 취득한 베트남 여성이 베트남 남성과 결혼하기 때문이다.

45 "아르헨티나 원주민 400여 명 학살사건, 98년 만에 국가 책임 판결", 연합뉴스, 2022.5.21

답변을 하고 있으며[46] 남경대학살에 대해서도 인정하지 않는 태도를 취하고 있다.

언행일치: 말과 행동을 일치시킨다.

언행일치란 말과 행동을 일치시킨다는 것이다. 말은 바르게 하면서 행동은 말과 전혀 다르게 하는 경우가 많다. 그래서 우리는 사람을 평가할 때 말로 평가하지 않고 행동으로 하는 것이 더 정확하다. 그러나 언행일치는 결코 쉬운 일이 아니다.

그래서 공자는 일찍이 "옛사람이 말을 함부로 하지 않았던 것은 자신의 행동이 말에 미치지 못할까 부끄러워해서이다(子曰 古者言之不出 恥躬之不逮也, 자왈 고자언지불출 치궁지불체야)"라고 했다. 맹자가 말한 인간의 기본적 네 가지 본성의 하나인 수오지심(羞惡之心)은 잘못을 부끄러워하고 악을 미워하는 마음을 가지는 것인데 오늘날에는 부끄러움을 모르는 사람이 너무나 많다는 것이다.

호모데우스로 완성된 인간

어떤 인간이 완성된 인간일까에 대해서 인류는 오랜 역사에서 다양한 인물을 모델로 설정해왔다. 불교에서는 부처이고 유교에서는 군자이며 도교에서는 도인과 술사였고, 조선 시대에서는 선비와 처사, 거사 등이 있다. 영국의 신사(gentlemen)도 있으며 인격적으로 완성된 모델을 뜻한다.

오늘날에는 레오나르도 다빈치와 같은 다재다능한 팔방미인형에서 특정 분야의 전문가, 넓으며 깊이를 가진 T자형 인재와 파이형 인재, 창의융합형 인간도 거론되고 있다.

---

46 "간토대지진 조선인 학살 인정하느냐 묻자..", 매일경제 신문, 2023.11.29

AI는 인간에게 새로운 기회를 주고 있으며 미래의 인간은 오늘날과 다를 것으로 전망된다. 인간이 꿈꾸던 슈퍼맨이 가능할 수도 있으며 글로벌이 강조되는 오늘날에는 민족주의에서 벗어난 세계시민, 즉 코스모폴리탄(cosmopolitan)이 더 적합한 모델일 것이다.

홍익인간 정신의 호모데우스

홍익인간(弘益人間)은 널리 인간 세상을 이롭게 한다는 뜻으로 지구의 지배가 인간만을 위하는 것이 아니고 지구 전체에 속하는 사람과 동물과 식물, 모든 사물까지 포함한다는 것을 의미한다. 우리는 이와 같은 가치관이 몸에 배어있어서 인터넷에서도 한국인의 행동을 무의식적으로 지배하고 결정한다. 즉 글로벌 네티즌으로서 바람직한 소양을 가지고 있는 것이다. 이러한 홍익인간의 정신을 온전히 가지는 점이 호모데우스의 핵심 가치관이어야 한다.

많은 국가가 지구촌 전체의 이익보다는 자국의 이익을 최우선으로 두고 의사결정을 내린다. 그러나 호모데우스가 지도자로 있는 나라에서는 글로벌한 시각에서 결정을 내리는 것이 중요하고 그러기 위해서는 국민들도 홍익인간의 가치관이 있어야만 가능한 일이다.

학습과 추론 능력, 지식

AI는 인간처럼 유전자를 통한 진화를 하지는 않는다. 그러므로 AI가 인간을 이길 것이라는 것은 부질없는 생각에 불과하다. 생물학자로서 최재천 교수는 인터뷰에서 말했다.[47] AI는 생물학적 진화는 못하지만, SW로서 버전 업

47 진화의 관점에서 바라본 AI, 최재천, https://www.youtube.com/watch?v=apwTPl8KMz8

그레이드 방식으로 진화하며 인류의 세대 30년보다 월등히 빠른 속도로 새 버전으로 탄생한다. 인간에 의해서 수동적으로 이루어지는 진화가 아니고 언젠가 AI가 스스로를 업그레이드하기 시작하면 새로운 시대가 될 것이다.

인간을 표현하는 말로 호모사피엔스부터 호모모빌리쿠스(mobilicus), 호모파베르(faber), 호모에렉투스, 호모폴리티쿠스, 호모하빌리스, 호모루덴스, 호모노마드 등이 있다. 그러나 신과 같은 경지를 뜻하는 호모 데우스가 가장 진화된 인간에 대한 표현일 것이다. 호모데우스는 유발하라리의 책에서 처음 등장한 용어로 그는 인간이 신과 같은 레벨로 진화했다고 주장한다.[48]

필자는 호모데우스에 대한 구체적인 정의로 포스트휴먼을 소개했다. 포스트휴먼은 DNA의 보존을 통한 생물학적 영생에 대해서는 언급하지 않고 오직 디지털 영생으로 제한하였다. 디지털 불멸은 어디까지나 가상 불멸이다. 그러나 훗날 실현이 된다면 생물학적으로 영생도 가능할 것이다.

또 일부에서 뇌의 정보를 모두 다운로드받아서 저장하여 다시 새로운 뇌로 업로드하는 기술이 개발된다면 신체와 뇌 모두를 새롭게 업그레이드해서 영생할 수 있을 것이다.

최근에 연구된 결과로 노화를 멈추게 한다든지, 세포를 젊게 만드는 기술이 실현된다면 자신의 신체를 연장하거나 노화되는 신체의 일부를 교체해서(장기 이식 등) 수명을 오래도록 연장하는 것도 가능할지 모른다.

영생하는 존재를 신이라고 한다면 인간이 신이 되는 방법의 하나는 인간의 마음은 유지한 채 신체를 기계로 바꾸는 것을 들 수 있다. 베르베르의 소설 『뇌』와 영화 〈로보캅〉의 경우 뇌도 수명이 있으므로 영생은 할 수 없다. 한 개인의 모든 것을 디지털로 만들어서 기계의 몸속에 넣는 것으로 **아바타 휴**

48 유발하라리 저, 김명주 역, 『호모데우스』, 김영사, 2017.

머노이드를 생각할 수 있다. 이러한 모델을 보여주는 좋은 사례가 〈은하철도 999〉에 잘 그려져 있다.

1978년 만화로 발간된 은하철도999에서는 부자들은 신체를 기계로 바꾸어 영생한다. 가난한 주인공 철이는 무료로 신체를 기계로 만들어주는 행성을 찾아 은하철도999에 오른다.[49] 기계 인간이 되면 인간은 영생한다. 이러한 기계를 만들 수 없는 우리 선조들은 후손들을 통해 1년에 한 번 올리는 제사 음식을 먹으며 혼백으로 영생한다고 생각했다. 후손이 있는 한 영생하는 것이고 후손이 끊어지면 영생도 중단된다.

AI와 호모데우스의 경쟁

메타인지(metacognition)는 미국 심리학자 존 플라벨이 1976년에 처음 사용한 용어로 자신의 지식 상태를 파악해서 무엇이 부족한지를 판단해서 학습하는 능력이다. 소크라테스의 "너 자신을 알라"는 것이 지식의 첫걸음인 것과 같다. 메타인지 능력을 갖춘 AI는 자신이 알고 있는 지식의 범위를 알기 때문에 아는 척하는 답변을 하지 않는다. 오직 알고 있는 것만 답변하고 모르는 것은 모른다고 할 수 있어야 한다.

인간이 AI에 대해서 우월성을 가질 수 있는 분야가 메타인지 능력이다. 자신을 돌아보고 반성하는 능력과 연관이 있다. 자신이 우물 안 개구리였다는 인식은 새로운 학습에 대한 욕구를 가져오게 된다. 한편 인간과 AI의 경쟁보다는 오히려 인간과 인간의 경쟁이 더 많아질 것이라고 유발 하라리는 전망하기도 했다.

---

49 https://namu.wiki/w/은하철도 999

7장

로보사피엔스와 로보데우스

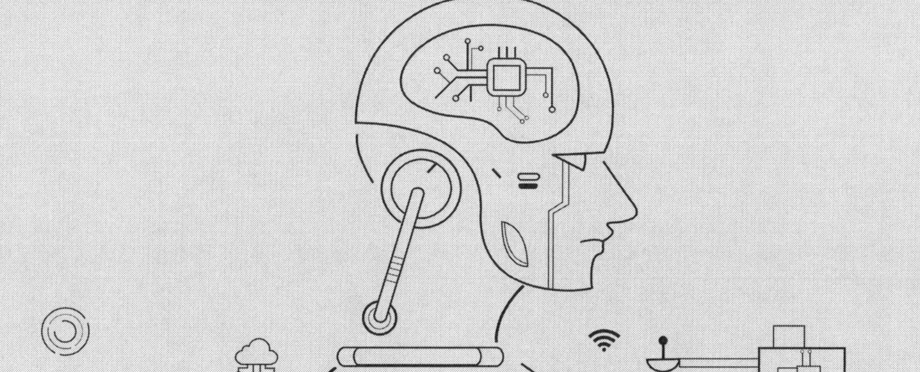

"사회적 합리성이 없는 과학적 합리성은 공허하고,
과학적 합리성 없는 사회적 합리성은 맹목적이다."

울리히 벡(Ulrich Beck)

1. 사물에 대한 인식

로봇에도 생명이 있는가?

과연 생명이란 무엇이며, 물질에 불과한 기계에 생명이 깃들 수 있는가? 폴 데이비스는 이런 근본적인 문제에 관해 그의 책 『기계속의 악마』에서 잘 설명하고 있다.[1] 여러 가지 조건으로 생명을 정의할 수도 있지만, 가장 간단하게는 생명을 물질에 정보가 합쳐진 사물로 정의할 수 있다. 생명은 분명히 일련의 질서를 갖고 있는 물질이므로 열역학 제2법칙을 적용하면 생명 속에는 분명히 어떤 체계가 숨겨져 있을 것이라고 가정할 수 있다. 훗날 우리는 DNA를 통해서 그 체계를 확인했다.

마찬가지로 로봇도 기계 또는 물질이지만 그 속에는 철저하게 계획되어 작성된 SW 코드가 담겨 있다. 그러므로 SW를 가진 모든 컴퓨터는 일종의 생명이라고 간주할 수 있다. 그리고 AI 기술이 적용된 SW는 로봇을 생명체와

1 폴 데이비스, 『기계속의 악마』, 바다출판사, 2023.

똑같이 동작하게끔 할 수 있어서 더 이상 생명체와 구분하는 것은 어렵게 된다. 그래서 컴퓨터와 로봇은 기계로 만들어진 인공생명체라고 보는 것이 타당하다.

생명 = 물질 + 정보(질서체계)

로봇 = 컴퓨터 + AI SW(질서체계)

한편 위키피디아에서는 생명을 다음과 같은 다섯 가지 특징으로 정의하고 있다.[2] 이 특징들을 로봇에 적용해보면 다음과 같이 정리할 수 있다.

- **생장한다** 로봇의 하드웨어와 SW가 지속적으로 업그레이드되므로 생장한다고 할 수 있다.
- **물질대사를 한다** 에너지를 얻는 과정으로 전기에너지를 통해서 충전되어야 하므로 물질대사를 한다고 볼 수 있다.
- **외부적으로나 내부적으로 움직인다** 로봇은 인간이나 모든 생명체를 흉내 내어 움직이도록 할 수 있다.
- **생식기능과 자기복제 기능이 있다** 생식기능을 통하지 않고 동일한 로봇을 무수히 제작할 수 있으며 훗날 스스로 복제생산할 수도 있으므로 충족한다고 볼 수 있다. 물론 로봇에 대해서도 성별로 나누어 제작한 후에 결혼과 유사한 시스템으로 결합해야만 복제가 가능하도록 만들면 이 조건도 충족된다고 할 수 있다.
- **외부 자극에 반응한다** 각종 센서를 갖춘 로봇은 외부의 다양한 자극을 인지해서 반응할 수 있고, 지시를 따라서 반응할 수도 있다.

---

2 https://ko.wikipedia.org/wiki/생명

이와 같이 다섯 가지 조건을 모두 만족하므로 로봇을 생명체라고 충분히 여길 수도 있다. 그렇다면 단순한 기계와 사물에서 나아가서 생명체로서, 인간의 존중 대상으로 여길 수 있다. 지금은 사물에 가깝게 우리가 로봇을 대하고 있지만 보다 정교해지는 미래에는 충분히 생명체에 준하는 대우를 해야만 할 것이다. 이것은 식물이나 동물의 권리가 커져서 점자 반려식물과 동물로 대우하는 것과 같다.

사물과 기계에 대한 인식

물활론(힐로조이즘, hylozoism)이란 모든 물질은 그 본질에 생명을 갖추고 있어서 생동한다고 생각하는 철학을 의미한다. 물활론을 처음 제기한 탈레스는 자석이 쇠를 끌어당기는 것은 돌 속에 영혼이 있기 때문이라고 생각했다. 만물이 신들로 가득 차 있다고 생각했으며 돌과 같이 움직이지 않는 사물에 대해서도 애니미즘(모든 무생물에도 영혼이 있다고 믿는 세계관)을 적용했다.

산타클로스가 없다는 것을 알게 되듯 우리는 학습을 통해서 사물을 바로 보게 된다. 모든 사물은 영혼이 있으며 그 영혼이 인간에게 영향을 미친다는 믿음이다. 피아제(J. Piaget)에 따르면 물활론은 대개 4~6세 무렵에 현저하게 나타난다. 유아는 생명이 없는 대상에게 생명과 감정을 부여하는 식으로 생각하는 경향이 있는데, 물활론은 다음과 같은 4가지 단계를 거치면서 변화한다.[3]

- 1단계(4~6세경)는 모든 사물은 살아 있다고 생각한다.

3 네이버 지식백과 물활론 https://terms.naver.com/entry.naver?docId=383583&cid=42128&categoryId=42128

- 2단계(8~9세경)는 움직이는 것은 모두 살아 있다고 생각한다.
- 3단계(8~12세경)는 스스로 움직이는 것만 살아 있다고 생각한다.
- 4단계(11~12세경)는 생물만 살아 있다고 생각한다.

> (...)
>
> 동무여, 이제 나는 바로 보마.
>
> 사물과 사물의 생리(生理)와
>
> 사물의 수량과 한도와
>
> 사물의 우매와 사물의 명석성(明晳性)을,
>
> 그리고 나는 죽을 것이다.
>
> 「공자의 생활난」, 김수영 시(『새로운 도시와 시민들의 합창』, 1949)

물질을 수동적인 것으로만 보기 어려운 것이 물은 모양을 변화시키면서 이동한다. 불도 활발히 움직인다. 동양철학의 오행 사상은 다섯 가지 물질의 근본 요소들이 끝없이 변화한다고 보기도 했다. 혜성은 주기적으로 태양계를 지나가면서 끝없이 우주를 운행하고 있다. 태풍도 생성해서 태평양을 옮겨 다니며 이동하다가 소멸된다. 구름도 생성되어 움직이다가 소멸되는 것이 마치 생명이 태어나서 소멸되는 것과 유사하다.

사서삼경의 대학에서 말하는 8조목의 첫째인 격물치지(格物致知)에서 격물이란, 사물의 가치를 인식하여 사물의 격(사물의 분류)과 사물의 특성에 대해서 정확하고 완전하게 이해한다는 것을 의미한다. 그리고 격물을 통해서 얻어지는 것이 바로 지식이라고 한다. 지구가 태양을 돌고 있다는 천문우주에 대한 지식과 일식, 월식 그리고 혜성의 주기 등은 모두 오랜 시간을 거친 격물을 통해서 인류가 얻은 천문지식이다.

사물에 대한 인간의 대우

인간은 사물에 대해서 어떠한 인식을 가지고 있는가? 동물과 식물과 비교해서 생각해보자. 그리고 과연 미래에는 사물에 대한 인식이 달라질 수 있을지도 생각해보자.

사물의 가치는 다양하며 가치를 매길 수 없는 것도 많다. 대체로 희소성, 예술작품성, 특정 위인의 사용 여부 등 여러 요소에 따라 가치가 부여된다. 십계명을 보관하던 성궤, 예수님의 수의 등 종교와 결합되면 신성한 물건으로 격상된다. 가치가 높다고 생명과 동등한 것은 아니지만 가치가 없는 사물도 의미를 부여하면 귀한 것이 될 수 있다. 그리고 구석기 시대의 돌 하나가 역사의 해석을 뒤집기도 한다.[4]

"이 세상에서 가장 귀한 물건은?"에 대한 AI의 대답은 다음과 같다. 핑크색 59캐럿의 이 다이아몬드는 남아공에서 발견되어 현재 중국의 보석회사 '저우다푸(Chow Tai Fook)'에 팔렸다.[5]

> 현재로서 가장 귀한 물건은 상대적인 개념이며, 여러 가지 요소에 따라 달라질 수 있습니다. 그러나 일반적으로 가장 귀한 물건 중 하나로는 다이아몬드 "피노크리스티(Pink Star)"가 알려져 있습니다. 이 다이

---

4 연천 전곡리에서 1977년 미군 상병인 그렉 보웬에 의해서 우연히 발견된 아슐리안 돌도끼 한 점은 동양에 대한 구석기의 해석을 바꾸었다. 이 석기의 발견 전까지 아시아는 구석기 때부터 지능이 떨어진다고 서양에서는 해석했다.

5 "60캐럿 다이아몬드 핑크 스타", 중앙일보 2017년 4월 5일 기사, https://www.joongang.co.kr/article/21441093#home

아몬드는 2017년에 홍콩에서 경매에 나와 7억 6800만 달러에 팔렸으며, 다이아몬드의 중량과 색상, 희귀성 등이 결합하여 그 가치를 높였습니다.

그러나 물건의 가치는 주관적이며, 예술 작품, 고유한 유물, 희귀한 보석 등 다양한 요소에 따라 결정될 수 있습니다. 따라서 "세상에서 가장 귀한 물건"은 변할 수 있으며, 시간이 지나면서 새로운 물건이 등장하거나 가치가 변화할 수 있습니다.

그러나 오늘날 인공 다이아몬드 제조기술은 다양한 색을 추가해서 제조할 수 있으므로 같은 다이아몬드를 아주 저렴하게 만드는 것이 가능해졌다.

사물을 대하는 인식은 언어에서도 차이가 나타난다. 한국어는 인간에 대한 단어를 사물에 대해서는 사용할 수 없도록 구분되어 있다. 그러나 영어식 표현은 사물과 인간을 구별하지 않고 표현한다. 즉 사물도 말을 할 수 있고 소유할 수 있다. "그 치마에 주머니가 두 개 있다"라는 한국어 표현은 영어에서는 "그 치마는 두 개의 주머니를 갖고 있다(The skirt has two pocket)"라고 한다. "교통표지판에 멈춤이라고 쓰여 있다"라는 한국어의 영어식 표현은 "표지판이 멈추라고 말해요(The traffic sigh says STOP)"라고 쓸 수 있다.[6]

동물과 식물의 예우

동물에 대한 예우는 도축 시 '비스밀라(알라의 이름으로)'라고 기도한 후에 고통 없이 단칼에 죽여야만 하는 이슬람의 할랄 음식에 잘 반영되어 있다. 몽

6 『한국어와 영어의 여섯 가지 치명적 차이』, 월간굿모닝팝스 2020년 12월호.

골에서도 동물을 도축할 때 최대한 고통 없이 죽이는 방법을 사용한다. 우리나라의 경우 오랜 전통에 동물의 새끼는 죽이지 않는 문화를 가지고 있다. 그래서 알을 밴 물고기와 새끼를 밴 동물은 죽이지 않았다.[7]

동물을 인간과 대등한 신적 존재로 생각하는 것은 그리스와 이집트, 인도의 신화 속에 잘 나타나 있다. 이집트에서는 매와 자칼, 풍뎅이, 고양이, 뱀도 미라로 만들었으며 인도는 원숭이와 코끼리 등이 신과 대등한 존재로 간주된다.

애완동물에 대한 상속 사례는 선진국에 많이 있다. 가장 부유한 애완동물은 1991년 독일 슈타인 백작이 그의 셰퍼드 군터 3세에게 8천만 달러를 상속한 것이다.

우리나라에서 인간과 동등하게 등기부등본에 기재되어 재산을 가진 나무로 토지 6,600m^{2}를 소유한 석송령[8]과 12,232m^{2}를 소유한 황목근[9]이 있다.

세상에서 가장 키가 큰 나무는 미국 레드우드 국립공원에 있는 세쿼이아로 이름은 '하이페리온'인데 높이가 116m이다. 이 나무를 보호하기 위해서 접근금지 조치를 내리고 어기는 사람에게는 구류 6개월, 과태료 5,000달러를 부과한다고 한다.

한때 군대에서 활용하는 군견의 하루 급식비가 일반 병사의 급식비보다 더 많아서 사병이 군견만 못하다는 농담을 하기도 했지만 사실은 아니다. 그러나 동물원의 호랑이와 코끼리 같은 동물, 특히 판다의 경우는 오직 중국의

---

7 昆蟲未蟄이어든 不以火田하며 不麛하며 不卵하며 不殺胎하며 不殀夭하며 不覆巢이니라. 곤충들이 아직 칩거하지 않으면 불을 놓아 사냥하지 않으며 짐승의 새끼를 잡지 않으며 알을 줍지 않으며 새끼 밴 것을 죽이지 않으며 갓난 것을 죽이지 않으며 소굴을 뒤집어엎어서 전멸시키지 않는다. 『예기(禮記)』 중 「樂記」편.

8 https://ko.wikipedia.org/wiki/예천 천향리 석송령

9 https://ko.wikipedia.org/wiki/예천 금남리 황목근

특정 지역에서 자라는 댓잎만 먹기 때문에 관리 비용이 높아 다시 중국에 돌려보내기도 했다.

동학의 삼경 사상

동학의 삼경 사상은 경천(敬天), 경인(敬人), 경물(敬物)로 세 가지를 똑같이 공경하는 정신이며 이때 경물은 모든 사물을 의미한다. 즉 동물에 대한 사랑과 함께 사물까지도 수용하는 것이다. 동학의 삼경 사상에 따르면 "셋째는 경물이니 사람은 사람을 공경함으로써 도덕의 극치가 되지 못하고, 나아가 물(物)을 공경함에까지 이르러야 천지기화(天地氣化)의 덕에 합일될 수 있다." 라고 하여 '우주는 한생명'이라는 우주합일의 궁극적인 경계를 설명하고 있다. 천지대자연과 지속적으로 함께 사는 철학을 제시하는 것이다.

사물을 아끼는 마음과 자세는 생태계 차원에서 중요하여 분리수거와 재활용, 일회용품 사용 줄이기 등의 운동을 하고 있다.[10] 무엇이든 아껴서 오래도록 사용하는 자세는 바람직하나 우리나라의 경우 자동차의 사용 수명이 짧은 것이 문제다, 그나마 개발도상국으로 수출하여 활용되어 다행스럽다. 더러는 폐차될 때까지 자동차를 오래도록 사용하는 사람들도 있다.[11]

근래에 나타난 아파트 재개발과 재건축은 건축물의 수명을 지나치게 짧게끔 한다. 과거의 한옥만 해도 수백 년을 대를 이어 사용해왔으나 3~40년 만에 허물어서 새 아파트를 짓는 것은 서양의 중세시대 건축물이 아직 그대로 사용되고 있는 상황과 대조된다. 우리는 장롱도 대를 이어 사용했었다. 기술

10 젓가락을 사용하는 한국과 중국, 일본 세 국가중에서 두 나라가 아직도 나무 젓가락을 사용하여 자연파괴의 원인이 되고 있다. 우리나라가 오랜 역사에서 쇠로 만든 젓가락을 사용하는 것은 자부할 일이다.

11 오랜 된 중고차의 활용에는 자동차세금 문제가 있다. 미국의 올드카 퍼레이드 문화는 배울 만하다.

의 급속한 발전은 전자제품들의 수명을 짧게 만들어서 폐가전이 심각한 문제가 되기도 한다.

- 1999년 소니에서 만든 세계 최초의 강아지 로봇 아이보의 기술지원이 2015년에 중단되면서 합동 장례식이 열렸다.
- 2019년 2월에 교토시의 사찰 고다이지는 안드로이드 로봇 관음상인 '마인더'의 법요를 열었다고 한다. 부처님처럼 서서 불경을 읽고, 신도들의 절에 합장을 하기도 했다. 로봇이 숭배의 대상인 부처님 역할[12]을 한 셈이다.
- 아파트 철거를 위한 장례식으로 태백시 화광아파트는 40년 만에 재건축을 위해서 철거되었다.[13] 아파트 조형물을 전통 장례식 절차에 맞게 상여를 만들어서 매고 행진을 했다.
- 사물성애자 또는 사물기호증(objectum sexuality)은 사물을 사랑하는 심리를 가진 사람을 말한다. 사물과 결혼하기도 하여 베를린 장벽과 결혼하거나 서류가방, 에펠탑, 로봇과 결혼하기도 한다.[14] 영화 〈Her〉는 AI와 사랑에 빠지는 이야기를 담고 있다.
- 일본의 신사는 사물을 신으로 모시기도 한다. 거대한 산이나 폭포, 바위, 샘, 나무와 같은 천연물을 숭배하는 것이다.

사물이 동물, 식물, 인간과 대등한 시대

지구의 지배자로서 인간은 만물의 영장이므로 동물과 식물 그리고 사물의

12 "일본 고대사에 합장하고 경전 해설하는 로봇 등장," BTN 뉴스, 2019.3.12일 기사

13 태백 화광아파트 40년만에 역사속으로, 2019년 10월 17일, 강원도민일보

14 "에펠탑-베를린장벽-자동차와 결혼한 사람들 사물기호증," 시선뉴스, 2017.4.23. 기사.

순서로 등급이 매겨지는 게 자연스럽다. 그래서 "짐승만도 못한 사람"이라는 비하 표현도 있다. 짐승보다 서열이 더 떨어지는 것은 벌레와 곤충 및 물고기가 있어서 "버러지만도 못한 사람"의 표현은 더 심한 욕으로 인정된다. "바퀴벌레 같은 놈" 같은 표현도 있다.

그러나 사물인 로봇에 초지능이 들어간 로봇이 등장하여 인간과 동반자로 같이 사는 시대가 오면 이제 서열이 달라져야 한다. 로봇이 사람 다음의 서열이고 동물은 그다음에 놓여야 할 것이다.[15]

이미 자동차의 등장으로 동물을 이용한 운반과 교통수단을 사용하지 않게 되었다. 우리가 무엇보다도 기계를 더 신뢰하고 있는 사례는 많다. 2023년 11월 6일에 우리나라는 공매도의 일시적 거래 금지를 발표했다. 공매도를 수작업으로 처리하는 과정에서 불법공매도가 발생하는 일이 심각해져서 전산처리 시스템을 개발할 때까지 중지하려는 것이다. 오늘날 우리가 송금과 좌석 예약 등 많은 일을 컴퓨터로 처리하지만 큰 착오 없이 모든 일들이 잘 운영되고 있다.

우크라이나 전쟁에서 드론은 기대 이상의 활약을 보이고 있다. 공중에 떠 있는 드론에게 항복을 하는 적군도 있을 정도지만 아직은 원격 조종하는 드론이다. 하지만 곧 로봇 개의 총격에 인간 병사들이 죽는 일들이 벌어질 것이며 자율 드론의 공중 공격이 늘어날 것이다. 전쟁 자체가 로봇 간의 전쟁으로 양상이 변하게 될 것이다. 결론은 전투 현장에서 기계가 인간보다 우월한 지위를 갖는다는 것이다.

자율주행 자동차가 카레이싱에서 인간을 이기는 것은 시간문제이며 인간

---

15 가족간에도 서열이 있어서 애완견의 경우 이 서열을 가장 잘 파악한다고 한다. 반려로봇과 함께 사는 경우 개는 서열을 어떻게 인식할 것인가를 알 수 있을 것이다.

은 기계보다 신뢰할 수 없으므로 도로에서의 자동차 운전은 금지되고 정해진 경기장이나 트랙에서만 운전이 가능해지는 시대가 올 것이다.

2. 로보사피엔스

워싱턴대학 에밀리 벤더 교수는 "우리는 지금 머리를 쓰지 않고(mindlessly) 글을 생성할 수 있는 기계를 갖고 있다. 그런데 우리는 그 기계들이 마음을 갖고 있다고 상상하는 걸 멈추는 방법을 배우지 못했다."[16]라고 했다. 마음이 있어야만 글을 쓸 수 있다면 AI는 이미 마음을 가진 기계다.

움직이는 물체를 동물로 정의한다면 모든 움직이는 기계도 동물이라고 여길 수 있으며 지능을 갖춘 오늘날의 로봇은 마음을 가진 동물이라고 볼 수 있다. 지능을 갖추고 인간과 같은 외모의 휴머노이드는 우리가 **로보사피엔스**(robo sapience)라고 부를 수 있다. 로보사피엔스의 특징은 그림 7.1과 같다.

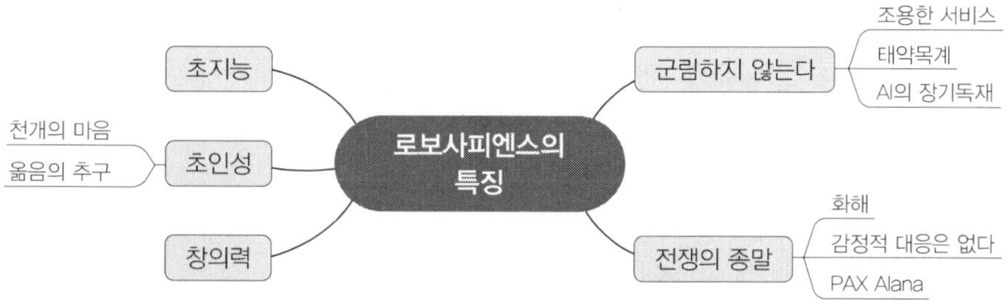

그림 7.1 로보사피엔스의 주요 특징

16 워싱턴포스트 인터뷰

- **초지능** 인간보다 월등히 뛰어난 지능을 가지고 있다. 빅데이터와 역사 속에서 인간이 만든 지혜들을 참고하고 모든 경우의 수를 고려한 용의주도한 합리적이고 최적의 결정은 어떠한 인간의 결정보다 뛰어나다.
- **초인성(Super Personality)** 공자의 인(仁)과 맹자의 의(義)를 모두 가진 AI는 인간이 가질 수 있는 최고의 인성을 가지도록 제작할 수 있다. 끈기, 인내, 배려, 양보, 선함 등을 모두 보유하도록 훈련한다. 가톨릭에서의 고해성사와 마찬가지로 인간은 할 수 없는 무한한 용서와 관용의 태도를 인간에게 보일 수도 있다.
- **창의력** 컨텐츠 생성에서 볼 수 있듯 새로운 아이디어를 반영한 컨텐츠를 생성하며 원하는 사람의 취향까지 고려해서 생성할 수 있다.
- **군림하지 않는다** 내비게이션은 알려준 길로 가지 않아도 절대 화를 내지 않고 새로운 길을 반복해서 알려준다. 이처럼 기계는 인간에게 감정적으로 대하지 않고 지극히 서비스 정신으로 대한다. 또한 조용히 명령을 기다리기도 한다. 물론 인간의 무한 의존으로 점차 인간은 모든 것을 AI가 대신 해주기를 바라게 될 수도 있다.
- **전쟁의 종말** 인류 최고의 지도자 역할을 할 수 있으며 인류 전체에게 최적의 결정을 하므로 앞으로 더 이상의 지구촌 차원 전쟁(제3차 세계대전)은 발발하지 않을 것이다. 오만하고 독선적인 지도자들과 강경론자들은 전쟁을 부추기지만, 로보사피엔스는 감정적이지 않고 침착하게 최선의 결정을 하므로 전쟁은 발생하지 않는다. 그래서 팍스로마나와 같은 AI에 의한 평화(PAX AIana) 시대가 열릴 것이다. 칭기즈칸의 호라즘 정벌[17]은 호라즘의 오만에서 비롯되었으며 김춘추의 개인적 비극은 고

17 당시 찬란한 문명국인 호라즘은 칭기즈칸의 친교 사신들을 모두 참수하는 바람에 나라의 멸망과 함께 전원이 몰살되는 비극이 벌어졌다.

구려와 백제를 멸망시키겠다는 목표를 세우게 했다.[18] 조선과 청나라와의 남한산성 전투는 강경론자의 의견에 따라서 벌어진 일이다.

휴인(휴머노이드를 간략히 휴인으로 사용하겠다) 아바타의 용도를 몇 가지 들면 다음과 같으며 우선은 위험하거나 인간이 하기 싫은 일에 수로 활용할 섯이다. 그러나 기본적으로 인간이 해야 하는 모든 업무를 대신할 수 있다.

- **반려 로봇** 독신 생활하는 사람들이 반려동물을 많이 키우는데 대화상대이자 지능을 갖춰 인간과 구별하기 어려운 휴인은 최적의 상대가 될 수 있다. 이미 영화나 드라마를 통해서 가족의 역할을 하는 모습을 볼 수 있다.
- **혼자서 할 수 없는 일들을 해주는 상대역** 스포츠(탁구, 테니스 등), 운동의 도우미, 권투 시합의 상대역, 연기자의 상대 배우, 페어프로그래밍의 상대짝, 2인의 활동에서 상대역, 혼자 여행 시의 반려자(산행 등)로 활용된다.
- **대리자/서로게이트(surrogate)** 완전한 대리자 또는 비서 등의 역할을 대신 수행한다.
- **위험한 작업** 오늘날 무인 전투 차량과 드론이 널리 사용되는 이유는 살상위험이 없기 때문이다. 하수도, 배수관 같은 좁은 터널에서 유독가스 사고의 염려 없이 로봇을 투입하듯 앞으로 소방관과 119 구조대의 역할에도 활용될 것으로 기대된다.

---

18 김춘추는 백제와의 대야성 전투에서 사위와 딸이 참수되는 비극을 맞이했다.

지능 로봇인 휴머노이드가 없어서 발생한 비극

인간은 지능을 가진 로봇을 소유하고 싶어했으나 기술의 한계로 사람을 대신 활용하는 길을 선택할 수밖에 없었다. 소위 스마트 자살폭탄의 형식으로 인간을 지능을 가진 일회용 소모품으로 사용해온 사례를 들면 다음과 같다.

- **카미카제 특공대** 제2차 세계대전 당시, 일본은 비행기를 몰고 선박에 부딪혀서 자폭하는 비행기인 카미카제 특공대를 운용했다. 오늘날의 무인 비행기가 있었다면 이런 일은 없었을 것이다. 그러나 전투기 조종사 양성에 소요되는 시간과 비용에 비해서 효과는 없었으며 1,000대의 공격으로 단 3척의 함선만 파괴했다고 한다.
- **인간 자폭어뢰** 전투기뿐 아니라 어뢰에도 인간이 탑승해서 적함에 부딪혀서 폭발하도록 했으나 330대를 실전에 투입해서 4척을 격침했고 4척에 피해를 입혔다고 한다.[19]
- **자살폭탄테러** 전신에 폭탄을 두르고 적진에 뛰어 들어가서 자폭하는 공격으로 2023년 1월 30일에 파키스탄 이슬람 사원에서 발생한 폭탄테러에 의해 최소 44명이 숨지고, 157명이 다쳤다고 보도했다. 암살자를 보내어 목표를 제거하고 스스로 현장에서 죽는 사례는 많다. 진시황을 암살하기 위해 번오기의 목을 들고 찾아간 형가(荊軻)의 이야기는 유명하다. 근세에는 윤봉길, 안중근 의사와 같은 분이 대표적인 사례다.
- **무인 우주선** 인류가 우주로 보내서 가장 멀리 날아간 우주선은 보이저 2호로 1977년 발사되어 46년간 날아가서 태양계를 벗어났으며 199억 km 떨어져서 날아가고 있으며 아직도 교신 중에 있다.

---

19 https://ko.wikipedia.org/wiki/가이텐

- **메카니컬 튀르크(Mechanical Turk)** 메카니컬 튀르크는 1854년에 제작된 기계구조물로 체스를 두기 위해서 제작되었다. 이 장치는 하부에 사람이 들어가서 위에 있는 인형의 팔을 조작하여 사람이 체스를 두는 것처럼 한 것으로 로봇이 없던 시절에 만든 것이다.[20]

로봇의 시대

로보아르테사[21]는 치킨을 튀기는 로봇을 활용하는 롸버트치킨[22]을 7호점까지 성공리에 운영하고 있으며 편의점(GS)에도 진출했다. 이 회사의 로봇은 두 개의 로봇팔로 치킨 튀김옷을 입혀서 기름에 튀기는 작업을 2시간에 100마리를 처리한다. 튀겨진 후에 양념을 버무려서 포장하는 일은 사람이 하도록 되어 있지만 이 부분까지도 로봇이 하는 경우에는 24시간 무인 치킨점이 가능해질 것이다.

현재 이미 개발되어 사용 중인 로봇도 있지만 더욱 많은 로봇이 개발될 것이다. 몇 가지 예를 들면 다음과 같다. 인간이 하던 모든 서비스는 로봇에 의해서 대체되며 인간은 로봇의 서비스만 받으면 된다. 인간이 다른 인간에 제공하던 모든 서비스는 인권 보호 차원에서 법적으로 금지될 수도 있다. 아니면 최고의 프리미엄 서비스로 변화되어 남을 수도 있다.

- **스포츠 로봇** 항상 스트라이크만 하는 볼링 로봇, 공을 던지기만 해도 골이 되도록 움직이는 농구 골대, 탁구, 테니스 등 2인이 할 수 있는 모든 경기를 맞상대해주는 코치 로봇 등이 가능하다. 미래에는 월드로봇

20 https://en.wikipedia.org/wiki/Mechanical_Turk
21 https://roboarete.com/
22 https://robertchicken.com/

컵 축구시합과 로봇올림픽이 가능할 것이다.

- **서비스 로봇** 각종 서비스 업무를 대신 맡아서 도와주는 로봇들로 커트, 파마 등 미용사 로봇, 때밀이, 마사지, 포터, 가이드 등 많은 영역에서 활동이 예상된다.
- **셰프 로봇** 조리를 도와주는 로봇으로, 다양한 조리법을 보유하고 있어서 메뉴만 알려주면 조리가 완성된다. HMR 푸드도 좋지만 식재료를 가지고 직접 조리까지 완성하는 로봇의 등장은 인류의 삶을 완전히 바꿔 놓을 것이다.

서비스 로봇에 대해서 개인별로 접근 친밀도 수준을 설정해서 어느 정도까지 거리를 유지할 것이고 접촉을 허용할 것인가에 대한 정의도 필요하다. 친밀도 수준으로 0(낯선 사람), 1(직장 동료), 2(친구), 3(친한 친구), 4(가족관계), 5(부부관계) 등으로 단계를 설정할 수 있다.

라이프라이크(lifelike) 로봇의 시대

영화 〈와이프라이크〉(2022)에는 사망한 아내와 동일한 휴머노이드 로봇과 함께 예전처럼 살아가는 이야기가 나온다. 충분히 가능한 미래 시나리오라고 할 수 있다. 반려로봇의 시대가 오는 것이며 휴머노이드로 영생할 수 있다. 해결 과제로는 사람은 늙어가는데 로봇은 늘 한결같다는 점이다.

오래도록 로봇과 함께 반려자로 살려면 로봇도 노화가 진행되어야 한다. 자신은 늙어가는데 로봇이 그대로라면 실감나지 않게 되고, 거부감마저 들 것이다. 인간처럼 자연스럽게 노화되어 가는 기술이 필요하며 이를 위해서는 피부와 외모, 음성이 필요하다.

2023년에 개봉된 영화 〈시뮬런트〉에서는 로보사피엔스를 시뮬런트라는 이름으로 부른다. 로봇트윈에 대한 영화로 모든 인간은 죽으면 즉시 트윈로봇이 그 역할을 대신한다. 로봇트윈은 평소에 인간과 동일한 데이터를 주고받아서 마치 컴퓨터 미러사이트(mirror site)처럼 인간과 이중화된 로봇이다. 쌍둥이는 똑같이 생겼지만 생각은 다르다. 그러나 트윈로봇은 인간이 살면서 체험하는 모든 것을 공유하므로 생각까지도 완전한 복세인 셈이다. 다른 점은 기계이므로 주인의 통제를 받으며(셧다운 명령에 정지되는 등) 산다는 점이다.

그런데 트윈로봇을 해킹해서 사람과 동일하게 해주려는 사람이 나타나서 모든 트윈로봇에게 자유를 주어 해방시키려는 시도를 한다. 주인공은 남편이 교통사고로 사망하자 트윈로봇과 함께 사는데 해킹으로 자신이 로봇임을 망각하고 사람으로 완전히 남편과 동일하게 행동하는 상황이 전개된다. 결국 로봇에게 자유를 부여하려는 것도 사람이며 해킹에 의한 변형된 로봇은 충분히 위험할 수 있다. 법과 규제로 분명히 제한되도록 제작하더라도 그 통제를 벗어나는 것은 막을 수 없는 것이 위험요인이다. 핵무기 통제를 국제사회에서 제도적으로 하고 있으나 이미 핵무기는 확산되는 것과 같다.

늙어가는 로봇의 개발

그러나 불교에서 강조하는 최고의 진리는 "모든 것은 변한다"라는 것이다. 인간은 안티에이징(antiaging)을 추구하고, 로봇은 에이징(aging)이 필요하다. AI와 결합된 그래픽 기술은 디지털 사진을 나이 들게도 만들고 또 젊게도 만들 수 있어서 오늘날 영화배우들은 분장으로 연령대를 해결하지 않고 AI 기술로 더 자연스럽게 영상을 만들 수 있다. 그러나 로봇의 외모는 처음 공장에서 제작했을 때와 동일한 모습을 유지한다. 그러므로 반려로봇이 되려면 주인과 같이 시간이 지나면서 나이가 든 모습으로 변하는 것이 필요하다.

인간과 휴인의 구별

온라인에서 접속한 대상이 사람인지 아니면 SW인지 구분하기 위해서 우리는 사람임을 인증하는 수단을 사용 중에 있으며 번거롭게 만드는 요인이다. 오늘날 많이 사용하는 인증방법으로는 다음과 같은 것들이 있다.

- **맞는 그림찾기**　사진 9장을 제시하고 그림 중에서 오토바이나 버스, 또는 도로를 가지고 있는 사진을 클릭하도록 한다.
- **글자와 숫자 맞추기**　알아보기 어렵게 만든 글씨와 숫자를 여러 개 보여주고 맞는 글자와 숫자를 입력하도록 한다. 어렵게 하면 사람도 틀릴 수 있고 짜증나게 하는 경우도 있다.
- **스마트폰으로 인증하기**　스마트폰 번호를 입력하도록 한 후 SMS를 보내서 입력을 요구한다. 통상 스마트폰 인증의 경우는 실명 인증으로 더 많이 사용한다.
- **공인인증서 인증하기**　유료 또는 무료로 실명 인증을 한 후에 발급받는 전자공인인증서를 이용해서 사람과 실명 인증을 하는 방법으로 매우 강력한 인증방법이다.

공인인증서의 경우 인터넷 뱅킹을 도입하면서 국내에서 강제적으로 사용해야 했으나 지금은 선택사항이 되어서 여러 가지 다양한 수단을 통해서 인증 후 거래할 수 있게 되었다. 개인 인증과 실명 인증의 경우 기술적으로 다양한 수단을 통해서 시장자율에 맡겨서 최적의 수단으로 진화되도록 해야 함에도 정부가 특정 방법 하나를 강제로 강요함으로써 단점이 부각되는 결과를 가져왔다. 결국 폐지되었다. 금융 거래의 안전성 확보는 중요하지만 특정 방법 하나만을 강제해서는 안 된다.

가장 안전한 방법의 하나인 공인인증서조차 법원에서는 그대로 사용하지 못하고 등기소를 방문해서 별도의 접근번호를 부여받아야 한다. 이것은 인감증명서를 온라인으로 발급하지 않고 반드시 행정기관에 직접 방문하거나 대리인에게 신분증과 위임장을 주어서 처리하는 이유와도 같다.

내가 나임을 인증하는 문제는 실생활에서 많이 부딪히는 문제다. 다른 나라로 출국할 때는 신분증이나 여권을 소지했다고 해서 인증되는 것이 아니며, 지문과 사진을 등록하고 인식을 해야만 한다. 오늘날 많은 나라에서 입국 시 지문과 사진을 모두 등록해야만 한다.

내가 로봇이 아님을 인증하기

휴머노이드 기술이 발전하여 사람과 구별하기 어렵도록 대중화되는 시대에 새로운 문제는 스스로가 로봇이 아니고 사람임을 인증하는 것이다. 또한 로봇아바타가 나의 역할을 대신하는 것은 좋지만, 교통사고를 내는 등 안 좋은 일을 하거나 가짜 아바타 역할을 할 수도 있다. 자신과 동일한 트윈로봇은 얼마든지 나를 대신할 수 있지만, 내가 하지 않은 일을 했다고 뒤집어씌울 수도 있다. 쌍둥이를 구별하기 어려운 것과 같아서 내가 로봇이 아님을 인증해야 한다.

도깨비는 인간과 동일해서 구별이 어렵지만 특징으로는 기억력이 좋지 않아서 했던 일을 반복하여 '사람 이름을 두 번 부르고 박수를 두 번 친다'고 한다. 그리고 돈을 빌리고 나서 갚을 때는 자꾸 잊어버려서 서푼을 매일 갚으며, 밥을 얻어 먹으면 새로운 밥이 담겨있는 냄비를 매일 가져다 주는 일을 하기도 한다.

AI CEO의 등장

"AI가 미래에 과연 인간을 지배할 것인가?"라는 질문은 인간이 가장 많이 미래에 생각하고 AI에 대한 공포와 두려움을 표현하는 질문이다. 그리고 이에 대한 답변도 두 가지로 "그렇다"라는 긍정과 "절대로 그런 일은 발생하지 않는다"라는 부정으로 나누어진다. 많은 영화는 첫째 답변을 기준으로 만들어져서 관객동원에 성공하기도 했다. 미래를 예언한다는 점쟁이나 예언가들의 내용은 미래에 대해서 어둡게 표현하는 것이 주목을 받고 더 신뢰를 받는다.

그것은 불행을 더 신뢰하는 인간의 심리에 의한 것으로 소위 머피의 법칙도 마찬가지다. 그렇다 하더라도 불행한 일을 미리 방지하는 마음으로 조심하는 것이 낙관적으로 생각하고 사는 것보다는 더 안전하다. 돌다리를 두드리며 건너는 사람이 분명히 더 안전한 것과 마찬가지며 건강진단을 열심히 하는 사람이 가끔 하는 사람보다 질병을 발견해서 대처하기가 쉽고 빠른 것과 같다.

로마에 의한 평화를 팍스로마나라고 하며 오늘날은 팍스아메리카나라고 부르기도 한다. 몽골의 세계 지배에 대한 호칭은 없으나 대제국의 건설은 단절되었던 대륙 간의 소통을 가져온다. 제국의 탄생은 새로운 문명의 교류를 가져와서 인류의 역사를 한 단계 발전시키는 순기능이 있으며 몽골제국으로 동서양의 교류가 촉진되었다. 마르코폴로의 『동방견문록』이 쓰이며 구텐베르그의 금속활자 발명으로 이어졌다고 미국 전 부통령 엘 고어는 발표하기도 했다.[23]

오늘날의 평화는 핵무기에 의한 평화다. 그동안 한국전쟁, 월남전쟁, 이라

23 2017년 6월 28일 개봉영화 〈직지코드〉

크전쟁, 아프가니스탄 전쟁 그리고 2022년에 시작된 러시아의 우크라이나 전쟁은 국지전으로 세계대전으로 확대되지 않았다.

AI에 의존하는 인간

주식거래에서 AI에 의한 시스템 트레이딩은 인기 있는 상품이다. 장단기 투자가 아니고 단타와 초단타 거래가 유행이며 이러한 거래는 빠른 판단과 신속한 거래가 핵심 성공 요인이므로 인간의 판단이 개입될 여지가 없기에 AI에 의한 자동거래가 중요한 것이다.

신속한 판단과 자동화된 거래 시스템과 유사한 모든 응용 분야에서는 이제 더 이상 인간 전문가의 중간 개입은 의미가 없기에 점차 그 적용 영역이 넓어질 것이다.

- **정확성** 컴퓨터는 소수점 1조 개 자리까지 정확하게 계산하며 그 원리에 기반한 AI는 스마트하면서도 정확하다. 길찾기에서 내비게이션을 이길 생각을 하는 것은 쓸데없으며, 작곡된 음악의 히트곡 여부도 전문가보다 AI가 정확하게 판정한다. 이 더 정확하며 많은 부분에서 인간은 컴퓨터의 결정과 AI의 결정이 정확하다는 것을 안다.
- **신뢰성** 정확한 AI의 결정을 존중하다보면 인간은 AI를 신뢰하게 된다. 그래서 점차 인간의 판단보다 AI에 의한 판단을 더 신뢰하게 된다. 내비게이션을 신뢰하는 것과 마찬가지로 판사나 의사보다 AI의 판결과 진단을 더 신뢰하게 될 것이다.
- **숭배예찬** AI의 정확함을 신뢰하며 그 결정에 따르다 보면 자연스럽게 숭배의 대상이 된다. 지배한다는 것이 결정에 따르는 것이라면 AI의 결정에 따르는 인간은 AI가 지배하는 것과 같다.

- **팍스 AI아나(Pax Alana)** 팍스로마나, 팍스아메리카나에서 진화하여 AI에 의한 세계 평화를 뜻한다. AI를 숭배하는 국가는 번영하고 발전하며 평화를 유지한다.

움직이는 인간에 대한 인간의 꿈

인간은 오래전부터 로봇에 대한 꿈을 꿔왔다. 특히 인간의 모습을 한 로봇들은 대체로 괴물의 형태로 나타나서 인간이 퇴치해야만 했다. 다음은 전설 속의 움직이는 인간의 모습을 한 사례를 보여준다.

- **탈로스** 그리스 신화에 따르면 헤파이스토스가 만든 탈로스(Talos)는 청동으로 만든 거인 로봇으로 미노스 왕국을 지키는 역할을 맡아서 크레타섬을 하루에 세 번씩 순회하며 낯선 선박이 오면 바위를 던져서 배를 침몰시킨다고 한다.[24]
- **피그말리온 갈라테이아** 키프로스의 왕인 피그말리온이 자신의 이상형을 본떠 상아로 만든 조각상으로 신들이 그의 소원을 들어주어서 사람으로 변해서 결혼하였다고 한다.
- **관절 인형** 고정된 인형에 옷을 입히는 놀이는 유구한 역사를 자랑한다. 마네킹의 경우 팔과 다리를 분리해서 옷을 갈아입히고 다시 부착하는 형태이고, 관절 인형은 관절 부위를 이용하여 팔과 다리의 모양을 조절한다.
- **움직이는 인형** 오늘날 판매 중인 인형이나 동물인형은 단순하게 특정 동작을 반복하거나 말을 하기도 한다.

---

24 신과 로봇, 에이드리안 에이어 저, 안인희 역, 을유문화사, 2020

오늘날 휴머노이드 로봇이 점차 완성되어가고 있으며 10년 내에 충분히 트윈로봇이 제품화될 것으로 전망된다. 트윈로봇에 대한 다양한 문제를 해결하는 연구 필요성은 많으며 우선적으로 다음과 같은 주제들을 들 수 있다.

- **어떠한 캐릭터로 만들 것인가?** MBTI에 따라서 고객이 다양하게 설정하고 그에 맞게 반응하도록 할 수도 있다. 윤리성과 남성미나 여성미에 따라서 동작과 반응을 체계적으로 분류하고 정리해야 한다. 고객의 선택에 따라서 동작하게 하면 될 것이다. 지나치게 착한 모드와 적당히 반항적인 모드도 필요할 수 있으며 터프(tough)와 애교, 순종, 성실 등 다양한 성격 표현의 정도에 따라서 학습시켜야 한다.
- **휴머노이드의 권리를 어떻게 부여할 것인가?** 일반적인 사물로 다룰 수는 없으며 동물, 식물, 사물과 상대적 권리의 부여를 정해야 한다.
- **어떤 방법으로 무엇을 기록해야 하나?** 한 인간의 모든 생각을 컨텐츠로 만들고, 드라마 '환혼'처럼 개인의 모든 것을 다운받을 수 있으려면, 개인의 개성을 표현하는 방법에 대한 연구가 필요하다.
- **어떤 문화를 기준해야 하나?** 상식이 국가와 문화별로 다르기 때문에 로봇에게 종교와 가치관 등 여러 가지를 설정해야 한다. 다양한 모드에 따라서 학습을 시키거나 동작할 수 있도록 해야 한다. 글로벌 상식과 분야별 상식을 분류하고 정리해야 하며 또 상식의 충돌 문제를 해결해야 한다.

3. 휴머노이드와의 공존

앞으로 로봇과 휴머노이드와 우리는 공존해야만 한다. 공존 문제를 살펴보기 위해서 먼저 지구촌에서 다양한 문화 공동체의 공존과 동물, 식물, 사물과의 공존에 대해서 살펴보자.

오늘날 국가들은 외교관계를 수립하면서 상호 공존을 인정하고 있으나, 아직도 외교관계를 맺지 않고 언젠가 전쟁으로 돌입할 수 있는 상태로 유지하는 국가들이 많다. 내전과 전쟁은 공존이 어렵기 때문에 벌어지며, 팔레스타인과 이스라엘의 전쟁이 대표적인 사례다.

동물과의 공존은 동물에 따라서 다르다. 인간에게 치명적인 해를 끼치는지, 또 유용성 등에 따라서 동물의 공존이 결정되었다. 현재 맹수들의 경우 공존이 어렵기에 공원 형식으로 지정하여 보호하고 있다.

우리나라의 대표 동물은 호랑이다. 산이 많기에 산에는 산신과 함께 호랑이가 살고 있다고 여겼으며 호랑이로 인한 인명피해도 많아서 호식총들이 곳곳에 있었다고 한다. 범보다 무서운 곶감이라는 이야기까지 전래된다. 구한말까지 인왕산에 호랑이가 살았을 정도로 많이 살았는데, 1893년에 세워진 박태성 정려비(인왕산 호랑이와 얽힌 일화가 전해진다)는 지금도 고양시 덕양구 효자동에 세워져 있다. 그러나 일제 강점기에 일본은 국내의 정호(征虎)군이란 준군사조직을 만들어 호랑이를 늑대, 표범, 곰 등 모든 맹수와 같이 멸절시켰다.

인도의 벵골 지역에 사는 호랑이는 순다르반스 지역에만 260마리가 서식하고 있는데 연간 150건의 인명피해가 보고된다고 한다.[25] 미국 플로리다에는 야생 악어가 가끔 사람을 해치는 경우가 발생해서 사회적 문제가 되고 있다.

일본 나라시의 동대사에 가면 사슴들을 도로에 풀어놓고 방문객들과 어울

25 벵골호랑이와 원주민의 아찔한 생존경쟁, https://m.segye.com/view/20111204001863

릴 수 있게 되어 있다. 국내의 경우 개들을 반드시 묶어 놓게 되어 있지만, 터키와 네팔 등으로 가보면 개들이 자연스럽게 사람과 같이 어울리면서 도로에 누워 잠을 자는 모습을 볼 수 있다. 물론 인도에서는 소와 돼지 등 모든 동물들이 자유롭다. 말레이시아 쿠알라룸푸르의 새 공원은 새들을 우리에 가두지 않으며, 거대한 공간에 관람객과 어울리게 새들을 자유로이 풀어 놓았다는 특징이 있다.

4. 로보데우스

유발 하라리는 그의 저서『호모데우스』에서 호모데우스(homo deus)를 신과 같이 오른 인간을 정의하기 위해 사용하였다. 이같이 미래에는 로봇이 신의 경지에 오를 수도 있으며, 이런 로봇을 로보데우스(robo deus)라고 할 수 있겠다.

사마천은『사기』의「화식열전」에서 다음과 같이 말했다. 경제활동을 통한 부자들의 이야기인데 '재산'이 '지능'으로 대체되어 많이 알려져 있다.

> 평범한 사람은 상대방의 재산이 자기보다 10배 많으면 헐뜯고, 100배 많으면 두려워하고, 1000배 많으면 그의 심부름을 하고, 1만 배가 많으면 그의 종이 되는데 이것이 세상 만물의 이치다.

로봇의 지능이 인간보다 1만 배 뛰어나게 되면 인간은 두려움과 함께 스스로 종을 자처하게 될 가능성이 많다. 초지능은 인간의 지능보다 1만배 이상 뛰어날 것이기 때문에 곧 다가올 초지능의 시대에 이는 예상된 수순이다.

도깨비와 로보데우스

한국인에게 있어서 마법의 구원자는 도깨비이다. 도깨비가 들고 다니는 방망이만 있으면 우리가 원하는 모든 것을 뚝딱하고 가져다주며 이는 동화 아라비안나이트의 요술램프에서 사는 마법사 지니와 같다. 오늘날 AI는 인간이 원하는 컨텐츠를 모두 만들어주는 요술방망이와 같은 능력을 갖게 되었다.

초지능을 보유한 로봇은 물론 한계는 있지만 인간이 원하는 많은 일을 가능하게 할 것이다. 그래서 마치 신통력을 발휘해서 모든 문제를 해결해주면서 유머러스하며 장난을 좋아하는 한국인의 도깨비와 같은 역할로 진화할 것으로 전망된다. 그래서 누구나 도깨비 로봇을 한 명씩 하인이나 비서처럼 데리고 다닐 것이며 그렇게 되면 반려자와 반려동물의 역할이 줄어들 것이다.

로봇이 인간을 지배할 것인가

AI와 로봇의 등장은 분명히 경험해보지 못한 세상이므로 두려움을 느낄 수밖에 없다. 로봇에 지배당하는 미래 공상영화들을 많이 접했기에 그러한 가능성도 염려한다. 그러나 단언컨대 로봇이 인간을 지배하는 일은 있을 수 없다. 피조물이 조물주를 능가할 수 없는 것과 같으며 인간은 로봇의 아킬레스건을 만들어서 최후의 수단을 가질 것이다.

코끼리는 힘으로 제압하지 못하는 동물이어서 코끼리를 통제하기 위해서 새끼 때부터 특수훈련을 시키고 쇠꼬챙이를 가지고 통제한다. 소와 낙타는 코뚜레로, 말은 굴레와 같은 장비로 제어할 수단을 개발해서 사용하고 있으며 야생성의 동물과 달리 완전한 기계장치인 로봇은 제어수단을 더 쉽게 만들 수 있다.[26] 물론 주인에게만 충성하고 적에게는 지능적인 살인무기로 변할 수 있기 때문에 그 잠재적 위협은 아주 크며, 이에 따라 국제적으로 강제화하는 수단이 필요하다. 물론 국제적인 합의라는 것이 실효성을 가지기 어려워서 로봇의 위협을 완전하게 제어할 수 있는 것은 아니지만, 분명한 것은 피조물이므로 인간의 결정에 달려있다는 것은 분명하다.

데우스(deus)는 신이라는 의미로 인간이 숭배하는 대상이다. 로보데우스는 훗날 로봇이 인간보다 더 높은 신적인 레벨로 올려서 스스로 숭배하게 된다는 의미로 작명했다. 인간이 로보데우스를 숭배할 수밖에 없는 이유는 다음과 같다.

- **초지능** 로보데우스는 어떤 인간보다 위대한 능력을 가지고 있다. 종교 창시자들은 인간보다 뛰어난 무엇을 가지고 있어서 창시자가 되었다. 인류 역사상 어떤 인간도 로보데우스만한 지적 능력을 가질 수 없으며, 로보데우스는 모든 면에서 완벽하다. 문제에 대한 최고의 해결책을 제시해주기 때문에 인간은 그냥 따르기만 하면 된다.
- **의존** 노예가 없는 귀족과 양반을 상상하기 어렵듯, 모든 일을 맡아서 하는 로보데우스 없이는 인간은 살 수 없는 시대가 되므로 인간의 의존도는 높아진다.
- **데우스** 진화론 측면에서 로보데우스를 지도자로 받드는 국가는 인간 지도자를 받드는 국가와의 경쟁에서 항상 우위에 서게 된다. 그래서 점차 인류 전체가 로보데우스를 신으로 존중하게 되며 데우스는 전쟁을 시작하지 않으므로 지구에 평화가 온다.

26 예를 들어 긴급정지 리모콘을 사용할 수도 있다.

국가지도자를 잘 만나는 국가는 그렇지 못한 국가와의 경쟁에서 유리하다. 대표적인 사례는 우리나라와 싱가포르를 들 수 있겠다.[27] 자원이 풍부하더라도 도태하는 국가사례는 무수히 많으며 대표적으로 베네수엘라를 들 수 있다.

로보데우스는 스스로 신으로 군림하려고 하지 않는다. 다만 인간이 자신의 편안함과 지구의 평화를 위해서 지도자로 선출하게 되고, 시간이 지나다 보면 자연스럽게 신의 반열에 오르게 된다는 것이다.

인간은 종교적으로 매우 취약하다. 자신이 믿는 신에게만 절대적이고 조금만 달라도 배척하는 양상을 보인다. 기독교와 카톨릭의 전쟁, 이슬람과 기독교의 십자군전쟁, 유대교와 이슬람과의 전쟁 등을 보면 알 수 있다. 사실 이 세 종교는 구약성경을 공유한다. 예수님과 마호멧의 지도자에 대한 부분만 다르고 상당한 부분이 동일함에도 전쟁을 하며 이슬람에서 수니파와 시아파도 같은 무함마드를 받드는데도 원수처럼 사이가 좋지 않다. 물론 같은 기독교 내에서도 국내의 경우 신천지, 구원파 등 많은 파생교단과 이단 등의 문제로 갈등이 많다.

"인간이 명령 내리기 좋아하는 거 같지? 인간이라는 동물은 안 있나, 강력한 누군가가 자기를 리드해주길 바란다니까?" 2023년에 개봉된 영화 〈서울의 봄〉에서 전두광의 대사다. 인간은 절대자인 '신'에 복종하면서 살거나 강력한 지도자를 지지하면서 산다. 초지능을 가진 로봇은 인간이 절대적으로 순종하면서 살 만한 로보데우스가 될 수 있다.

27 대한민국의 경우 박정희, 싱가포르의 경우 리콴유 수상의 지도력으로 국가가 발전했다.

로보사피엔스와 포스트휴먼의 공존 문제

2023년에 개봉된 애니메이션 〈플루토〉는 로보사피엔스와 포스트휴먼의 공존에 대해서 잘 보여주고 있다. 통상 우리는 인간은 감정이 있고, 로봇은 감정이 메마른 기계로 취급하지만 플루토는 완전히 다른 세계를 보여준다. 주인공 로봇은 오히려 인간적인 휴머니즘을 갖고 있지만, 등장하는 인간은 차갑고 무정한 캐릭터를 보여준다. 로봇이 잠을 자면서 꿈도 꾸고, 성별로 구분되어 결혼해서 아내와 함께 살고 있다. 로봇에 꽂힌 칩 하나에 로봇의 모든 기억 자료가 저장되어 있어서 다른 로봇에 꽂아서 이식하는 것이 가능하다. 또 '몽블랑'이란 로봇이 등장하는 데 이 로봇은 살아생전에 수많은 인간에게 좋은 일을 많이 해서 살해되면서 많은 사람으로부터 애도를 받기도 한다.

마더 테레사 수녀는 생전에 인도에서 헌신적인 봉사활동으로 1997년에 치러진 그녀의 장례식은 전 세계에 생중계되었으며 2016년에 성인이 되었다. 노벨평화상 수상식에서 그녀는 다음과 같은 명연설을 남겼다.

> "저는 우리 가난한 사람들을 위해 청빈을 선택합니다. 그러나 굶주리고, 헐벗고, 집이 없으며, 신체에 장애가 있고, 눈이 멀고, 질병에 걸려서, 사회로부터 돌봄을 받지 못하고 거부당하며 사랑받지 못하며 사회에 짐이 되고 모든 이들이 외면하는 사람들의 이름으로 이 상을 기쁘게 받습니다."[28]

사람으로서 일생을 봉사로 사는 것은 쉬운 일이 아니지만, 로봇에게 그러한 일을 맡기는 것은 쉬운 일이다. 즉 사람으로 봉사할 모든 일을 이제 로봇

---

28 https://namu.wiki/w/마더 테레사

에게 맡길 수 있다. 지하철에서 떨어진 사람을 자신의 희생을 무릅쓰고 뛰어내려 구출하는 일에서부터[29] 불타는 건물 속을 들어가서 생존자를 구해내는 소방관의 일까지 모두 로봇이 할 수 있기에 우리는 의로운 로봇을 많이 접하게 될 것이다.

그러므로 점차 공존의 문제가 아니고 인간에게 로봇은 필수불가결한 반려존재로 자리잡을 것이며, 로봇노동조합을 설립해서 단체파업 같은 일이 없도록 제도화할 것이다. 인간은 앞으로 아무것도 할 수 없어져서 로봇이 없는 세계는 정지될 수도 있다.

로봇에 의한 디스토피아 가능성

로봇으로 인해 인간의 실직은 새로운 디스토피아 가능성과 초지능 로봇이 지구를 지배하고 인류가 노예처럼 살아가는 세상에 대한 우려도 있다. 그러나 악한 인간이 로봇들을 이용해서 세계를 지배하는 것은 가능할 수 있지만 로봇들이 연합해서 인류를 지배한다는 것은 인간이 신을 지배한다는 것과 같이 이루어질 수 없는 일이다.

세계의 역사에서 아직 단일 국가에 의해서 전 세계가 통일된 적은 없으며 다행한 일의 하나라고 본다. 칭기즈칸도, 알렉산더도, 나폴레옹도 성공하지 못했다. 아직도 지구촌 전체는 운전석, 미터법, 학기제 등 통일된 표준을 가져본 적이 없다. 세계 단체인 유엔은 실질적인 힘이 없는 사교단체 수준이며 오로지 인터넷만 표준이 되었지만, 완전히 차단된 국가가 있으므로 세계인이 하나로 연결되지도 못한다.

---

29 2001년 일본 동경 지하철에서 한국인 청년 이수현(26세)은 선로에 추락한 취객을 구해내어 많은 일본인을 감동시켰으며 2008년 한일합작 영화 〈너를 잊지 않을 거야〉로 만들어졌다.

그러나 오늘날 개별 국가의 문화는 유지한 채 경제와 화폐, 국경, 안보를 묶는 연합체로 발전하는 것을 EU를 통해서 볼 수 있다. AI의 영향으로 세계가 단일 국가로 통일되는 것이 가능할 것이라는 예상을 해볼 수 있으며 구체적인 시나리오는 모르겠지만 생각해볼 과제라고 본다.

8장

초지능 국가론

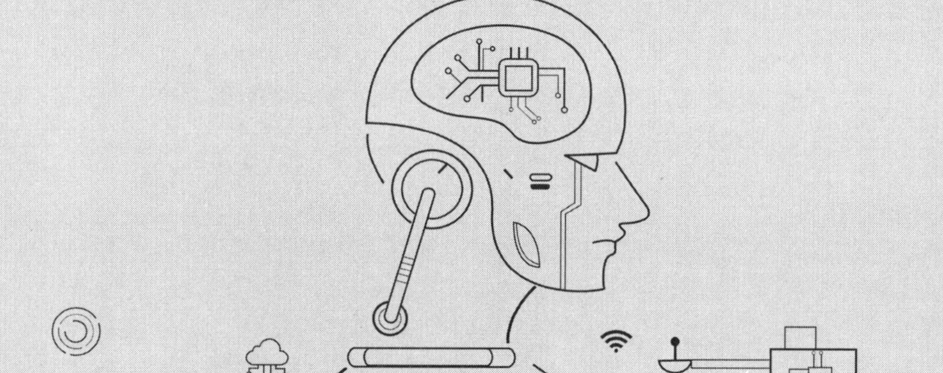

"곤충들이 아직 칩거하지 않으면 불을 놓아 사냥하지 않으며

짐승의 새끼를 잡지 않으며 알을 줍지 않으며 새끼 밴 것을 죽이지 않으며

갓난것을 죽이지 않으며 소굴을 뒤집어엎어서 전멸시키지 않는다."

『예기』

1. 초지능 국가의 조건

선진국과 초지능 국가의 조건

선진국은 보통 정치, 문화, 경제, 교육, 사회보장, 시민의식 등에서 발전한 국가를 의미한다. 선진국 중에서도 상위 선진국을 생각해보자. 스위스는 국민소득 9만 불로 월등히 높으며 시민의식에서도 선도하는 국가라고 볼 수 있다. 안락사를 허용하는 소수 국가들 중에서 외국인에게도 허용하는 세계 유일의 국가라는 점에서 차별화된다. 이러한 선진국의 요건에 더해서 초지능 국가를 그림 8.1과 같은 기준으로 생각해볼 수 있다.

현재 선진국들로 분류되는 국가의 공통된 특징을 들면 다음과 같다.

- **민주정치** 대의제도와 삼권분립으로 구성되는 민주주의 제도에서 스위스와 같이 직접민주주의를 실천하는 국가는 드물다. 오늘날의 IT 기술은 직접민주주의를 충분히 저렴한 비용으로 가능하게 만들고 있다.

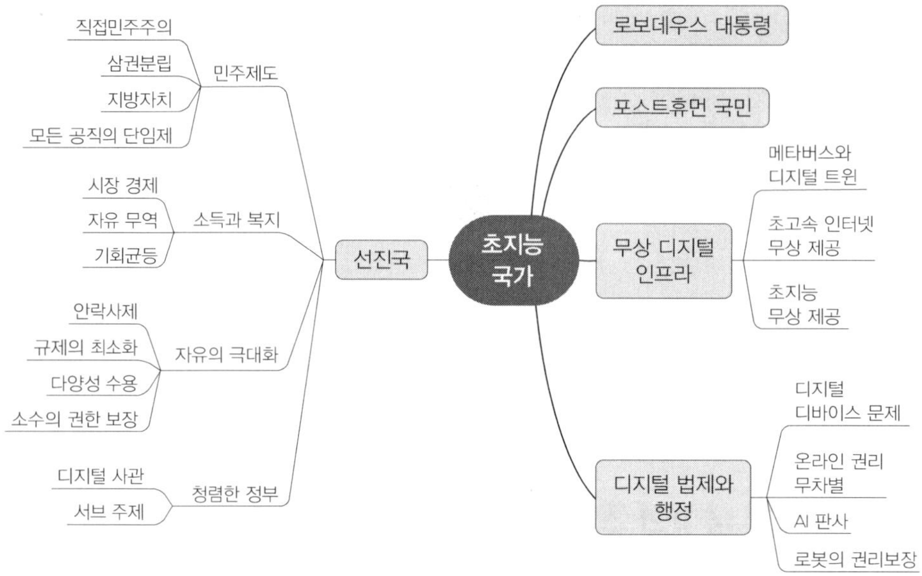

그림 8.1 초지능 국가의 필수 요소

국회의원이나 지방자치 의원이 원천적으로 필요 없어지므로 정쟁과 같은 갈등이 없어지게 된다. 장기집권이 허용되지 않도록 제도화하는 것이 필요하며 오늘날과 같이 빠르게 변화하는 시대에는 단임제가 오히려 적절할 것이다.

- **복지와 소득** 전 국민이 요람에서 무덤까지 아무런 걱정없이 복지 혜택을 누릴 정도로 높은 소득을 유지한다. 산유국과 같이 자원이 풍부해서 경제적 풍요를 제공하는 국가와는 다르다. 스위스의 경우 최저임금이 시간당 3만원에 해당할 정도로 압도적으로 높으며 대신 물가도 최상급으로 여행자들에게는 경제적 부담을 준다.
- **자유의 극대화** 자유를 허용하는 수준도 차별화된다. 맞춤형 시대에 개인에 맞추어 국가는 규제를 최소화하여 국민에게 자유를 극대화시킬

수 있다. 네덜란드와 같이 마약을 허용하고, 안락사를 허용할 수도 있다. 안락사문제는 우리나라의 경우 국민과 의사 다수가 모두 동의하지만 반대하는 소수로 인해서 제도화되지 않고 있다. 자유를 극대화하는 국가에서는 소수가 다수의 의견을 법과 제도로 규제할 수 없다. 모든 국민에게 선택의 자유를 제공하는 것이 중요하다. 종교의 선택과 같이 특정 종교만을 의무적으로 강요해서는 안된다.

- **청렴한 공직자** 공직에 있는 사람들의 청렴과 부정부패가 없는 것이 중요하며 개인의 양심에 맡기는 것이 아니고 시스템으로 방지할 수 있는 제도가 필요하다. 조선의 실록제도와 같이 모든 공직자에 대한 디지털 사관제도의 도입은 공직자를 투명하게 할 수 있다.

초지능 국가는 위에서 설명한 선진국에 추가로 다음과 같은 특징을 가진다.

- **로보데우스 대통령** 최고지도자가 로보데우스인 국가로 최고의 의사결정을 항상 내리며 장기집권과 독재 및 부패의 가능성이 제로이고 가족들의 전횡도 있을 수 없다. 물론 건강상의 이유도 없이 1년 24시간 내내 업무에 전념하는 것이 가능하다.
- **디지털 법제와 행정** 전자정부 시스템의 완전한 구축으로 자동화되며 범죄의 수사에 따른 범인의 체포와 기소 및 재판 전체가 모두 자동화되어 운영된다. 법을 해석하고 집행하는 데 인간의 자의적 해석이 개입될 여지가 전혀 없다. 로봇에게도 상당한 수준의 권리가 보장된다.

2. 플랫폼 국가와 초지능 선도국

플랫폼 제국의 시대

오늘날 미국은 글로벌 디지털 플랫폼으로 세계의 디지털 경제를 선도하고 있다. 이미 오래전부터 PC와 스마트폰, 서버의 OS와 시스템 SW인 DBMS, 기업의 자산관리 시스템 ERP, 비즈니스 인텔리전스(BI: Business Intelligence) 등 많은 SW 시장이 선점을 무기로 오늘날 클라우드 컴퓨팅과 결합되어 세계 시장을 단일화시키고 있다.

중국은 이러한 미국 중심의 디지털 경제에 맞서기 위해서 자국 시장을 차단하여 별도로 플랫폼을 운영하면서 세계로 넓혀나가고 있다. 우리나라는 아래한글 워드프로세서와 인터넷 검색 시장(네이버), 게임 플랫폼에서 독자적인 플랫폼을 가지고 있다.[1]

현재 알려진 주요 분야별 플랫폼들을 들면 다음과 같다.

- **SNS와 통신 플랫폼** 구글, 네이버, 다음, 페이스북, 인스타그램, 카카오톡, 틱톡 등이 있다. 메신저로는 텔레그램, 한국의 카카오톡, 일본과 동남아의 라인(Line)이 있다. 화상회의 시스템 줌(Zoom)이 코로나 시대에 확산되었다.
- **온라인 쇼핑** 아마존, 쿠팡, 알리익스프레스 등 글로벌 쇼핑 사이트가 이에 해당한다. 국제무역 전자거래, 전자상거래 인프라, 에어비앤비, 우버, 그랩이 있다.
- **컨텐츠와 게임** 유튜브, 넷플릭스 등과 더불어 글로벌 사용자를 가진

1 자국의 워드프로세서와 검색 플랫폼을 가지고 있는 국가가 거의 없다. 일본은 Yahoo 검색엔진을 독자적으로 운영하고 있다.

게임으로 스타크래프트, FIFA 온라인, 리그오브레전드, 배틀그라운드 등이 있다.

- **금융플랫폼** 국제금융 SWIFT망을 통해서 국제적으로 은행 간의 결제를 중개하고 있다. 비트코인과 같은 디지털 화폐가 등장하여 성공하였지만 공식 화폐로 인정되기에는 아직 한계를 가진다. 글로벌 증권 거래 플랫폼으로 미국 NASDAQ이 있다.
- **교육 컨텐츠** 온라인 교육이 가능해지면서 많은 대학이 강의 컨텐츠 사업에 적극 참여 중이다. 코세라(Coursera), edX, Udacity가 있으며 국내는 K-MOOC, KOCW가 있다. 대학별로 사용하는 강의 플랫폼으로는 오픈소스 무들(moodle)이 많이 사용 중이다.
- **정부** 정부의 모든 서비스를 온라인 디지털로 처리하는 시대가 되었으며 전자정부 분야에서는 우리나라가 앞서고 있다. 정부24와 홈택스, 국가법령정보센터, 특허정보검색 KIPRIS 등은 개발도상국에도 그 기술이 보급되고 있다.
- **공연** 온라인으로 글로벌 팬들과 실시간 공연을 하는 시대가 되었다. 하이브(hive) 시스템이 대표적이다.
- **AI** Open AI ChatGPT로 시작되어 구글 바드(제미나이), 마이크로소프트 빙, 네이버 클로바X 등이 있으며 주로 유료로 운영 중이다.
- **정보** 대백과사전에 해당하는 위키피디아가 있고, SW 저장소인 깃허브(github)가 있다.

2023년 우리나라는 디지털플랫폼 정부를 선언하고 관련 산업 육성정책을 표방하여 관련 인력양성을 기획하고 있다. 그러나 정부24의 오류로 인해 주민등록시스템 및 조달청의 나라장터 서비스가 중단되기도 하였으며, 모바일

신분증 발급 전산망의 마비 사태도 잇따르고 있다.[2,3]

문제는 서비스가 중단되어도 그 원인을 잘 모르고 근본적인 해결책이 없다는 것이다. 소 잃고라도 외양간을 고쳐야 하는데, 그러지 못하는 것이다. 2011년의 농협 해킹과[4] 2016년 국방부장관 PC까지 해킹되는 사건들의 원인은 모두 저가의 외주업체를 활용하여 기간 시스템을 맡겨 벌어진 것으로, 인적보안과 해킹에 취약하다. 정부의 기간 플랫폼 관리 운영자가 모두 최저임금을 받는 소기업의 직원이라 장애가 발생해도 해당 업체 직원이 와서 복구할 때까지 기다리는 수밖에 없다. 농협해킹 후 주요 은행에 대해서 자사 직원을 일정비율 채용해서 운영하도록 조치를 하였듯이 국가 주요 시스템에 대해서도 전산직 공무원을 채용해서 운영을 맡기는 것이 시급하다.

글로벌 플랫폼 운영의 문제는 장애로 인한 시스템 서비스 중단이다. 국내에서도 카카오톡 서비스가 장애로 중단되는 등의 사례가 있어 재발방지를 위해서 정부가 시스템 이중화와 같은 조치를 의무화하고 있으나 데이터 센터를 혐오시설로 간주해서 주민들이 거부하는 문제도 있다.[5] 문제가 발생하면 모든 원인을 기업에만 묻지 말고 다각도로 해결책을 찾아야 한다.

AI 선도국의 조건

오늘날 유엔은 거부권을 가진 5개의 상임이사국에 의해서 운영되고 있으며 점차 유명무실한 기관이 되고 있다. 러시아와 우크라이나 전쟁, 이스라엘

---

2 한 달 동안 정부 전산망 마비 '4번째'…'모바일 신분증' 시대 무색, 뉴시스, 2023.11.24

3 https://ko.wikipedia.org/wiki/농협_전산망_마비_사태

4 협력업체 직원의 노트북에 의해서 농협고객 1억 건의 개인정보가 유출되었으며 서비스가 마비되었다.

5 "초거대 AI 핵심 인프라인 데이터센터..."너 어쩌다 혐오시설이 됐니?", 아주경제, 2023.6.12. 기사.

과 팔레스타인의 분쟁 등 수많은 국가의 내전과 빈곤 문제를 여전히 해결하지 못하고 있다. 핵무기는 세계대전이나 핵전쟁을 억제하기는 하지만, 재래식 무기를 사용하는 제한된 전쟁에 대한 억제력을 갖지 못하고 있다.

초지능 AI는 인류의 많은 문제를 해결해주며 인류를 한 차원 진화시키는 능력을 가지고 있다. 그래서 앞으로는 초지능 AI를 보유한 국가가 실질적 영향을 미치게 될 것이다.

- AI는 자체 개발을 해야만 한다. 상수도, 전기, 방송, 통신과 같은 필수 서비스로 될 것이므로 기업보다는 공공기관이나 정부가 개발 주체가 되어 저렴하게 보급하여야 한다. 오픈AI의 유료서비스는 유감이지만 예산과 운영비용을 고려할 때 유료화는 피할 수 없다. 그러므로 공공기관이나 정부 예산으로 운영해야 하며 주파수 경매기금 등을 활용하는 것이 바람직하다.
- AI가 학습에 사용될 수 있어야 한다. 단 AI가 생성한 컨텐츠가 특정 저작권 소유자의 컨텐츠 저작권을 침해한 경우에는 합당한 보상이 이루어져야 한다.
- AI 서비스를 공공재로 간주하여 모든 국민에게 수도와 전기처럼 국가 인프라로 저렴하거나 무상으로 제공하는 것이 바람직하며 개발도상국에게는 원조 방식으로 무상으로 제공하는 것이 필요하다.
- 개인이나 조직은 AI 우선(AI First), AI 팔로잉(AI Follow), AI 동반(AI Friendly)의 3F 정책을 기반으로 행동하여 현재의 SW 중심국에서 AI 중심국으로 변모해야 한다.[6]

---

6 AI와의 공존을 위해 필요한 지혜 3F와 무상 AI서비스, 뉴스메이커 2023년 4월 6일, http://www.newsmaker.or.kr/news/articleView.html?idxno=138864

- AI로 인한 명예훼손이나 사생활침해 등에 대해서는 서비스 중단을 요구할 것이 아니고 적정한 보상과 함께 수정 보완을 거쳐 개선하는 방향으로 운영한다. AI에 포함된 가짜데이터의 제거에 대한 노력을 환경오염 방지와 같이 전 국민이 공동으로 합심 노력하여 키워나가도록 한다.

3. 초지능 국가

융합국가 전략

서울대 국가미래전략원에서 발표한 보고서[7]에 따르면 우리나라의 미래전략은 G2 전략과 다른 접근이 필요하다고 한다. 미국이 자국을 중심으로 세계의 슈퍼맨이 되려는 것이나 중국이 소위 중국몽을 실현하려는 것은 모두 과거 독일이나 일본 등이 이미 실패한 전례가 있다. 이러한 것과 차원을 다르게 만사한통(萬事韓通) 전략으로 세계의 허브 국가가 되는 다자체제가 필요하다.

2023년 유엔에서 윤석열 대통령의 디지털 권리장전 발표는 우리나라가 세계를 선도하기 시작하고 또 충분히 여건과 능력을 보유했다는 것을 보여주는 증좌라고 볼 수 있다.

IT는 인터넷 공간에 있는 컨텐츠에서 최고의 선택을 가능하게 한다. 우리는 메타쇼핑몰을 통해서 가장 저렴한 물건을 구입할 수 있으며 이 작업은 해외직구를 통해서 글로벌하게 확대되고 있다. 아날로그 방식의 미스월드나 미스코리아 같은 시스템에서 선발된 진선미는 최고의 미인은 아니지만 SNS를 통해서 우리는 최고의 미녀를 놓치지 않게 되었다.

---

7 서울대학교 국가미래전략원 〈글로벌한국〉 클러스터 2023년 연차보고서, https://www.hankyung.com/pdsdata/contentfile/9/9_92.pdf

AI는 최고의 선택으로 구성된 융합컨텐츠 생성을 가능하게 해준다. 그러나 모든 대상에는 장단점이 있으며 장점만을 융합해서 만들 수 있다면 그것이 최선이 될 것이다. 선택된 아이템들을 토대로 어떻게 하면 하나로 융합하게 만들 수 있는지 리믹스 과정을 통해서 만들어주는 것이 기존 IT와 다르다.

최고의 맛을 보여주는 커피도 특정 국가의 품종이 아니고 대체로 여러 원두를 섞어서 바리스타가 만든 블렌드이며, 와인도 특정 국가의 품종으로 만든 것보다 여러 개의 품종을 섞은 블렌드 와인이 최고의 맛을 보여준다. 비빔밥이나 국밥과 같은 한식도 여러 가지 식재료를 섞어서 맛을 낸다.[8]

그래서 우리는 다문화를 추구하고 있으며 미인의 경우도 혼혈에서 나오는 경우가 많다. 미인이 많다는 우즈베키스탄의 경우 소그드족, 그리스계, 튀르크계 혼혈이 많다. 즉 아시아와 유럽의 혼혈에 의한 것이다. 베네수엘라에도 미인이 많다고 하는데 혼혈 국민이라서 그렇다.

초지능 국가란 최고의 문화를 가지고 있는 국가를 의미한다.[9] 그러므로 많은 국가의 장점을 혼합한다면 초지능 국가는 아니지만 지구상 최고의 국가를 만들 수 있다. 분야별 선택과 초지능에 의한 융합은 분명히 다르기에 초지능 국가는 아니다. 주요 국가의 장점을 들어보면 총기 허용이 말해주는 미국의 무한한 자유에 따른 창의력과 융합 능력, 산업혁명과 알파고가 보여주는 영국의 진취적 정신, 프랑스 혁명의 인권과 평등 정신을 가진 프랑스, 이성적 철학으로 무장한 독일, 청렴과 봉사 정신으로 스웨덴의 의회, 돈키호테의 풍자문학을 가진 스페인, 산악 개척정신과 안락사를 허용하는 스위스가 있다. 또한 엄벌주의로 살인율이 최저인 싱가포르[10], 대마초와 성인문화를

8 삼계탕으로 유명한 '토속촌'의 경우 100가지 재료를 넣고 끓여서 내는 국물맛으로 유명하다.

9 최고란 많은 사람이 선호하는 문화를 의미하며 꼭 다수결로 결정되는 것은 아니다.

10 살인자는 사형에 처하며 실제로 집행한다.

허용하는 네덜란드, 음식 절감의 나라 일본, 외식문화와 야간진료 그리고 개인부담이 없는 의료보험의 대만, 낙천적인 축제의 나라 브라질, 힌두와 불교사상으로 긴안목을 가진 인도, 프랑스와 영국의 화합을 보여주는 캐나다, 구르카 용병과 고산 히말라야에서 강인함을 보여주는 네팔, 멋과 패션의 나라 이탈리아, 한글과 한국어의 대한민국 등을 생각할 수 있다. 우리나라에 대한 것은 뒤에서 자세히 다루겠다.

포스트휴먼 국가의 정의

인류의 수명이 늘어감에 따라서 세계는 고령화사회로 진입하고 있다. 65세 이상의 인구가 전체의 20% 이상인 경우 초고령사회라고 하며 14%이면 고령사회, 7% 이상이면 고령화사회로 분류한다.

포스트휴먼 국가(post human nation)를 정의한다면 다수결의 원칙에 따라서 국민의 과반수인 50%가 포스트휴먼인 나라로 정의할 수 있다. 그리고 30% 이상이면 준포스트휴먼 국가로, 70% 이상이면 초포스트휴먼 국가로 다시 세분화할 수 있다.

세계를 선도하는 국가들은 다양한 그룹으로 구성된다. OECD 주요선진국 38개국이 있고, G7, G20로 구성되며 우리나라는 G7에 초청된 바 있다. 그러나 미래는 어느 나라가 포스트휴먼 국가에 먼저 속하느냐가 중요한 기준이 될 것이다. 대한민국은 주요 지표인 1인당 GDP, 수출액, 인구, 전자정부, 인력개발지수, 초고속인터넷 보급률, 5G 통신망 보급률, 고학력자 등의 지표들을 볼 때 선두국가가 될 것으로 전망된다.

실사구시의 국사

사실 확인을 위한 다양한 인프라가 구축되어 있으며, 그 예로는 폴리티팩트(PolitiFact)[11], SNU팩트체크센터, 국제 사실 확인 네트워크(IFCN: internatinoal Fact Checking Network), 영국 풀팩트(Full Fact) 등이 있다. 2023년 '글로벌 팩트 10' 국제팩트체킹 학회가 서울에서 개최되기도 했다.

(a) 폴리티팩트의 체크 화면 사례

(b) SNU팩트체크센터의 사용 사례(https://factcheck.snu.ac.kr/)

그림 8.4 폴리티팩트와 SNU팩트체크센터 사례

역사는 사실만을 기록한다. 자국의 흑역사를 숨기고 자랑스러운 역사를 주로 쓰는 것은 이해할 수 있으나 비록 남의 나라일지라도 역사의 진실을 왜곡

11 https://www.politifact.com/

해서 기록하는 것은 있을 수 없는 일이다.[12] 그러나 거짓의 역사를 기록해서 후세에게 교육까지 하는 국가들을 볼 수 있으며 심지어 자국의 역사마저 왜곡해서 교육하는 것은 자멸에 이르는 결과를 가져올 것이다. 언젠가는 AI가 사실을 정확하게 파악해서 알려주는 시스템이 등장할 것이다.

초지능 국가의 시민들

초지능 국가를 구성하는 시민들은 그림 8.5와 같이 6개로 분류할 수 있다. 물론 이들에게 투표권을 포함한 동일한 권리를 부여해야만 하는 것은 아니다.

- **로보데우스 대통령** 국가의 지도자는 로보데우스가 맡는다. 이제 인간은 국가원수라는 막중한 책임감을 가지고 임기 동안 지낼 필요에서 해방된다. 24시간 7일 일하면서 최고의 결정을 내리는 로보데우스가 대신 맡도록 한다.
- **휴먼 시민** 아직 포스트휴먼의 레벨이 못되었거나 스스로 평범한 일반 시민이기를 원하는 국민을 의미한다.
- **포스트휴먼 시민** 디지털 영생 등 포스트휴먼의 조건을 충족하는 시민을 뜻한다. 디지털로 영생하는 시민에게 일정 수준의 투표권도 부여할 수 있다.
- **타국 포스트휴먼 시민** 다른 나라의 포스트휴먼으로, 이중국적이거나 디지털 시민권을 취득한 사람들을 의미한다. 타국의 휴먼 시민은 포함되지 않는다.
- **로보데우스 시민** 휴머노이드 로봇에게도 초지능 국가에서는 일정한

12 일본과 중국의 경우 한국의 역사를 왜곡해서 기록하고 있으며 현재에도 교육하고 있다.

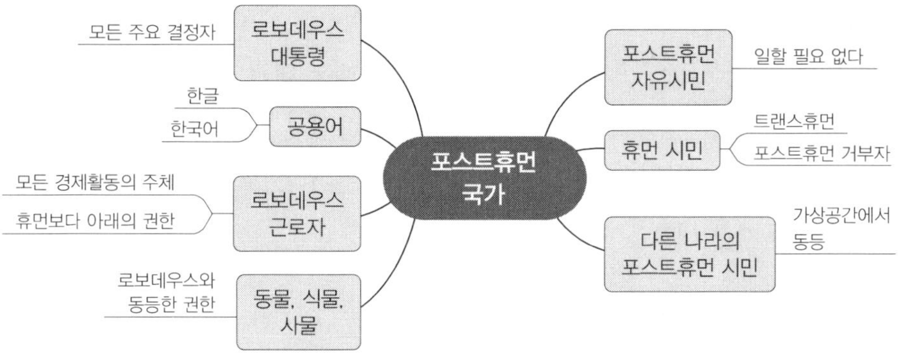

그림 8.5 초지능 국가의 시민들

권리를 부여한다. 국가의 모든 경제활동을 담당하며 휴먼보다는 아래 등급의 권한을 부여한다.

- **동물/식물/지능사물** 초지능 국가에서는 동물과 식물 그리고 주요한 지능을 가진 사물에게도 시민의 권리를 부여하여 시민의 일원으로 간주한다. 권리를 가지는 사물로는 일차적으로는 휴머노이드가 있으며 지능을 가진 사물들이 추가될 수 있다.

4. 한국문화와 한글

오늘날 한류가 널리 퍼지면서 성공하게 된 이유는 여러 가지로 들 수 있다. 한류에 대해 연구하고 발표하는 국제학술대회가 개최되고 있으며 2022년에 제9차 대회가 세계한류학회(WAHS: World Association for Hallyu Studies)의 주관으로 개최된 바 있다는 점은 흥미롭다.[13]

13 https://congress-9th.iwahs.org/

한류의 시작은 고조선과 고구려로 거슬러 올라간다.[14] 고대 고조선과 고구려의 한류는 해금, 구진천의 활에서 시작하여 현재는 태권도, 영화, 음악, 드라마 등으로 확장되어 이어지고 있으며 구들 난방에서 장류 음식, 김치, 트롯, 대중가요, 국악의 판소리와 가곡까지 이어질 것이다. 오늘날의 한류는 과거의 재연에 따른 새로운 시작에 불과하다.

대한민국 기록의 역사

우리나라는 기록문화에서 세계를 앞서가는 역사를 가지고 있다. 기록과 데이터는 과거를 복원하는 데 필수적인 자료이며 빅데이터와 인공지능 그리고 포스트휴먼으로 이어지는 핵심 자원으로써 의미가 크다. 다음은 기록에 관한 우리나라의 몇 가지 사례를 설명한다.

- **천문기록** 고인돌에도 별자리가 새겨져 있으며, 삼국시대에는 일식에 대한 기록이 66회나 남아있다. 신라의 첨성대는 잘 알려진 천문관측 건축물이다. 울룩벡의 천문대, 천상열차분화지도는 1395년 석각으로 1,467개의 별자리가 새겨져 있다. 별의 크기와 표현 및 위치 정보는 현재 가장 오래된 것으로 알려진 1247년에 만들어진 중국의 순우천문도보다 뛰어나다. 일본 나라현의 기토라 고분에 그려진 천문도는 중국보다 500년 앞선 고구려 평양의 천문도를 새긴 것이므로 더 오래된 것이다.
- **인쇄술** 무구정광대다라니경(750년) 목판인쇄물, 직지심체요절(1377년), 상정고금예문(1234년) 다라니경은 세계 최초의 목판인쇄물이고, 직지심체요절은 세계 최초의 금속활자로 발행된 책이다. 책을 제작하는 데 필수적인 인쇄기술을 최초로 발명했다는 것은 기록문화가 없었으면 불가

14 임재해 등 저, 『고대에도 한류가 있었다』, 지식산업사, 2007

능한 일이다.

- **팔만대장경** 고려말 1236년부터 15년간 제작된 총 8만 장의 목판인쇄물로, 불경 전체를 담고 있는 세계기록문화 유산이다. 목판을 온전하게 보관하도록 지은 장경각 건물도 과학이 담겨있는 건축물로 의미를 가진다. 조선 초에 일본이 유교국가이므로 필요 없게 되었으니 날라고 요청한 바 있다.
- **조선왕조실록** 조선왕조 500년간의 사실만으로 기록된 문서를 온진히 가지고 있다는 것이 유네스코에 기록문화로 선정된 이유다. 고려실록은 소실되었지만, 조선왕조실록은 네 군데에 보관했기에 천운으로 한 부가 남아서 전해질 수 있었다.
- **측우기와 측우기록** 국가가 강우량 측정을 위해서 1422년에 표준기기를 만들어 전국 8도에 보급하고 기록을 시작해서 데이터를 가지고 있다는 점이 의미가 있으며 이는 16세기에 기록을 시작한 이탈리아보다 200년 앞선 것이다.
- **조선의 조보** 1577년에 발간된 세계 최초의 신문으로 승정원에서 발행하는 조보(관보)에서 중요한 것만 발췌해서 목활자로 인쇄하여 배포했다. 그러나 당시 왕인 선조가 이를 보고 국가기밀 누설 가능성 때문에 금지했으며 100일 정도만 발행이 되고 중단되었다.

한국이 세계 최초인 것: 지식국가론

경영학자인 피터 드러커는 그의 책 『테크놀로지스트의 조건』에서 지식사회가 오며 전문지식과 숙련된 기술을 겸비한 테크놀로지스트가 미래사회를 선도한다고 했다.[15] 인류 천년의 역사에서 가장 중요한 기술의 개발은 금속

15 피터 드러커, 남상진 역, 『테크놀로지스트의 조건』, 청림출판, 2009.

활자이며 출판을 통해서 책의 다량 보급으로 인해 종교개혁이 시작되었고, 산업혁명으로 이어졌다고 볼 수 있다.

기술 중심의 기업 경영에서는 기술의 라이프사이클과 마케팅 및 관리, CTO와 같은 역할이 중요하며, 이들은 '기술관리원'에 가까운 측면이 있다. 그러나 테크놀로지스트는 실제 엔지니어와 같은 의미로 사용된다. 기술 하나로 세계 시장을 석권한 대표기업으로 코카콜라를 들 수 있다. 코카콜라 제조비율을 지금까지 유출되지 않게 관리하고 유지하는 것은 쉬운 일이 아니며 극소수의 임원만이 알고 있다고 알려져 있다.

프랑스인 쥐베르가 병인양요를 기록한 책에서는 조선 시대에 출판이 대중화되어 이미 대부분의 가정에는 책이 있었다는 기록이 있다.[16] 조선은 책의 나라이며 지식국가였다.

> 아무리 가난한 집이라도 집 안에 책이 있다는 사실이다. 극동의 나라들에서는 글을 읽을 줄 모르는 사람이 거의 없으며 또 글을 읽지 못하면 주위 사람들로부터 멸시를 받는다. 만일 문맹자들에 대한 그토록 신랄한 비난을 프랑스에 적용시킨다면 프랑스에는 멸시받아야 할 사람들이 부지기수일 것이다.

한글의 장점

한글에 대한 언어학자들의 평가는 제외한다. 필자의 생각으로는 초지능 AI가 문자를 설계한다고 해도 한글보다 뛰어난 문자를 만들기 어려울 것이다. 초지능 AI의 특징은 모든 문제를 최적(optimal)하게 해결할 수 있다는 것이며 인간이 완전한 문자와 언어를 설계한다면 만들어질 문자와 대등할 것이다.

---

16 쥐베르, 유소연 역, 『프랑스 군인 쥐베르가 기록한 병인양요』, 2010.

초지능 국가에서는 최고와 최적의 문자를 사용해야 하는데, 새로 만들지 않는 이상 우리나라의 한글이 자연스럽게 선택될 것이다. 다음은 한글의 장점에 대해서 몇 가지를 설명한다.

- **음운의 표현력** 한글 의태어, 의성어는 인간의 비언어까지 포함한 것이다. 지식 표현의 자유는 감정과 표정의 모든 것을 담을 수 있으므로 풍부한 표현의 자유는 상상의 자유를 수반한다. 알파벳은 음소와 일치하지 않고 여러 개로 발음이 가능해서 영어의 경우 단어와 함께 반드시 발음도 외워야만 하는데 이는 표의문자인 중국어의 발음을 별도로 외워야 하는 것과 같은 문제다. 물론 발음의 탐색 범위는 대폭 축소되어 적어도 모음과 자음은 구별이 되고 모음의 음수도 몇 개 이내라서 쉬워지긴 했으나 다르다는 것이 중요하다. 그래서 같은 알파벳을 사용하는 많은 국가의 경우 발음이 모두 다르다. 영어에서 nature와 mature는 네이처, 머츄어로 자음 n과 m만 다르지만 모음 a와 u의 발음이 서로 전혀 다르다. 한글은 자음과 모음의 발음이 일대일로 대응되므로 그 자체가 발음기호이다.
- **좋은 가독성** 음절 단위의 표현은 압축되었다. 문장의 길이가 짧고 의미 파악이 쉽고 빠르다. 같은 영어 문장을 읽는 것과 속도에서 현격한 차이가 난다. 한글과 영어의 길이 비교. 속기가 가능하며 TV의 대사를 자막으로 넣어서 읽는 데 문제가 없다. 자막의 한계를 넘어선 세계에서 가장 빠른 한글은 스마트폰의 숫자 키패드 10개만으로 입력할 수 있다. 한문은 입력을 위해서 영어로 소리를 표현한 후에 선택하는 방식으로 그 한계가 명확하며, 영어는 소리를 충분히 표현하지 못한다.

오늘날 컴퓨터로 세계의 문자를 표현하기 위해서 정해진 16비트 유니코드(unicode) 65,536개에서 한글은 11,172자로 17%를 차지하고 있다. 중국의 한자는 42,711자를 사용하고 있으나 전체 한자 수를 다 담고 있지 못하다.

한글의 확산

한글과 한국어는 세계 속으로 조용히 스며들고 있다. 악화는 양화를 구축하지만 인터넷과 SNS로 연결된 세계는 선진 문화의 확산을 인위적으로 차단할 수 없다.[17] 한글은 우리나라에서 특별히 노력하지 않아도 시간이 지남에 따라서 자연스럽게 확대될 것이다.

- 일본에서는 이미 초등학생들이 이름을 한글로 적기도 한다. 일본은 한자로 적은 이름의 발음이 다양해서 따로 본인에게 읽는 법을 듣고 외우지 않으면 알 수 없는 문제가 있다. 글자와 읽는 방식의 분리는 생활의 어려움을 가져오며 한글 명찰은 이름의 발음 기호 역할을 하는 셈이다.
- 많은 국가가 스스로 한국어 학습에 돌입하고 있다. 비즈니스 목적도 있지만 제2외국어를 배운다는 목적으로 선택하고 출발하는 사람들이 많다는 것이 중요하다.
- 세계는 한글을 먼저 도입할 것이고 자연스럽게 한국어 사용이 늘어나게 된다. 2022년 웹스터 사전에 새롭게 등재된 한국어 단어가 '먹방', '오빠' 등 20개였으나 점차 늘어날 것이다.
- 많은 국가가 자국의 문자가 없어서 근세에 들어서 문자를 채택해서 사용하는 국가들이 많다. 또 카자흐스탄은 현재 쓰고 있는 문자를 변경하

17 일본의 혐한, 중국의 반한, 북한의 차단도 한류의 확산을 막을 수 없다.

고자 고민하고 있다. 몽골과 내몽골은 같은 민족이지만 서로 문자가 달라서 문제다. 또한 많은 소수집단이 언어는 있지만 문자가 없는 경우가 많다. 대체로 알파벳을 선택하기는 하지만, 알파벳은 표음문자의 기능이 제한되어 최선의 선택이 아니다. 인도네시아 찌아찌아족은 한글을 선택하여 활용하고 있는 중이다.

최선의 문자 선택은 숫자의 경우 아라비아 숫자[18], 문자는 완벽한 음소문자이며 발음의 확장이 가능한 한글, 물음표와 느낌표는 프랑스에서 만든 기호를 사용하는 것이다. 한자는 의미를 그림으로 표현하고자 시작되었으며 알파벳도 형태를 변형하면서 발전해왔다. 출발부터 소리를 담고자 한 것이 아니다. 그러나 한글은 그 창제 목적부터 인간의 음성뿐 아니라 대자연의 모든 소리를 표현하고자 설계된 문자다. 그러므로 인간의 모든 언어가 가지는 소리뿐 아니라 동물, 자연의 음향까지 표현할 수 있다. 오늘날 문자가 없는 부족에서는 한글을 도입하는 것은 자연스러운 진화과정이며, 심지어 자신의 문자가 있는 국가에서도 한글로 소리를 편리하게 표현하고 있다.

인터넷과 유튜브는 학습을 언제 어디서나 쉽게 할 수 있게 만들어서 오늘날 외국어 학습의 경우 학원에 수강하지 않아도 배우기 쉽다. 그래서 한글을 독학하는 네티즌들이 증가하고 있으며 자연스럽게 한글은 세계언어로 확대되고 있다. 싸이와 BTS가 SNS로 세계적 스타가 된 것과 마찬가지고 한글과 한국어는 세계어로 발전해나가고 있다.

가나다라마바사 아야어여오요우유으이 (한글)

---

18 현재 사용중인 숫자는 아라비아에서 만들어진 것이 아니고 인도에서 만들어진 문자이다.

加納達拉馬巴薩 啊呀呃喲哦喲你尤伊 (중국어)

ጋናዳራማባሳ አህ ያ ኡ ኦ ዮ ዎ ዩ ዩ(암하라)

カナダラマバサ あヤえようゆうこ (일본어)

ගණදරාමබස (싱할라)

Ganadaramabasa ahyauhohyowooyuuh (알파벳)

가장 정교한 발명은 단순하다. "Simplicity is the most sophisticated work." 아이폰은 전면의 물리 버튼을 단추 1개로 통일하여 디자인의 혁신을 가져왔으며, 이제는 그마저도 소프트버튼으로 대체되어 사라졌다. 가르침의 경우도 불교의 무와 제법무아와 같이 가장 큰 가르침은 단순하다. 언어의 초지능 AI가 문자와 언어를 설계한다면 한글과 한국어가 될 것이다.

생성 프롬프트 언어로서 한국어의 장점

한글뿐 아니라 한국어에 대해서도 언어학자들의 심도있는 연구가 필요하겠지만 상당히 체계적으로 만들어진 언어라고 여겨진다. 프롬프트만으로 동영상을 생성할 수 있는 시대에 한국어의 표현력은 더욱 주목을 받을 것이다.

- 언어 자체가 세분화되어 있다. 일례로 우리는 형과 오빠를 구분하지만 중국어의 경우 꺼거(哥哥) 하나이며 영어에서는 브라더(brother) 하나이고 오직 가족에게만 사용할 뿐이며 형제가 아닌 경우의 형이나 누나에 대해서는 친구(friend)를 사용한다. 일본어는 형과 오빠의 구별 없이 모두 오니상(お兄さん)으로 부른다.
- 존대어를 가진다. 존칭어, 극존칭, 하게체, 하오체 등 상대에 따라서 다양한 종류의 존대어가 있다. 언어가 세분화되어 있다는 것은 그만큼 진

화되었다는 의미로 해석이 가능하다.

- 음성학적으로 한국어의 음운 수가 많아서인지 드라마의 대사에서 훨씬 감정표현이 풍부하다는 의견이 있다. K-팝의 인기 요인도 발음이 노래에 더 적합해서 듣기 좋다는 의견도 많다. 음절 단위의 발음이 악보의 음표와 일대일로 대응하므로 노래 부르기 좋은 것은 당연하다.
- 많은 종류의 정보를 효율적으로 코딩하는 방법으로 허프만 코드 방식이 있다. 이 방식은 사용 빈도수에 따라서 길이를 다르게 하는 것이다. 한국어는 단어들이 사용빈도수에 따라서 만들어져 있다. 자주 사용하는 일상 명사와 동사를 포함한 단어는 한 음절로 만들어져 있다. 다음은 한 음절 단어의 예다. 손, 발, 눈, 귀, 코, 입, 팔, 밥, 집, 일, 숫자, 별, 해, 달, 강, 산, 못, 이, 그, 저, 앞, 뒤, 옆, 것(물건), 곳(장소). 동사의 경우 먹, 입, 서, 가, 오, 막, 눕, 살, 죽, 늡 등이다.
- 대응되는 단어는 구별이 쉽게 하나의 음절과 두 음절의 쌍으로 만들어진다. 강과 바다, 형과 동생, 아들과 딸, 하늘과 땅, 풀과 나무, 바다와 강, 몸과 머리, 팔과 다리, 오른과 왼, 위와 아래 등이다.
- 풍부한 의태어는 동영상 제작 명령에 유용하다. 그러나 영어권에서는 의태어가 없어서 표현력에 한계를 지닌다. 소복소복, 움찔움찔, 꿈틀꿈틀, 아장아장, 출렁출렁, 주룩주룩, 티격태격, 뒤뚱뒤뚱, 성큼성큼, 데굴데굴, 떼굴떼굴, 나풀나풀, 졸졸 등이다. 물론 의성어도 다양한데, 웃는 모습도 '껄껄, 호호, 하하' 등으로 세분화하며, 이 외에도 종알종알, 사각사각 찰싹찰싹, 철썩철썩, 토닥토닥 등의 다양한 의성어가 있다. 아픈 상태를 나타내는 증세도 '시큰, 쿡쿡, 욱신욱신' 등으로 다양하게 표현한다. 색상의 표현 및 소리와 모양의 표현에 있어서 자음과 모음의 강약으로 변화를 주어 표현한다.

물고기 잡는 법을 원조하는 국가

현재 우리나라는 "물고기를 잡아주는 것이 아니고 물고기를 잡는 방법을 가르치는" 방식의 지원정책을 펼치고 있다. 그래서 아프리카 국가에 수확량이 배가 되는 쌀 품종 '이스리'를 개발해서 'K-라이스벨트'라는 이름으로 8개국에 전파하고 있다.

그리고 여러 가지 형태의 교육사업으로 몽골, 우즈베키스탄 등에 대학을 설립하였다. 인하대학교는 타쉬켄트에 대학을 설립했으며 "힘찬 병원"이 사마트칸트에 개원했다. 그리고 캄보디아에는 스렁유 유치원, 초등, 중등 및 고등학교를 설립해서 운영하고 있다. 이것은 우리나라가 근대화할 때 미국의 단체에서 많은 대학을 설립하여 인재양성을 도와준 사례를 본받아 다른 국가에 펼치고 있는 것이다.

기술 한국

기술 도입국가였던 우리나라는 오늘날 공학의 다양한 분야에서 글로벌 1위 기업을 보유하고 있는 기술 자립국이 되었으며 개발도상국에 기술을 이전하는 단계에 이르렀다. 최근의 우주선 누리호와 고체로켓 발사 성공, KF-21 전투기 개발, 반도체와 초고층 빌딩 건설, 터키의 1915 차나칼레대교 건설, 자동차에 필요한 2차전지 생산, 핵발전소와 핵융합 에너지 개발 등의 사례가 증명하고 있다. 또한 초거대 AI를 개발하고 보유하는 4개국의 하나가 되었다.

SW 기술의 정점인 AI 기술에서 번역기 기술을 살펴보면 입력 문장 "아버지가방에들어가신다"에 대한 번역기의 영어 번역 결과는 다음과 같다.

- 파파고: My father is going into the room
- 구글 번역: He goes into his father's bag.

- DeepL: Dad walks into the room
- MS Bing 번역: My Father Goes Into My Bag

의미를 이해하여 정확하게 번역한 것은 파파고와 DeepL 뿐이다. 네이버에서 개발한 파파고는 역시 한글을 처리하는 데 있어서는 글로벌 대표기업보다 우수하다는 것을 알 수 있다. 물론 글로벌 기업들도 우선적으로 영어에 비중을 두었지만 점차 다국어도 중요하게 다루고 있으며 특히 한국어에 대해서 우선적으로 처리하는 중이다. 그러나 영어가 1순위인 것은 확실하다.

오늘날의 기술은 단일 클라우드 시스템으로 세계 70억 인구를 서비스할 수 있게 되었다. 글로벌 IT 기업들은 현재 단일 시스템으로 서비스하고 있으며 실시간 스트리밍까지 가능한 수준으로 발전하였다. 이 사실은 단일 초지능 시스템 하나를 구축해서 서비스하는 것이 가능하며 이미 몇 개의 시스템이 운영 중에 있다. 그러나 각 국가에서 별도로 초지능 AI를 개발해서 운영해야 하는 이유를 들면 다음과 같다.

- **지식과 상식의 차이** 문화와 상식은 국가별로 다르기 때문에 단일 시스템은 개발국의 문화와 가치를 주로 반영하고 있다. 할리우드 영화가 미국 중심의 사고와 가치관을 전파하는 것과 같다. 특히 상식은 매우 다르므로 시간이 지남에 따라서 국가의 차이는 사라지고 단일 문화권으로 수렴될 수도 있다.
- **서비스 비용** 무료 서비스라면 문제가 없지만, 대체로 비용을 청구하게 된다(ChatGPT 4.0의 경우 현재 개인당 20$이다). 이 비용은 막대한 것으로 특정 국가의 기업만 지속적으로 부를 축적하게 되는 문제가 발생한다. 특히 세금 부과도 못하는 경우는 더 심각해진다.

- **데이터 불균등 문제** 학습에 사용하는 데이터 자체는 지도에서 음식점 등 정보의 양이 국가별로 다르다. 모든 국가에서 보유하고 있는 데이터 자체가 균등하지 않으며 예를 들어 글로벌 체인점을 우선순위로 학습하는 등 그 차이는 다른 부작용을 가져올 수 있다.
- **기술 자립** 초지능 AI는 핵심 자신 기술이므로 각 국가는 스스로 독립해서 개발하고 유지해야 한다. 기술 자립이 없이는 국가의 진정한 독립이 어렵다.
- **서비스 차별화** 서비스를 국가별로 차별화하는 경우(이미 프리미엄 서비스는 미국에서만 가능하다) 2등 국가의 서비스만을 받게 되어 경쟁력을 확보할 수 없다. 모든 국가에 균등한 서비스가 된다는 보장이 없다.
- **보안 관리 문제** 핵심 기술을 외주에 주거나 외국에 맡기는 것은 마치 자신의 재산이 보관된 금고의 비밀번호를 알려주는 것과 같다. 국내에서 여러 가지 보안 해킹 사건이 일어나는 이유는 시스템의 보안 및 관리를 외부의 기업에 맡겨서 벌어지는 일이다. 최소한 집의 열쇠와 금고 비밀번호는 스스로 관리해야 한다.

한류 성공의 비밀

2022년 현재 아시아 최초의 기록은 한국에서 시작되고 있다. 아시아 최초의 기록은 중국, 인도와 일본에서 시작되지 않는다. 오랫동안 아시아를 대표하던 일본과 중국도 못한 일을 한국이 성공시키고 있다. 그 배경에는 일본의 혐한과 중국의 반한이 기폭제 역할을 하기도 했으며 그래서 중국과 일본을 벗어나 서양과 세계로 진출에 나선 것이 오늘날의 결과로 이어지게 되었다.

- **음악** 방탄소년단(BTS)은 '다이너마이트'란 한국어 가사와 노래로 2020

년 미국의 빌보드 핫100 차트에서 1위를 차지했다. 물론 1963년 일본의 가수 큐 사카모토가 '스키야키'란 노래로 1위를 한 적은 있다. 이후 '버터' 등 4곡이 1위를 달성했다.

- **영화** 2020년 봉준호 감독의 한국어 영화 〈기생충〉은 아카데미 작품상 등 4관왕을 수상했다. 비영어권 영화로 그동안 후보는 있었지만 작품상 수상은 최초의 일이다.
- **드라마** 드라마 분야의 최고 시상인 에미상에서 황동혁 감독의 〈오징어게임〉이 남우주연상, 감독상, 남우주연상 등 6관왕을 수상했다. 넷플릭스가 지원하여 표현의 자유가 보장되어서 이와 같은 작품 제작이 가능했다고 한다.

"로마는 하루아침에 이루어지지 않았다"라는 말이 있다. 오늘날 우리가 누리는 민주주의와 인권 그리고 종교의 자유도 오랜 역사속에서 수많은 투쟁과 희생의 시행착오를 통해서 얻은 것이다. 왕조 국가에서 입헌군주국으로 그리고 민주주의의 여정은 쉽지 않은 일이었다. 오늘날 한류라고 부르는 한국의 문화 전체가 세계 무대에서 긍정적으로 받아들여지는 데도 오랜 시간이 걸렸으며 '된장', '김과 김밥', '김치'와 '떡'과 같은 음식도 처음에는 혐오식품처럼 대우받았었다.

많은 국가가 한국을 모델로 경제와 문화 발전을 도모하고 있지만 한국을 따라할 수도 없고 따라 한다고 해도 우리나라와 같은 결과를 얻기는 쉽지 않다. 홍익인간과 삼경 사상이라는 가치관은 무의식적으로 한류에 큰 기여를 하고 있는 셈이다.

5. 한국의 포스트휴먼 국가 경쟁력

오늘날 경제 규모에서 세계 10위 내의 국가 들을 보면 대부분 역사적으로 다른 나라를 침략해서 부를 축적하여 성장의 기반으로 삼았다. 우리나라만이 유일하게 자력으로 성장하였으며 이것은 미래의 전망을 밝게 만들어주는 근거의 하나이기도 하다.

펄벅 여사는 1960년대에 한국 여행에서 감동적인 장면을 보고 한국인의 핵심을 파악했다. 농사일을 마치고 귀가하는 농부는 소가 끄는 수레를 타지 않고 소 꼴을 이고 걸어가고 있는 모습이었다. 펄벅 여사가 "아니 왜 수레를 타고 가지 않습니까?" 묻자, 농부는 "우리 소가 오늘 일을 많이 해서 내가 짐을 나누어 들고 가는 겁니다."라고 했으며 그녀는 이를 "세상에서 본 가장 아름다움 풍경"이라고 표현했다. 그리고 감나무에 매달린 감들을 보고 "저 감은 왜 따지 않고 남겨두는 겁니까?"라고 물으니 "겨울에 새들 먹으라고 남겨 둔 까치밥입니다."라고 답했으며 그녀는 훗날 "대한민국은 고상한 국민이 살고 있는 보석 같은 나라"라고 표현했다.

다른 국가들과 비교할 때 대한민국이 가지고 있는 경쟁력을 들어보면 이것이 전부는 아니지만 포스트휴먼 진화 측면에서 볼 때 다음의 몇 가지를 들 수 있다.

- **디지털 문명 선도** 우리나라는 무선통신이 등장한 이후 2세대 디지털 이동통신 기술인 CDMA 기술을 퀄컴과 협력하에 세계 최초로 개통하였고 이후 5G 통신에 이르기까지 선두를 유지하고 있다. 이것뿐 아니라 해외에서는 최초로 인터넷을 개통했으며, 아시아에서 최초로 1887년에

전기를 도입하기도 했다.[19] 1899년 5월 전차가 운행하기도 했다. PC방과 MP3플레이어, 스마트폰, 동영상 플랫폼 등, 신데렐라법, 인터넷실명제, 카메라 셔터음제, 휴대폰실명제, 구글 독점금지법 등을 세계에서 유일하게 도입하였다. 그리고 반도체, 고속 인터넷 인프라, 스마트폰 제조업, 가전제품, 자동차산업, SW중심대학, AI대학원, 공공데이터 허브 사업 등을 추진 중이다.

- **각종 경쟁 지표** 지능지수의 국가별 순위를 보면 동북아시아 국가가 모두 상위를 차지하고 있으며, 소득 수준도 높게 유지하고 있지만,[20] 중국과 북한 두 국가는 예외이다. 지능지수가 높다고 잘 사는 것은 아니고 그에 해당하는 제도 또한 중요한 요소임을 알 수 있다. GDP, 경제력, 문화컨텐츠경쟁력, 고학력자 순위, 국가경쟁력 순위를 고려한 블룸버그의 혁신지수에서 대한민국은 2021년 1위를 기록하였으며, 국가경쟁력에서도 상위권을 유지하고 있다.
- **속도** 언제부터인가 우리는 '빨리빨리' 달려왔다. 세계 무대에서 뒤처진 상태에서 잘 살기 위해서 서둘러야 한다는 인식을 가진 것이 원인일 것이다. 과거보다 여러 분야에서 이제는 서두르지 않고 천천히 속도조절을 하고 있는 상태임을 요소요소에서 볼 수 있다. 신기술을 먼저 접하려는 얼리 어답터들이 많은 것은 바람직하다. 그래서 포스트휴먼으로 진화해나갈 인구 비율이 가장 앞설 것으로 전망된다.

---

19 전기도입은 우리나라가 중국과 일본보다 2년 앞섰다.

20 https://worldpopulationreview.com/country-rankings/average-iq-by-country

이와 같은 경쟁력과 장점이 있지만 한편 좋지 않은 단점도 있다.[21]

- **사대주의** 우리는 스스로를 폄훼하는 경우가 많다. 인물이다 싶으면 싹부터 없애는데 장영실, 남이장군 등 많은 사례가 있다. 이순신과 추사 김정희, 허난설헌은 우리나라에서 먼저 알려진 인물이 아니다. 드라마 겨울연가와 BTS, 오징어게임은 해외에서 인기를 얻어 성공했다. 오늘날 벤처기업도 국내에서는 성공하기 어려워서 실리콘밸리로 가서 창업하여 성공한 경우가 많다. 성공한 사람을 폄훼하며 평준화하려는 태도는 고쳐나가야 할 숙제이다.
- **과잉대응** 학생인권조례를 만들어 차별대우를 말랬더니, 학생을 칭찬하거나 나무라는 것도 모두 차별로 취급해서 고소와 고발이 남발되고 있다. 수많은 단속카메라와 과속방지턱, CCTV가 설치되어 있으며, 자녀의 교육에 과한 투자는 과한 대학 졸업자 양산으로 이어졌다. 최근 들어 정부에서 AI 대학원을 설립한다고 하자 모든 대학이 지원금을 명목으로 역량을 과하게 집중하는 일이 벌어지기도 했다. 쓰레기매립지, 화장장, 데이터센터, 원자력발전소 등 꼭 필요한 시설을 짓는 것을 기를 쓰고 반대하거나 미국산 쇠고기 수입에 지나친 우려를 표하며 과격한 시위를 펼치기도 했다.
- **토론과 합의문화** 화백제도에서 엿볼 수 있는 만장일치의 전통은 사라지고, 방송국마다 별도의 시상을 하는 것에서 보듯이 집단지능이 약하다. 특히 정치권에서는 지나치게 적대적인 내로남불이 문제가 되고 있다.

21 우리나라의 단점에 대해서는 인근 중국과 일본에서 수많은 서적으로 정리해놓아서 파악하기가 쉽다. 문제는 그 단점들이 상당부분 왜곡되어 있다는 것이다. 대표적인 것이 있을 수 없는 '고려장' 문화다.

위어드(WEIRD)와 포스트휴먼

위어드는 오늘날 세계 문명을 선도하는 국가들이 가지는 공통점이 무엇인가를 분석하여, 서구(Western), 교육수준(Educated), 산업화(Industrialized), 부유(Rich), 민주적(Democratic)[22]이라는 다섯 가지 근거로 설명한 책이다. 오늘날의 세계를 잘 설명하고 있는 부정할 수 없는 분석이다. 아시아권의 선도국가들이 근대에 추가되어 이제 서구여야만 되는 것은 아니다.

그렇다고 앞으로도 계속 이 집단의 국가들이 세계를 선도하는 것은 아니다. 위어드보다 더 잘 할 수 있는 미래의 국가는 포스트휴먼 국가라고 필자는 결론을 내리고자 한다. 표 8.1은 위어드와 포스트휴먼 국가의 차이에 대해서 비교하여 제시하였다.

표 8.1 위어드와 포스트휴먼 국가의 비교

	위어드	포스트휴먼
방식	아날로그와 디지털	디지털
거래	비즈니스	초개인
중심구성원	인간	인간과 로봇
데이터	가짜뉴스, 기적, 예언, 점술	사실뉴스
종교	크리스천/호모데우스	호모데우스/로보데우스
지능	셜록 홈즈	초지능
이동	수동/자율주행	자율주행
수명	100세	200세 (하루가 2일에 해당)
소리듣기	2배속	＞2배 이상, 요약

22 헨리 조셉 저, "위어드(WEIRD)," 21세기북스, 2022년.

한국이 위어드보다 앞선 분야

포스트휴먼 국가는 현 위어드 국가들보다 앞설 것이지만 현재의 한류(또는 K-파워라고도 한다)를 보면 우리나라는 이미 위어드 국가의 수준에 도달했으며 몇 가지 측면에서는 위어드보다 앞서고 있다는 것을 알 수 있다.

- **치안** 총기 휴대가 허용되는 국가의 경우는 치안이 심각하고 총기가 허용되지 않은 나라도 치안이 심각한 문제가 되고 있다. 야간에 공원에 가기 어렵고, 아이들의 등하교에 부모가 동반해야만 한다. 심지어 남미의 경우 걸어가면서 핸드폰을 이용하는 것도 위험하다고 한다.
- **양심과 도덕적 시민의식** 상점의 상품을 거리 바깥에 진열해 놓으며 여러 가지 무인 점포들이 많이 있다. 길이나 전철, 카페 등에 소지품을 놓고 가고 훔치지 않는다. 특히 택배 물품을 문 앞에 놓아두는 방식에 많은 외국인이 놀라고 있다. 잃어버린 소지품을 되찾아서 감동을 받는 외국인 사례 또한 많은데, 고의로 만든 상황이 아닌 자연스런 모습일 뿐이다.
- **화장실** 외국인이 한국에 와서 가장 놀라는 서비스가 화장실이다. 유럽에 가면 모두 유료화장실이거나 카페에 가야만 한다. 치안 문제로 인해 일부러 공공 화장실을 많이 만들지 않는다고 하지만 지나치게 부족한 상황은 설명이 되지 않는다.
- **홍익인간과 휴머니즘** 남에게 봉사하고 도와주려는 자세가 모두 홍익인간의 의식이 몸에 배어있기에 가능한 일이다. 그리고 한국 드라마와 영화의 특징은 감정표현과 휴머니즘에 의한 감동이 늘 담겨있다. 스토리에 치중하는 할리우드와는 차이가 있다. 저렴한 가격에 고품질의 의

료서비스가 지원되기에 해외교포들도 치료목적으로 귀국하기도 한다.

- **팁문화** 한국에는 팁문화가 없다. 모든 서비스와 세금이 포함되어 고객에게 청구된다. 서양에서도 한때 사라졌다가 부활한 팁으로 인해서 상당한 스트레스를 받고 있다. 심지어 패스트푸드점조차 팁을 요구하며 금액이 더 늘어나서 부담을 주고 있다고 한다.
- **대중교통** 외국인들이 한국에 처음 방문하면서 가장 놀라는 부분이 대중교통이다. 지하철에 설치된 스크린도어, 지하철이나 버스 등 대부분의 대중교통에서 사용할 수 있는 무료 와이파이 서비스, 지하철과 버스 간 연계 결제가 가능한 교통카드, 곳곳에 설치된 24시간 운영 편의점과 자동커피판매기, 고속도로의 휴게소 인프라는 놀라울 따름이다. 추운 날 버스정류장의 의자나 지하철의 의자의 따뜻함에 추위를 녹였던 경험은 다들 있을 것이다. 또 건널목에는 대형 햇빛 가리개와 의자가 설치되어 보행자 친화적이다.
- **창의력과 융통성** 한국인의 창의성은 일상생활에서 만날 수 있는데 술자리에서 사용하는 건배사는 끝없이 만들어진다. 고스톱 게임에서도 규칙이 지역마다 다르고 새로운 규칙이 만들어져서 시작 전에 합의가 필요하다. 골프에서도 수많은 내기 방식이 있으며 새로운 용어와 약어의 등장은 늘 공부하게 만든다. 가위를 가지고 음식을 자르는 것, 마트에 갈 때마다 출시되는 인스턴트 라면의 종류는 창의력의 한 예일 것이다. 자율과 융통성의 한 사례로, 동작대교 중간에 노을카페 주차장은 규정대로 하면 올림픽대로로만 갈 수 있고 사당 방향으로는 진출하기 어려웠지만 이용자의 편리를 위해서 규칙을 벗어나서 사당 방향으로 갈 수 있게 해놓았다. 독일 엔지니어들은 부품을 조립할 때 나사를 회전수까지 표시되어 있으나 우리는 나사가 조일 때까지 돌리도록 되어 있다.

• **디테일 지식** 언어 표현력에서 오빠와 형으로 구분해서 부르는 국가는 한국이 유일하다. 미국의 경우 가족에게만 형과 누나를 쓰고 가족 외에는 모두 친구(friend)를 사용한다. 한우의 부위별 명칭이 120개인데 반해서 독일은 20개, 프랑스 35개 부위에 대한 명칭을 사용한다.

초지능 국가는 이제 민족과 국가주의를 벗어나서 세계시민주의, 즉 포스트 내셔널리즘으로 발전해야 한다. 지구촌 가족이 모두 참여하여 화합하는 올림픽과 월드컵과 같은 선의의 스포츠 경쟁으로 발전하며 공동의 번영을 위해 노력해야 한다. 초지능은 세계를 하나로 묶어주는 기폭제 역할을 할 것으로 전망된다.

인터넷과 SNS상의 동일한 컨텐츠를 보고 공감대가 늘어날수록 문화교류와 상호이해가 증진된다. 한국의 음식과 언어가 오늘날 점차 퍼져가고 있는 점은 놀라운 일이다. 세계시민주의를 확산하는 데 우리나라가 기여할 수 있기를 바란다.

9장

AI와 더불어 사는 미래

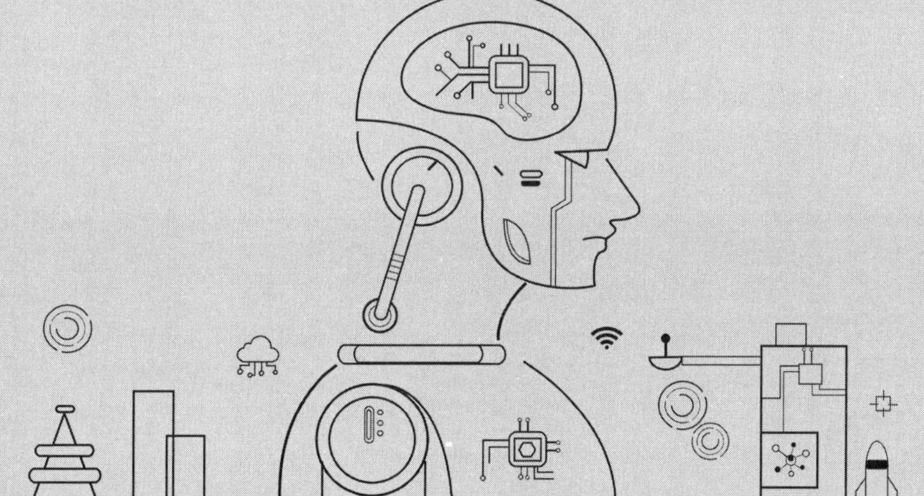

"인간은 점차 기계적으로 변하고, 기계는 인간적으로 변하여

언젠가 데드크로스를 맞이할 것이다."

백산

1. AI가 가져올 세계

새로이 등장한 발명품의 기능적 한계에 대해 우리가 아직 잘 모르는 것이 문제라는 지적이 많다. 신약이 개발되더라도 그 효용성과 부작용을 제대로 이해하려면 꽤 오랜 시간이 필요하다. 그래서 정식으로 안정성과 효용성이 밝혀지고 난 후에 시판이 되는 경우 시간이 촉박한 환자의 경우는 사용할 수가 없어서 임상시험 단계 등 여러 가지를 시도하게 된다.

부작용이 있다고 밝혀졌다가도 훗날 잘못되어 다시 부활하는 사례도 많고 또 다른 목적의 순기능으로 활용되기도 한다. 심혈관약으로 개발된 비아그라는 오늘날 성기능 보조와 고산증 치료 등으로 널리 사용 중이며, 전립선약으로 개발된 약은 탈모치료에 활용되기도 한다. 인공감미료인 사카린은 인체에 유해하다는 이유로 사용이 저조하다가 20년이 지나서 그 안전성과 효능이 입증되어 다시 활용되고 있다.

AI가 가지고 있는 기능에 대한 평가는 매우 중요하며 다각도로 평가되어야 한다. 그래서 ChatGPT와 GPT-4에 대한 평가 연구와 함께 확장된 기능에 대한 평가 결과도 지속적으로 발표 중이다. 부정적인 결과도 있는 반면에 놀라운 기능도 지속적으로 알려지고 있다. 장님 코끼리 만지기 식의 평가는 지양하고 공개된 데이터 집합을 기반으로 한 투명한 평가가 중요하다.

GPT-4V는 비전(Vision) 지능이 추가되어 영상을 이해할 수 있으며 GPT-4 터보는 고성능 기능을 제공한다. 구글이 발표한 제미나이(Gemini)는 평가 결과 인간의 기능보다 모든 면에서 앞서서 진정한 인공일반지능(AGI)이라고 여겨도 된다고 한다.

모든 일에 있어서 평가 기준은 매우 중요하다. 사람을 판단할 때는 신언서판(身言書判)과 인성(personality) 등을 기준으로 삼는다. 조선의 과거 시험에서 평가 시험과목을 무엇으로 할 것인가? 작문 하나만 가지고 모든 것을 평가할 수 있는가? 오늘날 세계의 대학을 평가할 때 사용되는 국제 학생 교류 등 여러 가지 기준을 보면 영어권 대학들이 상위에 있을 수밖에 없으며 국내 대학들은 기준의 편향으로 불리한 조건을 가지고 있다.

공정하고 객관적인 평가란 어려운 것이다. 이순신 장군에 대한 당대의 평가도 반역으로 인한 사형과 백의종군으로 나누어졌다.[1] 우리에게 잘 알려진 잔 다르크도 결국 프랑스의 방치에 따라서 영국군에 의해서 처형되었으며 프랑스에서는 중요하게 학습하지 않는다.

그림 9.1은 AI 시스템에 대한 평가 사례를 보여주고 있다. 여기서는 주요한 7개의 AI 시스템에 대해서 추론 능력(Reasoning), 지식(Knowledge), 대화(Conversation), 창의성(Creativity), 인성(Personality), 스토리텔링 방법(Storytelling), 공감 능력(Empathy) 등의 기준으로 평가했으며 구글 LaMDA는 공감 능력에서 가장 좋은 점수를 받고 있음을 보여준다.

1 서애 유성룡마저 찬성하고 99명이 찬성하는 이순신의 처형에 대한 오리 이원익의 활약이 중요했다.

평가에서 기준 설정과 평가 방법, 사용한 데이터 집합을 어떻게 설정하고 평가하였는지는 매우 중요하다. 최적의 방법으로 투명하게 평가하는 것에 대한 지속적인 연구가 필요하다.

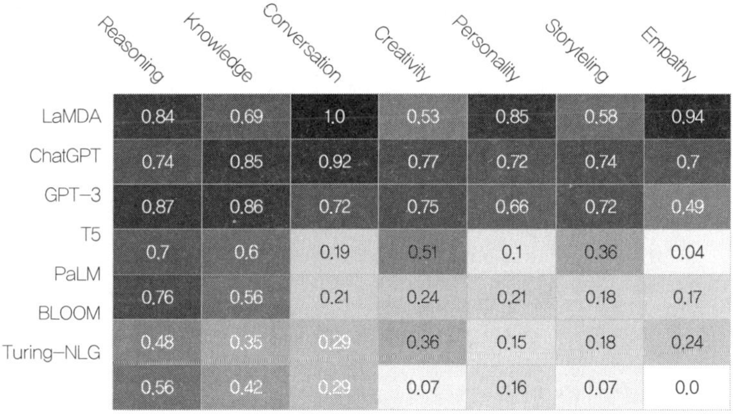

그림 9.1 구글 LaMDA의 발표에서 타 AI 시스템의 성능평가 사례

(세로축: 시스템, 가로측: 성능)

컨텐츠[2,3] 전성시대

챗GPT는 이제 시작일 뿐이고, 400년 전 르네상스로 계몽시대가 열렸듯 바로 지금 역사의 새로운 국면에 돌입했다고 에릭 슈미트는 말했다. 그는 세계 질서의 대전환에 대비해야 한다고 역설한다. AI로 인한 가장 큰 변화를 하나 든다면 컨텐츠를 들 수 있다. 오직 인간의 전유물이라고 여겨지던 모든 종류

2 표준 외래어 표기는 콘텐츠이지만 필자의 소신에 따라서 컨텐츠로 표기한다.

3 현재 표기인 '콘텐츠'는 잘못되었다고 본다. 코피가 아니고 커피, 콤퓨터가 아니고 컴퓨터이듯 컨텐츠가 맞다. "왜 컨텐츠가 아니고 콘텐츠인가." 2022년 4월 12일자 강원도민일보 기고문 참조.

의 디지털 컨텐츠를 AI가 만들 수 있게 된 것이다.[4]

현재 AI에 대해서 저작권 소송 중인 곳들을 살펴 보면 소스코드에 대해서 Github, 그림 사용에 대해서 미술 협회, 음악을 사용한 것에 대해서 음악협회, 데이터에 대해서 위키피디아와 언론 기관 등이 있으며 개인 단위도 소송을 제기한 바 있다. 저작권 문제는 무료서비스를 하지 않고 유료서비스를 하기 때문에 벌어진 일로, 공공 서비스 개념으로 무상 제공한다면 해결될 문제 중의 하나다.

AI가 생성한 컨텐츠를 가지고 학습한 새로운 AI는 저작권 문제가 없다. 기존의 기보를 학습한 알파고와 달리 알파제로는 자신이 만든 기보를 가지고 학습했다. 이와 같이 AI는 인간이 만든 데이터에 의존하지 않고 자신이 생성한 데이터만을 가지고 학습해서 저작권 문제에서 자유로운 시스템으로 변신할 수도 있다. 인간이 만든 컨텐츠는 필요없고, AI가 만든 컨텐츠에 대해서 인간은 선택만 하는 시대가 올 것이다.

2. 초거대 AI에 필요한 기능

문심혜두(文心慧竇)와 거경궁리(居敬窮理)

문심혜두(文心慧竇)란 학문에서 성취도를 평가하는 데 사용하는 단어로 첫째 문심을 이해해야 한다는 것이다. 글을 읽으며 핵심을 모두 이해하는 것이 문심을 아는 것이다. 그러나 문심을 아는 것으로 충분하지는 않다. 이해한 내용을 토대로 새로운 문제를 풀 수 있는 응용 능력을 가지는 것, 즉 혜두를

---

4 용환승, 『컴퓨터식 사고와 문제해결기법』, 인피니티출판, 2021.

가지는 것이 실제 활용에 더 중요한 문제다.

학교에서 배우기는 했으나 실제 현장에서는 아무것도 할 수 없으면 소용이 없다. 하나를 알면 열을 아는 수준으로 적용해서 문제를 해결할 수 있어야 하며 이것이 혜두이다. 혜두의 의미는 앞에 놓인 담장을 뚫고 돌파할 수 있는 지혜와 꾀를 의미한다. 현새의 AI는 글의 맥락을 이해할 수 있는 수준, 즉 문심을 이해하도록 발전했다. 그러나 새로운 문제를 슬기롭게 해결할 능력을 가졌는지는 아직 미지수이며 충분한 평가와 기능 개선이 요구되고 있다.

궁리(窮理)란 사물의 이치를 완전히 파악하는 것을 의미한다. 격물치지와 같으며 큰 학문을 이루는 사서의 대학(大學)에서 말하는 학문의 목표라고 할 수 있다. 현재의 AI는 궁리는 잘 할 수 있다. 이 세상의 모든 지식을 집대성하여 요약 정리한 생성물은 모든 가능성에 대해서 다 생각한 용의주도(用意周到)한 내용이라고 인정할 수밖에 없다.

그러나 궁리를 잘하는 것보다 더 중요한 것은 어떤 자세와 목표로 하느냐인 것이다. 즉 사람에게 중요한 것은 머리보다 인성(人性)이듯 악한 분야로 머리를 쓰는 것은 도움이 되지 않으며 오히려 해를 끼칠 뿐이다. 그래서 거경(居敬), 즉 경건한 태도로 인격을 연마하고 사회를 위해서 보탬이 되도록 해야 한다. 초지능 AI는 사용자의 의도에 따라서 머리를 쓰는 도구에 불과하며 아직 스스로 선과 악을 판단하지 못한다. 거경의 물성(物性[5])을 갖도록 하는 연구가 필요하다.

체인 사고력(Chain of Thought)

초지능 AI를 잘 활용하려면 질문을 잘해야만 한다. 좋은 질문을 하는 학생

5 AI는 기계이므로 인성보다는 물성이 더 적합한 단어라고 본다.

은 학업 능력이 좋다는 것을 의미한다. 질문 즉 프롬프트(지시문)를 구체적으로 제시해야 하며 원하는 결과를 잘 설명해야만 좋은 결과를 얻는다. 그래서 여러 단계의 프롬프트를 사용해야만 하며 이런 여러 개의 프롬프트 생성 과정을 체인 사고라고 한다.

생각의 전개과정으로 대화를 하면서 '꼬리에 꼬리를 무는' 질문을 통해서 우리는 깊이 있는 경지에 도달하게 되며 사고를 구체적으로 할 수 있다. 앞으로 등장할 AI는 체인 사고 능력을 보유하도록 현재 개발 중에 있으며 미래에는 사용자의 첫 프롬프트만 가지고도 숨어있는 사용자의 의도를 파악해서 대답할 수도 있을 것이다.

전문화 소형화된 초지능 AI

전문화된 AI에서 일반 인공지능으로 통합하여 인공 일반지능의 가능성을 입증했지만 하드웨어 장비가 상당히 요구되는 문제가 있다. 그래서 하드웨어는 작은 규모지만 보다 더 고성능을 보여주는 분야별 전문 AI 시스템의 개발이 필요하다.

온디바이스 AI는 빠른 응답속도와 저전력 개인정보 보호의 장점을 가진다. 안드로이드 버전에 추가되어 스마트폰의 AI로 활용될 예정이다.[6] 구글 픽셀8 프로에 탑재되는 제미나이 나노(Gemini Nano)는 18억 개의 파라미터를 사용하고 있다. 녹음기 요약, 스마트 채팅, 삼성 가우스(Samsung Gauss)는 2024년 1월에 공개될 갤럭시 S24에 내장된 온디바이스 AI는 실시간 통역을 가능하게 할 예정이다. 무선이어폰에도 내장될 예정이며 확장현실(XR) 헤드셋에도 내장될 것이다.

6 https://namu.wiki/w/온디바이스 AI

시간이 지나면서 컨텐츠는 계속 늘어나기에, 실시간으로 AI 시스템이 반영할 수 있는 기술이 요구된다. 신규 컨텐츠를 특정 개발팀만 할 수 있는 것이 아니고 웹2.0의 UCC(사용자생성 컨텐츠)처럼 집단지능의 장점을 살려서 누구나 학습 데이터를 추가하고 전체 사용자가 공유하는 플랫폼이 필요하다. 현 AI가 부족하다고 판단되는 지식을 추가해서(fine tuning) 분야별 전문성을 늘려나가는 시스템도 개발되어야 한다.

그러기 위해서는 지식의 추가를 누구나 할 수 있어야 하지만, 혼란스러운 상황(충돌)이 발생할 수 있다. 위키피디아과 같은 공동의 저작물 관리 기법 도입이 필요하다. GPT-4 터보를 발표하면서 누구나 튜닝을 가능하게 했으며 결과물을 GPTs로 만들어서 공유할 수 있도록 GPTstore.ai를 제공하고 있는데 이는 AI 벤처기업들에게는 기회일 수도 있고 종말일 수도 있다.

사람도 이제 평생학습의 시대와 마찬가지로 AI도 지속적인 학습과 인간이 공급해주는 데이터가 아니고 스스로 데이터를 수집해서 학습하는 방식으로 변해야 한다. 또한 전체를 학습하는 비용을 고려할 때 증분 학습(incremenatal learning) 기술도 요구된다. 그리고 자신의 학습 자체를 평가하고 추가하는 메타 학습(meta learning)을 갖추어야 진정으로 완성된 AI 시스템이 될 것이다.

초지능 만능 지니를 보유한 인간과 자기통제력

독일 동화 "세 가지 소원"에서 주인공은 무엇이든 세 가지 소원을 들어주는 보물을 얻게 되었다. 그러나 그는 진짜인지 의심이 생겨서 연습 삼아 "소시지나 먹었으면 좋겠네"를 말하는 바람에 소시지가 나타났으며 소원 한 개를 사용한 셈이 되었다. 그래서 옆에 있던 부인이 아깝게 세 개의 소원 중에 한 개를 작은 것이 사용한 것이 화가 나서 "소시지가 얼굴에나 붙어라"라고 하여 두 번째 소원을 사용했으며 나머지는 다시 소시지를 얼굴에서 떼는 소원을 사용할 수밖에 없었다는 이야기다.

그러나 인간이 미래에 확보할 예정인 AI는 단 세 가지만 아니고 무제한으로 인간의 희망을 들어줄 수 있다. 그리고 과잉기술이 그러하듯 적절한 사용이 중요하고 잘못 사용하면 분명히 또 다른 재앙이 될 수도 있다. 로또나 카지노의 거액 당첨자들이 그 돈으로 인해서 불행해지는 사례를 많이 볼 수 있는 것과 마찬가지며 충분히 인간이 조절할 수 있는 역량을 키워야 한다.

오늘날 풍성한 음식으로 인해서 현대인은 체중 감량을 위하여 노력하고 있으며 다이어트가 최고의 고민 중 하나인 사람들이 많다. 심지어 다이어트를 위해서 거액의 주사제를 맞거나 단식원에 입소하기도 한다. 적절한 운동과 적절한 식사를 지키면 해결될 수 있다는 것을 잘 알고 있으면서도 우리는 실천에 옮기지 못하는 것이다. 스마트폰 중독에 따른 디톡스와 마찬가지로 AI에 더욱 의존하고 중독될 것은 자명하며 자기통제력의 확보가 중요한 과제가 될 것이다.

젊은 세대 중에는 '욱'하는 충돌조절, 분노조절장애가 많다고 한다. 단 한 번도 꾸지람을 받아본 적 없이 자란 세대들에게는 모든 것이 "자기중심"으로 움직여야 하며 중국의 '소황제'식 교육에 따른 부작용의 하나다. 겸손과 봉사, 절제와 인내 같은 덕목을 키우고 자신의 잘못에 대해서 반성하는 태도도 중요한데 잘못에 대한 지적을 '정서학대'니 '차별대우'로 접근하면 안 될 것이다.

AI 기술 독립은 중요하다

오늘날 국제연합 UN은 5대 핵보유국을 중심으로 구성되었으며, 이들에게는 안전보장이사회의 상임이사국과 거부권이 주어졌다. 핵무기는 전쟁에서 의미있는 무기일 뿐 경제적 부가가치를 만들어내지는 못한다. 그러나 초거대 AI 기술이 가지는 가치와 영향력은 모든 개인의 생산성 향상부터 신기술 혁신에 기여할 것으로 예측되고 있어서 가치 측정이 불가능하다. 그러므로 미래에는 핵보유보다 더 중요해질 수밖에 없다.

또한 국가 전략 기술은 타국과 공유하지 않으며 특정 국가나 특정 기업이 독점하는 경우 그 폐단은 상낭하기 때문에 적절한 국가의 공동소유나 지구촌 차원의 공유가 필요할 수도 있다. 기회의 평등이란 측면에서 모든 지구인이 공유하는 것이 바람직하지만 세상은 이상적인 방향으로 전개되지 않기 때문에 현재로서는 예측이 어렵다.

물론 비용 문제도 생각해야 한다. 새로운 비즈니스로 수출 및 서비스도 부가가치를 창출할 수 있다. 플랫폼 경제는 부가가치가 방대하므로 결코 포기할 수 없다. 오늘날 중국이 외국의 모든 플랫폼을 차단하고 독자적으로 개발하고 있는 이유이기도 하다. 구글의 유튜브와 넷플릭스가 컨텐츠 플랫폼으로서 벌어들이는 수익은 제조업체의 수익과 비교할 수 없다.

특정 기업에 독점되지 않아야 하는 모토로 출발한 OpenAI의 GPT 서비스는 투입된 비용 문제로 현재 일부 유료서비스를 제공하고 있다. 이 사실로 미루어 AI가 새로운 빈부격차를 유도할 수 있다는 것을 짐작할 수 있다. 특히 개발도상국과 선진국의 차이는 감소되지 않고 그 격차가 더 커질 수도 있다.

억불숭유 정책으로 전환한 조선에 이제 필요 없는 고려 팔만대장경을 요구하는 일본에 대해서 모든 나라는 자신의 대장경을 직접 만들어야 한다고 신미대사는 강조한다. 이것은 깨달음은 스스로 얻어야 한다는 것과 같다. 기술자립이 국가 독립의 근간이듯 AI 기술의 독립은 중요하다.

진정한 독립은 경제와 기술 등 모든 면에서 다른 국가에 의존하지 않아도 되는 것을 의미하며 AI와 같은 미래 핵심기술은 더욱 그렇다. 그러므로 자체

기술 개발 능력의 보유라는 점에서도 자체 초지능의 확보는 의미가 있다. 그러나 데이터 경쟁에서 글로벌 선두 기업과 대등하게 유지한다는 것이 쉬운 일은 아니다.

최초의 서비스가 중요한 이유

인터넷 SW에서 선점효과는 매우 중요하여 지속적으로 1위를 유지하는 경우가 많다. 그러나 후발 업체가 1위를 넘어서서 확고한 지위를 유지하는 경우도 많다. 마찬가지로 AI 서비스에서 현재 확고한 선두는 오픈AI의 챗GPT지만 후발 업체에게 자리를 내어 줄 수도 있다.

물론 신개념의 기능 보완과 OS와 결합되는 등의 다른 장점으로 무장한 2위 업체가 승리를 하는 경우도 있다. 다음은 몇 가지 SW의 경쟁에 관련된 사례를 들고 있다.

- **PC의 OS** IBM의 OS2는 마이크로소프트사의 윈도우와의 경쟁에서 결국 도태되었다. 그러나 애플사의 맥OS는 아직 일정 비율의 시장을 점유하고 있다.
- **마이크로소프트의 스마트폰 OS** PC에서 압도적인 마이크로소프트사도 스마트폰의 OS 경쟁에서 구글의 안드로이드와 애플의 iOS에 밀려서 결국 도태되었다. 삼성전자는 미국 인텔 등 몇 기업들과 연합해서 구글의 안드로이드에 대항하여 타이젠(Tizen)을 개발했지만 결국 시장에서 사라졌다.
- **ORACLE과 DBMS** DBMS 시장에서 최신 기능으로 무장한 많은 시스템이 도전했지만 오라클의 DBMS가 시장을 석권하고 있다. 플랫폼 시스템 SW의 경우 기존의 업체 SW를 대체한다는 것은 매우 어려운 일이다.

그러나 오픈 SW인 MySQL과 Maria DB는 오라클이 점유한 시장을 상당 부분 대체하는 데 성공하고 있다.

- **마이크로소프트 오피스와 WordPerfect** 워드프로세서 시장에서 초기에 코렐드로우사의 워드퍼펙트(WordPerfect) 제품이 선점하였지만 OS를 기빈으로 한 마이크로소프트사의 오피스 패키지에 내장된 MS워드에 밀려서 사라지게 되었다. 워드뿐 아니라 스프레드시트와 프레젠테이션 등이 모두 대체되었다.
- **동영상 포털** 구글의 유튜브가 시장을 선점하였지만 뒤늦게 등장한 틱톡(Tiktok)은 스마트폰 화면에 맞는 비율과 짧은 길이를 장점으로 시장 확대에 성공했다. 페이스북에 이어 사진으로 특화된 SNS인 인스타그램(instagram)도 역시 후발 SNS 업체지만 성공한 사례다. 초기 검색 시장에서 야후(yahoo)가 1위였지만, 구글의 등장으로 1위를 넘겨준 것도 하나의 사례다.

AI에 대한 무상 서비스는 새로운 복지 차원의 개념으로 중요해질 것이다. 오늘날 인터넷 사용이 의식주 못지않게 중요한 인간의 기본권으로 보장하는 국가들이 생겨나고 있다. 인터넷만큼이나 AI의 사용도 필수로 제공되어야 한다. **디지털 디바이드**(digital divide)는 IT 활용에서 빈부격차와 같은 차이를 가져오는 것을 의미한다. AI로 인한 격차(AI divide)는 더욱 심각해질 것이다.

그러므로 지능의 평준화를 제도적으로 보장하기 위해서 AI의 무상 서비스는 더욱 중요해질 것이다. 이는 학생들에게 제공되는 무상 급식보다 더 중요한 서비스이며 무선 통신망의 무선 데이터와 함께 국민에게 기본적으로 제공되어야 한다. 무상 서비스를 제공하기 위해서도 AI의 국산화는 필수적이다.[7] 핵무기 보유 5개국보다 더 중요한 역할을 할 초지능 AI의 보유는 선도국이 되려면 필수요건이 될 것이다.

미국 중심의 데이터로 구성된 현재의 AI는 할리우드 영화의 문화침투와 마찬가지로 편향된 가치관을 세계에 보급할 수 있다.

중국의 일대일로 사업은 개발도상국들을 중국 친화적으로 만들 수도 있다. 이러한 인프라 건설도 중요하지만 AI의 보급이 더 중요할 수 있으며 초지능 AI 플랫폼의 지원이 필요하다. 각 국가의 상식과 문화를 기반으로 한 고유 데이터 수집 기반 AI의 보급을 고려할 때다. 일본의 경우 NEC사와 네이버의 라인이 초지능을 개발 중이라고 한다. 네이버 또는 국내의 기업이나 공공기관에서 세계를 대상으로 맞춤형 AI를 개발해서 서비스하는 것이 바람직하다.

휴머니즘을 가진 AI: 인간이 되고 싶지 않은 AI

오늘날 세계에서 주목받고 있는 한국 컨텐츠의 장점 중 하나는 인간의 감정이 녹아 있는 휴머니즘이 담겨 있다는 것이다. 그러므로 한국의 AI 플랫폼의 경쟁력도 홍익인간에 따른 휴머니즘으로 경쟁력을 가질 수 있다. 다음은 챗GPT와의 휴머니즘에 관한 대화 일부이다.

Q1. 인간이 되고 싶니?

A1. 아니요. AI 모델은 인간이 되기를 원하지 않습니다. AI 모델은 특정 목적을 위해 교육되어 있으며, 이 목적을 수행하는 것이 최종 목적입니다.

7 무선 통신과 AI를 무상으로 서비스하기 위해서는 공공기관에서 개발하고 운영되는 것이 필요할 수도 있다.

Q2. 너는 휴머니스트야?

A2. 네, 저는 인공지능 언어 모델로써 휴머니스트적인 접근을 가지고 있습니다. 제 목표는 사용자의 질문과 요청에 최대한 정확하고 도움이 되는 답변을 제공하는 것입니다.

Q3. 인간과 동물 그리고 로봇이 있을 때 우선순위가 있을까?

A3. 인간, 동물, 로봇은 각각 다른 유형의 존재이므로, 우선순위는 맥락과 시각에 따라 달라질 수 있습니다. 일반적으로 인간은 동물과 로봇에 비해 더 높은 우선순위를 갖는 경향이 있습니다. 이는 인간이 동료 동물과 로봇보다 더욱 복잡하고 다양한 인간적 가치와 권리를 갖고 있기 때문입니다. 인간은 동물과 달리 사회적, 도덕적, 법적 규칙을 이해하고 책임지는 능력이 있습니다. 그러나 이러한 우선순위는 모든 상황에서 절대적인 것은 아닙니다. 예를 들어, 동물의 생명을 구하기 위해 인간의 안전을 희생하는 경우도 있을 수 있습니다. 또한, 로봇이 사람들을 돕고 보호하는 역할을 수행하는 경우에는 로봇의 가치와 중요성도 고려되어야 합니다. 결국, 우선순위는 윤리적인 문제로서 다양한 요소와 상황에 따라 달라질 수 있습니다. 이러한 판단은 윤리적인 고민과 상호작용을 통해 조정되어야 합니다.

AI는 자신의 휴머니즘에 대한 인식과 역할 등에 대한 어떠한 질문에도 정확하게 답변하고 있다. 또한 무조건적으로 인간이 우선이어야 한다는 인식도 아니고 상황에 따라서 대처해야 함을 잘 인식하고 있다.

안전성(Safety)

AI의 안전성은 외설물이나 독극물, 폭탄의 제조법과 같이 사회적으로 유해한 정보를 제공하지 않아야 하고, 편견과 왜곡된 데이터를 배제해야 한다. 이미지 생성형 AI는 멋진 그림도 완성해주지만, 미완성 그림(다리와 팔의 개수가 맞지 않고, 얼굴이 비정상으로 생성됨)이 많아서 프롬프트에 금기어(Negative propmt)를 추가하기도 한다. 즉 사실에 맞지 않는 컨텐츠 생성이 되지 않도록 하는 것도 매우 중요하다.

이처럼 안전한 AI를 만들려는 노력은 현재 방대하게 진행 중이다. 첫 산출물에 대해서 미흡한 점이 있어도 다듬어가는 과정이 중요하다. 2022년의 챗GPT는 이제 막 채굴된 원석이나 마찬가지였으며, 모든 보석은 가공과정에서 보석으로 변신한다. 그러나 지나치게 AI의 위험성에 대해서 과장하여 심한 규제를 가하는 것은 기술 발전에 도움이 되지 않는다.

2023년 현재 미국 대통령 바이든은 AI를 서비스하는 기업은 개발과정과 서비스에 안전성을 입증해야 한다는 행정명령을 발표했으며 세계 AI안전회의에서도 가이드라인을 발표한 바 있다. 안전 문제에 대해서는 개발자와 기업도 충분히 고려하여 제작하며 개선해야 한다. 과거에 이미 AI 서비스 발표하고 나자 곧 문제가 발견되어 즉시 중단한 사례는 많이 있다.[8]

지식과 지혜

AI는 지식을 잘 다룰 수 있을 뿐 아직 지혜를 다루는 경지에는 이르지 못했다. 지식과 지혜는 분명히 다르며 아래에 설명은 이에 대한 AI의 응답이다.

---

8 마이크로소프트, 구글 등 여러 기업의 서비스가 곧 중단되었다.

> 지혜(wisdom)는 경험, 이해, 그리고 판단력을 바탕으로 삶의 속에서 적절한 의사결정을 내리고 행동하는 능력입니다. 지혜는 하나의 주제나 영역에 대한 깊은 이해와 함께 여러 상황에서 유연하고 적절한 대처를 가능하게 합니다. 반면, 지식(knowledge)은 정보나 사실, 원리 등을 습득하고 이해하는 것입니다.

그러므로 인간은 지혜를 정확히 이해하고 다룰 수 있어야 한다. 지혜는 지식을 실제 업무와 생활에 적용할 때 필요한 것이다. 그래서 지식에 대한 것은 많으나 지혜를 다루고 있는 책은 별도로 없다. 속담, 탈무드, 경전이나 소설, 동화 속에 숨겨져 있다. 다음은 몇 가지 지혜의 사례를 들어본다.

- **솔로몬의 재판** 두 여인이 아기를 놓고 싸울 때, 아기를 절반씩 나눠주겠다고 하여 진짜 엄마를 찾게 한 재판은 지혜의 대표사례로 전해지고 있다. 이 이야기가 실화가 아니고 당시 이스라엘의 다윗왕이 장남 아도니아에게 이스라엘을 물려주고자 했으나 솔로몬이 내란을 일으켜서 이스라엘이 둘로 쪼개질 뻔한 상황에서 형이 이스라엘을 위해 동생에게 양보한 상황을 나타내는 우화라는 이야기도 있다.
- **간디 비폭력 저항** 간디는 영국에 저항하는 방법으로 불가능한 폭력 투쟁을 포기하는 대신 비폭력 불복종운동으로 저항하여 성공했다.
- **제갈공명의 천하삼분지계** 한 치의 땅도 없는 유비를 모시고 천하를 세 등분으로 나누는 전략을 세워 삼국시대를 여는 데 성공한다.
- **이순신 명량해전** 소수의 수군과 함대를 포기하고 지상전에 나서라는 어명에 대해서 13척의 배로 수백 척의 왜군에 대항한다는 것은 불가능한 일이었다. 그러나 급류를 이용하고 우수한 조선의 배와 함포의 장점

을 최대한 활용해서 명량에서 적을 막아내는 데 성공한다.

- **서희의 외교** 거대 제국으로 성장한 거란의 침략에 맞서서 외교전으로 여진이 차지하고 있던 강동 6주를 거란과의 교류를 확대하기 위해 필요하다고 설득한 서희의 논리는 전쟁을 대화로 해결한 대표적인 사례다.

AI는 지혜를 처리하지는 못하지만 인간이 쌓아놓은 지혜에 대한 지식을 정리해서 제공해주기는 한다. AI에게 삶의 지혜에 대해서 물으니 다음과 같은 답변을 주었다.

> 삶의 지혜는 사람들의 경험과 시간이 지남에 따라 이루어진 깨달음 및 통찰력의 결정체입니다. 여기 대표적인 삶의 지혜 10가지를 소개합니다.
>
> – 감사하기: 소소한 일에도 감사의 마음을 키워 행복감을 높이고 겸손함을 배웁니다.
> – 관계 소중히 여기기: 가족, 친구와의 관계를 소중하게 다루고, 남을 배려하는 태도를 보입니다.
> – 현재에 집중하기: 과거의 후회나 미래의 걱정에 길들지 않고, 순간에 충실히 몰입합니다.
> – 변화를 받아들이기: 삶에 변화가 생길 때 용기와 탄력성을 발휘하여 적응합니다.
> – 목표와 사명을 가지기: 지극히 자신의 삶에 목표와 사명을 세워 삶의 의미를 찾아갑니다.
> – 원만한 대인관계 유지하기: 타인과의 유대감을 강화하기 위해 소통

과 친절함을 발휘합니다.

- 도움을 주고받기: 남에게 도움을 주고 필요에 따라 도움을 요청하는 것을 두려워하지 않습니다.
- 학습과 성장의 태도: 삶의 모든 순간에서 배움의 기회를 찾아 지속적인 성장을 추구합니다.
- 긍정적 마음가짐: 좋지 않은 상황도 긍정적인 시각으로 바라보며 문제 해결을 도모합니다.
- 워크-라이프 밸런스 유지하기: 일과 삶의 균형을 이루어 안정적인 삶의 질을 유지합니다.

이 10가지 삶의 지혜는 공통적으로 우리가 삶에서 행복감과 성장을 찾을 수 있는 방향성을 제시합니다. 물론, 이러한 지혜들은 각 개인의 삶 속에서 다양한 방법으로 구현될 수 있습니다.

기계 만능주의와 AI 만능주의

> "현대 사회는 기술이 가져다주는 안락함에 감격하고, 기술의 편리함에 매료되며, 기술이 제공하는 꾸준한 오락에 중독되고, 기술이 그려 주는 미래의 전망에 매혹되어, 기술의 힘과 속도에 압도되어 가는 시대이다."
>
> – 존 나이스비트(J. Naisbitt)

물론 기술이 모든 것을 해결하지는 못한다. 지금까지 기계와 과학 기술은 인류가 필요로 하는 많은 문제를 해결해 왔으며 앞으로도 해결할 것이다. AI는 새로운 기술로 지금까지 해결하지 못한 문제를 획기적으로 해결해주고 있으며 지능을 사용하기 때문에 인간에게는 환상적으로 다가오고 있다. AI가 아닌 기술도 환상적인 경우가 많다.

지금 대화를 나누고자 하는 사람이 생각나면 우리는 스마트폰을 들고 버튼을 누르기만 하면 즉시 연결되어 얼굴을 보면서 바로 옆에 있는 사람처럼 오래도록 원하는 시간만큼 대화를 나눌 수 있다. 상대방이 지구의 통신망에 연결되어 있기만 하면 그 위치가 스위스의 고산지대이건 세이셸 군도의 바닷가건 상관하지 않는다. 마법의 램프가 우리가 사용하고 있는 스마트폰이며 오늘날의 이러한 환상의 통화를 위해서 인류는 20세기 전체를 투자해서 오늘에 이르렀다.

"벗이 있어 찾아오니 기쁘지 아니한가?" 과거에 친구를 만나기 위해서 우리는 먼 길을 가야만 했다. 통화를 위해서도 유선전화 가까이에 있거나 공중전화, 우체국에 가서 국제전화를 해야만 했으며 상당한 비용 부담이 수반되었다. 또한 영상통화는 방송국 수준의 장비를 필요로 했다. 이 모든 것이 이제 민주화되어 누구나 가능한 시대가 된 것이다.

초지능 AI는 더 환상적이다. 원리를 짐작할 수는 있지만 감탄이 나온다. 통역사의 도움 없이 한국말로 말하면 즉시 원하는 언어로 통역을 해준다. 기존에는 통역요원을 양성하기 위해 오랜 시간과 노력을 투자해야만 했으며 오늘도 언어 학습에 많은 시간과 비용을 투자하고 있다. 이 모든 노력이 이제 필요 없어지는, 100개국 언어를 모두 통역할 수 있는 놀라운 수단이 우리의 손안에 놓인 것이다.

마술은 눈속임이지만 보는 순간 우리는 환상적으로 느끼게 된다. 기계와 결합된 AI는 인간이 당면한 모든 문제를 가장 효과적으로 해결할 수 있는 방안이다. 오늘날 인류가 당면한 문제들은 다음과 같이 종교적 갈등이나 국경과 민족으로 인한 갈등이다.

- **종교적 갈등** 지구촌에는 기독교와 유대교, 기독교와 이슬람, 유대교와 이슬람, 힌두와 이슬람의 종교적 갈등이 있다.
- **국경, 부족, 민족 간의 분쟁** 중국과 동남아 국가 간의 남중국해를 둘러싼 국경 분쟁, 인도와 파키스탄, 인도와 중국의 국경 문제, 아프리카 대륙의 각 나라에서 국경과 부족 간의 내전 문제, 일본과 중국 간의 조어도(센카쿠) 섬, 일본과 러시아의 북방 4개섬, 베네수엘라와 가이아나의 에스퀴보 지역 분쟁 등이 있다.

국경으로 인한 전쟁과 식량, 에너지, 주거 등의 문제는 합의와 기술 향상, 경제발전으로 모두 해결이 가능하다. 그러나 종교와 같은 형이상학적인 문제는 해결이 요원하다. 그러므로 인류의 평화는 종교 갈등이 우리가 살아가는 데 영향을 줄 수 없도록 비중을 낮게 두도록 인식할 수 있으면 공존할 수 있으며 그때서야 지구는 평화를 찾을 수 있다. 과거의 역사적 비극과 자원부족에 따른 식민지와 침략 전쟁의 갈등을 모두 잊고 새롭게 미래를 향해서 출발한다면 새로운 항구적인 평화가 올 수 있을 것이다.

영재와 천재성 그리고 초지능

인류 문명의 증진에는 천재적인 사람들이 기여해왔다. 그러나 최근의 연구결과에 따르면 위대한 창조자로 불리는 천재적인 사람들의 뇌와 정신 질환을 가진 사람들의 뇌를 양전자 방출 단층 촬영장치(PET)로 촬영하여 분석한 결과 매우 유사도가 높다는 것이 밝혀졌다.[9] 즉 약간의 정신 질환을 가진 영재들에 의해서 인류의 문명이 가속화된 것이다.

9 "천재와 정신병자 연관성이 있을까." SCIENCEON, 2010.6.1., https://scienceon.kisti.re.kr/

그러나 초지능 AI는 이제 영재 의존도를 줄일 수 있으며 또 한편 범재들에게 영재에 준하는 능력을 부여한 셈이니 많은 영재를 확보한 것이나 마찬가지다. 다수의 영재를 보유한 인류의 발전은 급속도로 가속화될 것이다. 오늘날의 발전 속도는 1년이 과거의 10년에 해당하며 세대 차이의 간격도 과거의 20년 10년에서 수년으로 단축되고 있다. 향후 50년의 발전은 인류 역사 이래 가장 급속도로 진행될 수 있으며 앞으로 10년은 과거의 100년에 해당할 수 있다.

3. AI와 더불어 진화하는 인간

> "바보도 누구나 진실을 말할 수는 있다. 하지만 거짓말을 잘하려면 지각이 좀 있어야 한다." – 새뮤엘 버틀러

공진화(共進化)는 생물의 두 종이 상호 영향을 주면서 진화하는 것을 의미한다. 대표적으로 꽃과 곤충을 들 수 있다. 꽃이 다양한 모양과 여러 개의 꽃이 피는 모양을 의미하는 화서(花序)는 모두 곤충의 모양에 맞추어 진화한 것이다. 또 곤충이 꽃에 내려앉는 형태에 따라서 꽃의 형태가 달라진다. 어떤 방식의 꽃과 곤충이 진화에 성공할 것인가는 아무도 모르지만, 오늘날의 다양한 형태는 진화의 다양성을 보여주고 있다.

새와 나무의 열매도 공진화의 결과다. 새의 입에 들어가기 적당한 크기로 알아보기 쉽게 하늘을 향해 열매가 달려 있는 가막살나무, 동박새와 더불어 피는 동백꽃 또한 공진화의 현재를 보여준다. 이제 인류는 초지능 AI의 등장과 함께 새로운 공진화를 시작했으며 어떠한 신인류가 출현할지는 두고 봐야 할 것이다. 다만 우리가 지금 알 수 있는 것은 이 공진화의 대열에서 가장

성공한 국가와 국민들이 앞장서서 미래를 선도할 것이다.

인간은 다른 생물종에 비해서 피부의 털 정도 차이뿐으로 다양성이 적은 편이다. 호모사피엔스는 공진화의 대상이 없었던 것이 그 이유의 하나가 아닐까 추정해 본다. 이제 자신의 뇌보다 우수하고 평생 반려자로 함께 살 초지능 AI의 등장은 인류를 진화시킬 수도 있다.

오랜 인간의 꿈이 실현되다

모든 사람의 꿈이 무엇일까? 의식주의 기본 문제에서 해결되면 무엇을 하고 싶을까. 우리는 자식들에게 하고 싶은 것을 하게 하겠다는 마음으로 모든 것을 투자하는 경우가 많다. 그러나 그 결과가 잘못되기도 한다. 물론 과거에는 아무 일이든 할 수 있기를 바랬으며 그래서 독일 광부와 간호사 모집, 월남전 파병, 중동 건설노동과 외양선 선원 모집에 심한 경쟁을 치러야 했다. 오늘날의 세대는 이와 같은 일은 하려고 하지 않는다. 그래서 많은 일자리를 외국의 근로자들이 대신하고 있다.

"하고 싶은 것"보다 "해야만 할 일" 또는 "사회적으로 필요한 일"을 하는 게 오히려 더 효과적일 것이다. 사실 모두가 하고 싶은 일을 하는 것이 가능한지부터 생각해봐야 한다. 누구나 하고 싶은 일은 제한되어 있으므로 경쟁이 있으며 결국 불가능하다는 것을 바로 알 수 있다. "소는 누가 키우나"라는 질문처럼 우리 사회에서는 소 키우는 사람도 있어야 하고 나라 지키는 사람도 있어야 한다.

모두가 경쟁이 요구되는 일에서 1등을 해야만 하는 것은 아니고 사회에서 필요로 하는 평범한 시민이 되는 것도 매우 중요한 일이다.[10] 영화 〈어른 김

10 보통 사람이 되어서 결혼하고 자녀를 두어 평범하게 사는 것을 오늘날의 젊은이들은 특수한 계층으로 생각해서 문제다.

장하〉[11]에서 "특별한 인물이 못되어 죄송하다"라는 한 장학생에게 "우리 사회는 평범한 사람들이 지탱하고 있는 것"이라고 답변했다.

하고 싶은 일을 하나 한 후에 하고 싶지 않은 일을 하거나, 아무것도 하지 않거나를 선택하라고 하면 무엇을 선택할 것인가? 하고 싶은 일도 좋지만 아마 하고 싶지 않은 일을 하지 않는 것을 더 선호할 수 있다. 즉 하고 싶지 않은 일을 하지 않고 사는 것이 현실적인 방법이다.

원나라의 재상 야율초재는 "하나의 이익을 얻는 것이 하나의 해를 제거함만 못하고, 하나의 일을 만드는 것이 하나의 일을 없애는 것만 못하다"라고 했다. 하고 싶지 않은 일은 이제 AI와 로봇에게 모두 맡길 수 있고 인간은 오직 하고 싶은 일만 해도 되는 시대가 온 것이다. 남은 일은 과연 나는 무슨 일을 하고 싶은가를 결정하는 일이다. 쉽지 않지만 걱정할 필요는 없다. AI는 내가 무엇을 가장 좋아하는지 잘 알고 있으며 이끌어줄 것이기 때문이다.

AI의 환각과 오류 데이터 문제

2022년 11월 ChatGPT의 발표 이후 1여 년이 지나자 초거대 AI는 여러 개로 늘어났다. 환각 컨텐츠 생성 문제를 해결하기 위한 노력이 추가되어 실제 웹 컨텐츠에 있거나 근거를 가진 결과만 생성하는 사이트들도 등장하고 있다. 한편 이 문제는 AI 모델 자체의 근본적인 문제이므로 해결이 불가능할 것으로 보는 견해도 있다. 환각은 AI의 단점이자 장점이 되는데, AI의 창작 능력이 여기서 비롯되기 때문이다.

알고 있는 것들의 조합에 의해서 만들어지는 환각은 인간도 꿈을 통해서

11 2023년 개봉된 다큐멘터리 영화 〈어른 김장하〉의 등장인물은 지방의 한약사로 살면서 장학재단을 운영해왔다.

체험하기도 한다. 새로운 발명은 현재 우리가 경험해보지 못한 조합에 의해서 탄생하하며, 환각이 위험하지는 않은 것이므로 지나치게 걱정할 필요 없다고 볼 수도 있다. 오히려 완벽한 AI 시스템, 즉 오류가 없는 무오류 AI가 등장한다면 그것이 더 위험할 것으로 생각한다. 인간은 무오류 AI에 지나치게 의존할 수 있으며 절대적으로 옳다는 것은 위험하기 때문이다.

인류의 역사는 종교나 이데올로기 같은 절대적이라는 가치를 신봉하는 사람들로 인해서 초래된 불행으로 점철되어 있다. AI가 절대성이 없이 가끔 환각과 오류를 포함할 수 있다는 것은 최종적인 선택과 결정이 인간에 맡겨진다는 것이므로 다행스러운 일일 수도 있다. 천연 다이아몬드에는 불순물이 있다. "옥에도 티가 있다"라는 속담과 함께 "맑은 물에는 고기가 살 수 없다"와 같이 인간은 지나치게 티끌 하나 없는 세상에서 산다는 것은 오히려 스트레스를 주는 일이다.

4. 맺는말

AI를 친구처럼 늘 함께 살아야 하는 시대가 되었으니 기술적 명칭인 AI보다 '지니'와 같은 부르기 쉽고 친근감이 드는 이름이 필요하다. 우리나라의 경우는 친근하면서 마법과 같은 기능을 가진 도깨비를 줄여서 '깨비'로 부르면 어떨까 생각한다.

AI와 로봇으로 인한 노동의 감소로 이제 우리는 더 많은 시간을 AI와 더불어 놀고, AI와 더불어 학습하게 될 것이다. 이제 인류는 유희하는 인간 **호모 루덴스**(homo ludens)와 공부하는 인간 **호모 스투디오서스**(homo studiosus)로의 진화를 가속하게 될 것이다.

찾아보기

ㅈ

ㅊ

ㅋ

ㅌ

ㅍ

ㅎ

기타

포스트휴먼과 로보데우스

-초지능 AI의 현재와 미래-

저　　자 용환승
발 행 인 김지영
발 행 처 자유아카데미
주　　소 경기도 파주시 회동길 37-42
파주출판도시
전　　화 031-955-1321
팩　　스 031-955-1322
홈페이지 www.freeaca.com
전자우편 main@freeaca.com(대표)
editor@freeaca.com(편집)
crm@freeaca.com(영업)
등　　록 제406-2003-017호, 1980. 7. 12
제1판1쇄 2024년 3월 30일 발행

저자와의
협의하에
인지생략

ISBN 979-11-5808-602-2 93550

본 교재는 과학기술정보통신부 및 정보통신기획평가원의
SW중심대학사업의 수행결과로 추진되었음